徐旭生文集

第 七 册

中华书局

你往何處去

Henrik Sienkiewicz 著

徐炳昶 喬曾劬 合譯

目 录

叙　言

　　Quo vadis, domine？這件半神話，第一個紀載清楚的是聖昂
布瓦斯(Saint Ambroise, 340—397)。他是西曆紀元第四世紀時
候的人。但是這個傳聞大約還是比他的時代早，以至於比四福音
著作的時候相差不遠，也未可知。——四福音是第一世紀的末期
和第二世紀的著作。

　　Henrik Sienkiewicz是波蘭現代最有名的著作家。他於一千
八百四十六年生於波蘭的 Wola-orkzejska；於一千九百十七年没
於瑞士。他的著作很多。這一部你往何處去是他最有名的著作。
歐美各國全有譯本。

　　他這一部書是借着"你往何處去"這件故事，描寫當希臘羅
馬文明衰頹時候的社會狀況和基督教的真精神。書中的有名人
物和事變全是歷史上最著名的事實。

　　這書裏面所描寫的羅馬大火，起於紀元後六十四年七月十九
號，延燒六日七夜，餘焰又蔓延三日，死傷人民無數。羅馬城當時

共分十四區:有三區毀滅無餘;七區止剩些熏黑的墻壁。羅馬雖還有幾次大火,但是全比這一次小的多。奈龍當這個時候,升在水道上面,歌唱他的詩詞,這作事情相傳的很古。雖然不敢説它一定有歷史上的價值,但是並時的人全相信這次大火是奈龍使人放着的。

　　奈龍 Neron(英文 Nero)是 Domitius Ahenobarbus 和 Agrippine 的兒子,爲葛洛德 Claude 皇帝所抱養。皇帝使斯多噶學派最有名的鴻哲色奈克 Seneque 爲他的師傅。葛洛德皇帝死於紀元後五十四年,奈龍就繼承他的帝位。起初他用他師傅的教訓,統治的很温和,羅馬人覺得他是一個賢明的皇帝。但是他的狂性不久發作。弑母殺妻,暴虐異常。就是這部書裏所説的裒白 Poppée 是他所最寵愛的妾,也被他因暴怒一脚踢死。——在紀元後六十五年。——他於紀元後六十八年爲臣民所殺。這部書尾聲裏面所叙的事實,大約是在歷史上有證據的。

　　羅馬在希臘文明未到以前,道德觀念極爲嚴重,但是很偏狹的。自希臘文明輸入,偏狹的道德一天衰頹一天。新道德又未成立。雖有斯多噶派學者的盡力,而新舊蜕换終需時日,社會遂成一種懷疑的狀態。書裏面所説的俾東 Petrone 很可以代表羅馬當時的高等社會。他很有學問和聰明,對於一切事物全持懷疑態度。他的名著嘲笑録 Satyricon,文章很敏妙,心理的解析也很精細。裏邊的文字可分兩種:一種是他自己的文字,很講究,很細密;一種是他模仿羅馬當時人的口吻,不注意於臘丁文的文法,而仿效他們的神情,却是惟妙惟肖。他就像這書中所説,並没有善惡觀念。常常拿極嚴重、極名貴的道德,放在一個極可笑的人的

口中，以取笑樂。這位"丰儀的盟主"Elegantiae arbiter 成了羅馬
時尚的中心人物。無論甚麼事情，不經他鑒定，不能算貴重。奈
龍所最信任的惡魔第節蘭 Tigellan 恐怕他奪他的寵，就設①法去
他。至於他，他因爲自重的很，不願②同這個惡魔爭鬥，於是自剖
脉管，飲宴談論，從容就死。並且把他所最寶貴的杯子擊碎，不使
它落於奈龍之手。書中第三篇最末一節，就是描寫這一回事的。

　　奈龍既是燒了羅馬，因爲人民的憤怒，他就想找些人"栽贓"。
他怎麼樣找着基督教徒，歷史上說的不很明白。但是大約一部分
由於猶太舊教人的忌妒，大半由於第節蘭的調唆，而基督教徒所
宣傳的末日裁判、天火焚燒世界諸義，也有點動人疑惑的地方。
殺戮的殘酷，書裏邊已經說得殼詳細，大約是當時實在的事情，並
不是著作人的臆造。至於將少女赤身縛在牛角上面，任它觝死，
也是歷史上的實事。這一次殺戮，實在是世界上有數的慘劇。基
督教人，除了耶穌被釘在十字架以外，就以此次殺戮爲最重要的
事情。

　　這部書裏面所叙的彼得和保羅，是基督教裏面兩個最重要的
人物。彼得原來是個漁人，智識很簡單，但是性情慈悲，感發人的
道力非常的偉大。他是第一個聖徒。這書裏邊如有單題聖徒，不
指姓名，那就一定是指他的。他的名字 Peter 在拉丁文裏面，是石
頭的意思。耶穌自己曾說："我將來在這塊石頭上建豎我的教
會。"所以彼得在基督教裏面，除了耶穌，就是頂重要的人了。至
於保羅並不是耶穌及門的弟子。他起初對於基督的教義非常反

---

①編者注："設"，原誤作"没"。
②編者注："願"，原誤作"顧"。

對。他的受洗禮在耶穌死了以後。但是他的思想很發達,對於希臘的哲學也有相當的知識。基督教義到了他的手裏面纔有哲學上的根據。他們這兩個人的人格雖不同,却是相互爲用,好像車的兩個輪子,鳥的兩個翅膀,去了一個,恐怕基督教就不容易發達了。在那個時候,基督教裏面可分爲兩黨:一黨是聖徒雅各爲首領,他是耶穌的兄弟,但是思想淺狹,還像那些老猶太人,覺得猶太人是天的選民 Peuple elu,不願意同別的民族説話。那一部分大約要屬保羅。他没有國界種界的思想,到處宣傳福音。所得的新教徒非常衆多。這兩黨常常互相排斥。至於彼得全無黨見。他一方面思想簡單,不願意同守舊派衝突,一方面因爲他的性情慈善,對於別的民族和別教的人絶無蔑視的意思。對於受苦痛的人民,拿精神感化他們,使他們信奉基督。所以他雖無黨見,却成了中心人物。他們兩個的死事,經典裏邊没有清楚的記載。但是大約全是殉教死了,並且大約就在這次殺戮死的。他們的墳墓在范底康附近,據考古家説大約是可信的。

　　我們驟然看這部書,一定覺得奈龍、第節蘭等和當時羅馬的人民何至於喪心病狂到這步田地? 但是細想起來,並没有甚麼奇怪。第一:凡文弱的民族多失於淫佚;武健的民族多失於殘暴。如果有一種的民族要從武健蜕變成文弱,那個時候他們要殘酷淫佚,兼收並蓄,一定出了不少的新鮮的花樣。試看高洋、完顏亮的淫暴爲中國所未曾有,也就是一個例子。羅馬民族,原來是武健嚴酷;等到希臘的文明輸入,已經有向文弱的趣勢。奈龍兼綜這兩個民族的罪惡,成了世界一個有名的惡魔。不惟真正的羅馬人痛恨他的淫佚,就是希臘人也不能忍受他的殘暴。至於羅馬當時的人民可分爲兩部分：一部爲羅馬的舊民族，因爲他們能統治他們所叫的全世界，非常驕傲；一部爲被統治的民族，受種種的壓迫。社會在這種不平等狀態的下面，自然是全受其弊，成了一種病態的社會了。那個時候，麵包和馬戲 Panem et circenses，成了群衆的普通呼聲，恐怕也是羅馬統治壓迫的結果。第二：羅馬的人民是很信①宗教的。基督教的人對於廟宇和神像的蔑視，引起他們極大的反感，我國大多數良善的人民在庚子年對於拳匪屠戮教民的舉動，很少的感動，我們又爲甚麼怪羅馬當時的人民呢？

至於我同我的朋友喬大壯譯這部書的理由，略如以下所説：

近來保守派的道德學家對於科學多懷疑忌的態度。我們覺得他們有一種過慮。科學和道德全要保存着不獲利賴的精神，它們本是出於一源的。並且我們相信道德的本質就是愛情。道德的高下就以愛情所及的廣狹爲標準。愛必有所施。對於受施的事物，没有相當的明確觀念，愛情就很難發生。科學使人生對於他們眼前的小世界，不致拘囿。引他們對於國家、人類、衆生、宇宙，一天一天的熟習。觀念清楚以後，愛情慢慢的就可以生出來：這就是科學當愛情未發以前，對於道德的一個大助力。至於愛情既生以後，很容易知道，除了科學，就没有别的東西能給我們一個比較確實的達到目的的方法。這樣看來，道德與科學是同源的，是互相輔助的，絶不是互相衝突的。但是總不要忘記，在愛情未發以前和既發以後，科學固然能給道德以莫大的助力，但是愛情的發，是道德裏面第一件的大事，是否科學發達能成它主要原因？

①編者注："信"，原誤作"受"，據初版改。

這却是一個大問題。我們相信科學是智識上的事情；愛情是感情上的事情。想教人智識發達需用智識；想使人感情豐富必需用感情。並且感情的引起是同質的：嫉妒引起嫉妒；怨怒引起怨怒；悲哀引起悲哀；必需愛情纔能引起愛情。換一句話説，就是如果你想教我愛你，多言曉曉是没有用的，必須你誠誠懇懇的愛我，那纔能慢慢的引起我對你的愛情；如果你想教我愛他，多言曉曉也是没有用的，必須你誠誠懇懇的愛他，那纔能慢慢的感發我對他的愛情。其次：你對我對他的愛情總須要是誠誠懇懇的，並不是因爲你想引起我愛你或愛他，纔這樣去做的。如果你想引起我愛你或愛他纔這樣去做，那愛情便成了虛僞的，没有感發人的勢力了。王船山先生説："督子以孝不如其安子；督弟以友不如其裕弟；督婦以順不如其綏婦。魄定魂通而神順於性，則莫之或言而若或言之：君子所謂以天道養人也。"就是上邊所説第一層的道理。孟子所説"不誠未有能動者也"和"至誠未有不動者也"，就是上邊所説的第二層道理。這些道理，我們中國的儒家説過也不止一回。但是儒家的道德論是偏於理性的。所以施行起來，比基督教總平易近人一點。但是他們對於感情的議論，雖有不少見得到的地方，却是沉没於古書裏面，若存若亡了。至於基督教的道德是純任感情的。在致用一方面，有時候成爲險怪的、盲目的。但是他對於感情一方面却有非常偉大的勢力。新舊約所以能成歐美文學的一個很重要的一個源泉，也就是因爲這個。這本書的著作人對於基督教的真精神，描寫的非常顯露，很有感化人的勢力。但是我們的譯筆薄弱，恐怕有不能傳達的意思，這就是我們的朋友喬大壯所很抱歉的。

　　這部書是我們翻譯的第一部，所以不完善的地方很多。我們起初翻譯的時候，以直譯爲原則。據我們現在的短經驗，我覺得直譯和意譯並不是相反的，並不能成一個争論的焦點。現在所需要知道的，是那些地方一定要用直譯，那些地方却是要用意譯。現在我覺得有幾處必需直譯，不然就失掉原書的神氣。第一：歐洲人思想的轉換，有些地方和中國不同。比方他們常喜歡説："換一句話説""儘少"等類，我們中國人原來没有這樣説的，但是説出來却没有甚麼不明白的地方。這些地方一定要直譯是無疑義的。第二和第一是很相仿，也是中國原來不那樣説，説出來却很明白。但是上一條屬於思想的轉換，這一條屬於説法的不同。比方説：歐人告别的時候説"憑神降福"；基督教人相見的時候説"和平同你在一塊兒"。這些地方也一定要直譯，不能遷就中國原有的意思。第三：歐洲人説話，也同我們中國人彷彿，有時候不從文法的普通例子，却是要加重或减輕這句話的勢力。比方説：有許多列舉的事物，無論歐洲何國文字，全是止於最末事物的前面，加一個連詞，但是有些時候，他要加重口氣，却每事物前全放一連詞。這些字是一句話的精神，一定要直譯，千萬不能忽略過去。第四：歐洲人著書常常引用别種文字的幾個字。比方這本書裏邊就保存不少的臘丁字。這因爲這個字或是成了成語，或是有特别的意思不容易翻出，或是可以傳特别的精神。我們碰見這些地方，固然不能像原文把這幾個字留着不翻，——因爲歐洲的念書人差不多全認識臘丁文，——但是總要保着原文，不可妄行删去。至於歐洲文裏面，一句話常包含着許多子句，拖延的很長。這本是歐洲古代文法遺留下來的辦法，現代的文學家，向簡短的趨勢是很顯著的。在這些地方，如果我們把它直譯出來，中國人一定看不懂了。我們一定要把它截開，使它愈短愈妙。以上所說，是我現在的感想，這本書裏邊所沒有辦到的地方還不少，現在我的精神不好，不能嚴加修改。我但希望讀者不嫌這個譯本太壞，使我這個譯本，有出第二版的機會，我還要選擇刪改以慰讀者。

歐洲文裏面，常常於一句話的後面附一個子句，這個子句就是主句裏面形容字的結果。法文用 Si… que… 連絡；英文用 So… that… 連絡。我們碰見這一類的句子就把它截成兩句，把子句放在後面，主句的後面用“：”，表明後面一句是前一句的結果。這是我們新開的例子。請讀者注意。

再者當我們翻這部書的時候，我本想譯成以後，另外作一個精密的考證。現在我的精神實在來不及，不過僅就我記憶所及稍說一點。並沒有詳細的考證。恐怕有錯訛的地方，還請讀者指正。

　　　　　　　　　　　　　徐炳昶民國十年八月五日時在北京

第一篇

第一章

俾東睡到正午纔起來，困乏的同平常一樣，因爲昨天他在奈龍皇帝那裏，參與一個大宴會，從有些時候起，他的健康比較的不很好；剛睡醒的時候，是很困苦的，但是每天早晨他總要沐浴一次。沐浴完了，很靈巧的按摩，把他的血液裏面懶慢的循環力重新活動，並且把他的體力重新興奮起來。以至於他從Oléotechium（浴室的裏間）出來的時候，彷彿另外變成了一個新人。並且他的威儀，甚至於歐東自己也不敢和他抗爭的。因爲這樣，人家就把他喚作"丰儀的盟主"。

宴會的那一天，他同奈龍、呂干①和色奈克爭辨婦女有没有

————————

①編者注："干"原誤作"千"，據後文改。

靈魂的問題。第二天他躺在一個按摩用的桌子上面，蓋着雪白的埃及細布作的毯子，還有兩個强壯的按摩人。他們的手上擦着油，敲打他的筋絡。他閉着眼睛，等着他們兩人手上的熱度鑽入他的身體裏面，把那些困乏趕掉。

隨後他睜開眼睛，人家告訴他説馬舉・維尼胥在那邊。

俾東叫人讓客到温浴室 Tepidarium 裏面，立時叫人把自己抬去。維尼胥是他長姊的兒子。她從前嫁給馬舉・維尼胥，在底白爾的朝代，那位維尼胥作過參政的。這個少年現在屬於葛必隆的部下，征伐巴特蠻族。戰事完了，纔回羅馬的。俾東對於他有一種摯愛：因爲馬舉的樣子是華貴的，並有體育家的軀幹；而且知道按着最好的審美術，去保持他的形態。這種形態就是俾東所最重視的。

那個少年説：“俾東，你好！我願一切的神，尤其願意醫神 Ascléias 和美麗神 Cypris 把所有的福氣都給了你。”

俾東把自己的手從包裹的細布裏面伸了出來，回答説：“願你作一個羅馬城中所歡迎的人，並且願意在戰後的休息於你是很甜美的！在阿美尼的地方有甚麼新聞？當你住在亞細亞的時候，你的劍鋒到了俾地尼了麼！”

維尼胥回答他的話，並且從戰事起頭説起：“我到赫拿革去調葛必隆的援兵。”但是俾東閉着眼睛，那少年就換了談話，來問他那舅父的身體。但是在擦油室 Unctorium 裏面，維尼胥很注意到那些異常的女奴身上。有兩個女黑奴來用東方的香料，揩擦俾東的身體。另外的弗利基女奴，對於理髮術是極巧妙的。在她們那輕妙的手中,拿着銅①鏡和木篦。另外兩個希臘果斯地方的女孩侍候着,整理她們主人的披衫上面的摺紋,要把它弄成雕像的衣紋一個樣。

維尼胥說:"我的能聚雲彩的天神(Zeus)！怎麼樣選擇的！就是到了黄銅鬍子那裏,也不能找出再美麗的人來了。"譯者②注:黄銅鬍子拉丁文爲 Ahenobearbus,是奈龍皇帝的父親寶米叙皇帝的綽號。

俾東答應這句話說:"我並没有歐吕斯·卜勞胥斯那樣的嚴重。"

維尼胥很活潑的抬起頭來問:

"歐吕斯·卜勞胥斯,怎麼樣到了你的思想裏面來的呢？你曉得我在城門擰了手腕,在他的家裏住了十四五天麼？在那裏他的一個奴隸是一個醫生名叫美龍,把我醫好的。我正要告訴你這些事。"

"真的麼？你偶然受了朋波尼亞的迷惑了麼？"

"不是朋波尼亞。哎呀！"

"是誰呢？"

"我是不是知道！……但是我連她的真正名字也不知道:或者叫黎基？或者叫加利娜？在他們家裏,人家叫她作黎基,因爲她是黎基地方的人。並且她的野蠻名字叫作加利娜。像卜勞胥斯那樣的奇怪家庭……人是滿滿的,但是静肅的好像胥必亞岡的花園。我在那裏十來天,不知道有一個仙子在那裏住着。但是,一天早晨在花園裏,我見她站在樹下。我想早上的日光在我的面前把她照散了,好像照散了朝霞一樣。我又看見過兩次。從此我

---

①編者注:"銅",原誤作"鋼"。
②編者注:"者",原誤作"音"。

就没有安静的日子了。都市所能給我的好處，我也再不勞心了。黄金、葛蘭特的紫銅、琥珀、螺鈿、美酒、大宴會……我也再不想要了。我只要這一個黎基。俾東！我的靈魂跑到她面前去，就好像在這個温浴室的花磚角上面，那個夢神飛到了巴伊齊德阿一樣。白天和夜裏，我總想要她。”

“如果是一個女奴。你就把她買來罷。”

“她並不是一個女奴。”

“那麼她是甚麼人呢？她是卜勞胥斯家裏已經解放的一個女奴麼？”

“她從來没有作過奴隸，並不是一個被解放的女奴。”

“那麼？”

“我不知道。國王的一個女兒……”

“維尼胥，你使我爲難了。”

“歷史也並不是很長的。你或者認識瑞弗的國王瓦尼斯。他在他的國境被逐以後，在羅馬城住了很長的時候。他玩小骨把戲的好運氣和他的趕車，是很有名的。突蘇復了他的王位，瓦尼斯起初統治得很和平；戰事也還勝利。但是到了後來，他却搜括過度，不但是施於鄰國，並且施於自己的人民。甚至於他的侄兒旺柔和西兜兩個人——就是赫曼度國王維皮吕的兒子，——聯合起來，請他再回羅馬，去碰他那小骨把戲的運氣。”

“我想起來了。這是葛洛德皇朝的事情。時候並不遠。”

“是的……戰事發作了，瓦尼斯叫雅西克的民族來幫他的忙。至於他那親愛的侄兒，就煽動黎基的人民。葛洛德皇帝不喜歡去料理這些野蠻民族的爭鬥。但是他給多腦河軍隊長官阿德呂·伊斯德的諭旨,叫他注意監察戰爭的各種方面,不准他們擾亂我們的和平。伊斯德要求黎基的人民不要過了境界。黎基的人不但答應了,並且送人爲質。在這裏邊,就有他們首領的妻室和女孩子……你並不是不知道這些野蠻民族,在戰爭的時候,是帶着眷口的……這樣,我的黎基就是這個首領的女兒。"

"你從那裏知道這些的呢?"

"歐呂斯·卜勞胥斯自己對我説的。國王死了;她的母親不久也死了。伊斯德嫌小孩礙事,就把她送到全日耳曼總督明波呂斯的家裏。這個總督和加德民族打完了仗,回了羅馬,就把她送給他的姊妹朋波尼亞·克雷西娜,就是卜勞胥斯夫人。在他那裏,上從主人,下到家禽,都是很有道德的。她就長成人了。和克雷西娜是一樣有道德的。哀白到了她的面前好像一個秋天的無花果在一個哀斯白里的蘋果旁邊一樣,她的美麗就到了這步田地。"

"那怎麼樣呢?"

"我重新告訴你説:從我看見她在花園裏樹底下時候起,我就戀愛她。"

"我認識歐呂斯·卜勞胥斯。他雖然毀謗我這樣的生活法子,也還有點交情:他知道我永遠不是一個愛説人家壞話的人,像那多米胥、阿非、第節蘭和黃銅鬍子的那班朋友一樣。如果你想我在歐呂斯那裏得點東西,我就幫你的忙。"

"你在他的面前很有力量;並且你的主意是層出不窮的……是的,如果你向卜勞胥斯説一説呢?"

"你所説我的力量同我的聰明太過分了。但是,等卜勞胥斯回來,我就告訴他。"

“他已經回來兩天了。”

“既是這樣，我們就到三床室 Triclinium 譯者注：羅馬人人的飯廳裏面設三個床，就叫三床室。去。我們在那裏等着吃飯。吃飽了以後，我們就叫人抬到卜勞胥斯那裏去。”

“你是我所最親愛的。但是現在我要把你的像同這個一樣美麗的像放在我的家裏。並且我要供奉他。”維尼胥說時用手指着拿神杖的水星神像，——這個種像是照着俾東的像貌雕刻的。

在這個宣言裏面，他的誠實和他的詔諛是一般多的。果然，俾東的年紀比他大一點，體育上面也不如他的講究。但是他比維尼斯更美麗。羅馬城贊美“丰儀的盟主”，不但是因爲他的智識敏妙，並且因爲他的形貌是很調和的。這種稱贊可以在這兩個葛斯的女孩面上看出來。她們正在整理他那披衫的摺紋。一個名叫哀尼斯，眼睛看着他，帶着慚愧和羡慕的神氣。但是主人對於她的這種感動全不留神。

他就把手放在維尼胥的胳膊上，引他到三床室。不久在客室裏面祇剩了哀尼斯一個人。一會兒工夫，她，側着頭，聽見聲音漸漸遠了。她拿着俾東坐的琥珀和象牙的椅子移到雕象前面。站在上邊，她的頭髮好像金色波紋一樣披在肩上，伸出兩膀，去抱着俾東雕像的頸項。

第二章

這兩個朋友，坐在轎子裏邊，叫人抬往那貴族的區域，到歐呂斯家裏去。

很大個的黑奴抬起他們的重載，走起路來。前面還有些奴隸走着。俾東向手掌心裏吸着馬鞭草的香氣，彷彿想着甚麼事。

他說："我想這件事，你曾否告訴她說過，告訴過你的林下美人麼？你已經向她承認你的愛情了麼？"

"是的。當我應該離開這個招待我的家庭那個時候，我曾對她說：'在那裏的苦痛，比着外邊無論何處的歡娛，還要痛快，並且比着外邊的健康更要甜美。'她，聽見我說的話，也很感動。垂着頭，儘着在黃沙上面，用一根蘆草，畫了些綫。以後她就揚起眼睛來，又低着去看那個畫的東西，重新來看着我，似乎她要問我一件事。忽然之間，女仙就離開粗糙土神的面前跑了。"

"那麼她在沙面畫的甚麼？"

"一尾魚。"

"你說？"

"我說'一尾魚'。是不是要說結冰的血液還在血管裏面流着，我簡直不知道。但是你，你講講這個記號罷。"

"很親愛的。這應該去問卜林，他對於魚類是很擅長的。"譯者注：卜林 Pline 是羅馬一個很有名的博物學家。

談話現在停住。因爲現在轎子進了很熱鬧的街市，並且不久就從日神路 Voied' Apollon 到了弗隆。譯者注：羅馬人有一種公衆聚會的地方叫作弗隆 Forum，獄訟、買賣、選舉等事全在那裏舉行。有許多人在該撒紀念坊底下閒游，又有許多人在友愛神廟 Temple de Caston et Pollux 的臺階上面坐着，或者在火神 Vesta 臺下繞灣走着，他們在這些大理石上面映照出來許多花色，好像一群有彩色的蝴蝶和甲蟲一樣，在茹比德 Yupiter——yovioptimo maximo（極尊嚴的天神）——廟前很大的臺階上面，又有些成群的人。買賣人在那裏喊叫着賣果子、酒、無花果汁；江湖賣藥的人嚷着説他所賣的藥的好處；占課的人，看藏金的人，圓夢的人、在那裏矜誇他們的技能。這些人在轎前讓開：在那裏顯出來些很美麗的女人面孔，或者已經老了，並有騎士和元老的面像。有幾次步兵和巡夜人的極整齊的步伐，把這些太熱鬧的聚會破開了。到處聽着希臘話，——同拉丁話一樣通行。

維尼胥從很久的時候，没有看見羅馬城了。看這個羅馬城的弗隆，是很驚訝的。這個弗隆裏面的人同波浪一樣，它幾乎被波浪蓋着了。俾東，猜着他那同伴的意思，就説：“基里特人的窠巢——没有基里特人了。”果然是的，羅馬的元質，在這種喧鬧的裏面，是已經消亡了。譯者注：羅馬城附近有一個 Bures 城，以後因爲這個城的人民同羅馬城的人民混合，他們就把這種混合民族叫作 Quirites。時候長了這個字就成了羅馬市民的專名，並有引伸作羅馬民族全體的名字的。

轎子在阿維拉努書局前邊停下。俾東下來買了一本很雅致的鈔本的書送給維尼胥。

他説：“這是我送給你的禮物。”

維尼胥看着這書名答説：“多謝。嘲笑録 Satyricon？這是新的麼？是誰的？

“是我的。但是誰也不知道。至於你，你不要告訴一個人。”

轎子到了歐吕斯的房子門前，就停住了。一個少壯的守門人給他們開門。這個門引到 Ostium（第二游廊）。一個關在籠子裏面的喜鵲，迎着他們，放一種很吵鬧的“歡迎炮”。

從第二游廊向過廳 Atrium 走去，維尼胥問他的舅父説：

“你看見守門人没帶鎖鏈麼？”

俾東低聲答說：“這是一個很奇怪的人家，你必然聽說無疑，朋波尼亞·克雷西娜有東方迷信教徒的嫌疑。這種迷信是建立在基督的崇奉上面的。”

“隨後我要告訴你說我在這裏所聽見和所看見的。”

他們到了過廳。招呼他們的奴隸就叫回事的人去通報。這個奴隸同時請他們坐下。在他們的腳下安放一個小凳。

不久，一個奴隸牽開那隔絕內外間的帷幔，就看見了歐呂斯·卜勞胥斯。

這個人已經到暮年了，但是很強壯的。他那勇毅的面貌，雖然也許太短一點，却是和鷹一樣。當這個時候，他的面上顯出驚訝的神氣，並有些不安的樣子：因爲奈龍皇帝的朋友、同伴、親信人的拜會在他這裏是不常見的。

俾東的世故太深，心思太細，一定是看出來的了。於是在起頭問候過以後，他就用他那很活潑、很講究的丰神，表明他的來意：他來道謝他的外甥在歐呂斯的家裏所受的看護。他的感謝就是他來拜會的唯一宗旨。另外還有舊交情，所以更覺膽大的來了。

卜勞胥斯說：“你是我所歡迎的人。至於感謝，是我應該對你說的。並且是，你大約還想不出來這個緣故。”

果然俾東空自翻起他那像榛子顏色的眼睛，並且在他那記憶力裏面尋找，總是想不出來。

歐呂斯又說：“我所喜歡的並且很敬重的維尼巴克，你曾經救過他的生命，當他不幸正在聽該撒的詩就睡着的時候。”譯者注：羅馬自該撒以後就把皇帝叫作該撒。

俾東說：“寧可說他有幸。因爲不曾聽見他的詩。但是我承認

凡是很快樂的遭遇,都要冒那結局不好的危險。黃銅鬍子一定要
派一個百夫長送他一個有交情的教訓,使他自己割開他的血管。"

"你,俾東,當時你嘲笑該撒了麼?"

"沒有。當時我告訴他說,如果俄非能彀用他的歌唱,把這
些野獸弄睡着,這樣把維斯巴克弄睡着的本事也就不比他的小
了。"^{譯者注:俄非 Orphee 是希臘人的文藝之神。}以後俾東換了談話:他就
恭維卜勞胥斯的住所,在這個上面可以看出他那高尚的興味。

卜勞胥斯說:"這是一所舊房子,從我承繼得它以後,我就一
點也沒有更動。"

隔斷兩間的帳幔扯開了。這個房子,能從這頭看到那頭。穿
過了後廳 Tablinum,再穿過最後的廊檐,再穿過別的大廳,一直看
到花園裏面,好像一張放光的畫片裝在一個晦暗的鏡框裏面一
樣。一個小孩子忻悅的笑聲,從那裏,一直飛到過廳來。

俾東說:"哦! 家長,你要允許我們去到近處聽這種天真的
笑聲。這種笑聲,在今日是很稀見的。"

卜勞胥斯站起來說:"很好,這是我的小歐呂斯同黎基在那
裏玩皮球呢。俾東,但是我覺得你的日子是在笑聲裏頭過。"

俾東分辯說:"生活是可笑的,我就笑……但是這裏的歡笑
有別種的聲音。"

說話的工夫,他們一直穿過住房,到了花園裏面。

俾東很快的瞄了黎基一眼。小歐呂斯趕快跑去問候維尼胥。
維尼胥就往前進,對着那個美麗的少女鞠躬。這個少女一點不
動,手裏拿着皮球。她那黑色的頭髮稍微亂了一點,並且有一點
喘氣。兩腮露出來玫瑰花的顏色。

　　但是花園裏面，朋波尼亞・克雷西娜在長春藤、蒲桃、忍冬所
蔭蓋着的三床室裏面坐着。他們去給她施禮。俾東是在呂伯
呂・伯勞特的女孩安地夏家裏，並且在色奈克家裏和鮑龍家裏，
曾經見過她，所以認識。對着她那沈鬱和幽靜的面容，和她那名
貴的態度、動作、語言，他不禁現出肅敬和驚訝的神氣。

　　小歐呂斯，當維尼胥住在他們家裏的時候，同他很要好。就
請他同他們玩皮球，在小孩的後面，黎基就進了三床室。在這像
帷幔的長春藤下面，乘着閃爍的小光綫，照在她的面上，俾東覺得
比剛纔初看見她的時候，更加美麗；她實在是一個仙子；並且因爲
還沒有同她説話，他就站起來向她鞠躬。給她説那于里斯對努西
加所説的話：譯者注：以下是荷馬集中的幾句詩。

　　“我在你的膝前……你是神仙或是人……

　　如果你是住在地上的人，

　　你那受人尊敬的父母有三倍的榮幸，

　　你那弟兄有三倍的榮幸……”

　　朋波尼亞自己對於這個老於世故的人所説的敏妙親切的話，
也是很感動的。至於黎基，她聽着很覺含羞。面孔玫瑰花的顏
色，低着眼睛。但是遲一會兒的工夫，她的口角上微微露出一種
美妙的笑容。一種遲疑使她那面上的嬌態很溫和的動搖起來。
她就用努西加的話來答他。一口氣念完，有點像是念那記在心中
的功課：

　　“外國人哪，你不像是一個出身微賤或欠缺知識的人。”

　　她説罷就跑了，好像一隻受驚的鳥。

　　現在俾東反覺着奇怪起來；他並不曾料到在維尼胥對他所説

的蠻族少女的口中,能聽見一句荷馬的詩。他眼望着朋波尼亞,帶點詢問的樣子。但是她看見她那丈夫滿足的面容,也就微微一笑。

雖説羅馬老輩的成見,是痛恨希臘文和它的傳布的,歐呂斯却是很高興看見這樣有學問的人,這個文學家在他家裏,找着一個人能用希臘文並且是荷馬的詩來答應他。

他回頭對俾東説:"我們這裏有一個教僕,教我們的小孩念書。這個女孩是伴讀的。"

俾東現在隔着長春藤和忍冬的網子,看見花園並看見三段樂器在那裏敲擊。維尼胥只穿着披衫,抛擲皮球。黎基很輕妙的向後仰身,盡力去接他的球。起先俾東覺着這個少女有點虛弱。但是在花園的光輝裏面,這樣看起她來,好像是一個朝日女神 Anrore 的活動影象。哦! 這個面貌像玫瑰色而且透明的,這一雙深藍色的眼睛,這一副像是白玉的頭額,這種灰暗的頭髮在琥珀和黄銅上面映着,——這一個敏妙的身體,彷彿是五月裏新芽! 彷彿是初開的花!

俾東在朋波尼亞的旁邊坐着,對着落日、花園和那立近魚池的人的風度,咀嚼那些滋味。

他對於這種幽静的情景,是很驚訝的;在朋波尼亞、老歐呂斯、他們的孩子和黎基的面上,他看出一種在他那些夜間所不常見的東西。他覺得這種發光的温肅是從他們的日常生活裏面發生出來,去灌溉這島上的居民;並且覺得有一種另外的美麗和暢悦,就是他終日所尋找不着的。他不能保持着這種印像,就回身向着朋波尼亞説:

"你們的世界比我們那奈龍所統治的世界怎樣的不同!"

她對着晚照揚起她那很高雅的面孔，並且很誠實的答説：

"這不是奈龍皇帝，統治世界，這是上帝。"

有一會兒的靜默，人家聽見老家長維尼胥、黎基、小歐吕斯的足音在路上走。但是在他們到這裏以前，俾東又問：

"朋波尼亞，你信那些神麽?"

朋波尼亞答説："我信那一位神，他是唯一的、正直的、萬能的。"

第三章

第二天的夜裏，俾東叫人抬他到巴拉丹。譯者注：Palatin 是羅馬城裏一個小山的名字，皇帝的宮殿在那頂上。他和奈龍作一段單獨的談話。第三天在卜勞胥斯的住宅前邊，來了一個百夫長，帶領十四五個衛兵。

在這個無定和恐慌的時期，像這樣的使者，常常就是送死信的人。當這個百夫長用敲門錘去打歐吕斯的大門，看守過廳的人去報兵士來了的時候，驚慌就布滿了全家。全家的人圍繞着老家長，因爲大家都相信他是特別有危險的。朋波尼亞伸出胳膊抱着她那丈夫的頸項，緊緊的靠着他。她那變成藍色的嘴唇，咬着牙，低聲的説了些神秘的話。黎基的面色，蒼白的和白布一樣，用嘴親他的兩手。小歐吕斯拉着了他的披衫。男女的奴隸，成群的從屋裏跑出來。

歐吕斯到了過廳，百夫長在那裏候着。這就是老加余·阿達，從前在不列顛戰爭的時候，曾經屬過他的部下。

　　使者説:"家長,你好,我從該撒那邊給你帶來一個命令和一個敬禮。看些牌子和一個印,就可以證明我是用他的名義來的。"

　　"該撒的敬禮,我是很感激的;並且我將要實行他的命令。阿達,你好,你的使命是甚麼呢?"

　　阿達就説:"歐呂斯·卜勞胥斯,該撒知道黎基國王的女兒寄居在你的家裏,她是那個國王送給羅馬人作質抵的。哦,家長,奈龍聖帝多謝你招待這個少女。但是他不願意把這個責任,叫你擔負到更久的日子。另外,照着她那抵押的性質,這個黎基的女人應當被屬該撒自己和元老院保護。他命你把她交給我的手裏。"

　　歐呂斯太帶軍人風味並且是太勇敢了。對於一個命令,他不肯説愁痛和訴苦的空話。他察看了牌子和印以後,抬起眼睛,對着這個老百夫長,安然的説:

　　"你先在這個過廳裏面等着,阿達,他們就要把質抵的人送給你。"

　　他就回到宅子後面。在朋波尼亞·克雷西娜、黎基和小歐呂斯所逃避的大廳裏面。

　　他説:"没有一個人有死和流往遠島的危險,但是該撒的使臣,是一個送不幸消息的使者。這是你的事,黎基。"

　　朋波尼亞叫喊:"黎基的事?"

　　"是的。"

　　他轉回頭來對着那個少女説:

　　"黎基,你是在我們的家裏養大。朋波尼亞和我,我們愛你,好像我們的女兒。但是,你的保護人是該撒。那麼,在這個時候,該撒要你。"

朋波尼亞叫喊：“歐呂斯！替她打算起來，死了還要好一點。”

黎基在她的胳膊裏面，拳縮着連聲叫喊：“我的母親！我的母親！”歐呂斯的面上重新現出惱怒和痛苦的神氣來。

他用憂鬱的聲音說：“如果我是一個人在世界上，我不拿活着的她送給他。並且我這些親近的人，今天甚至於要去祭那個救世的茹比德……我要去見該撒，求他收回他的命令。他是不是將要聽我的話？我也不知道。在這空裏面，憑神降福，黎基，你總要知道你在我們家中坐着的這些日子，我們時常是很高興的。憑神降福，我們的喜悅和我們眼中的光明！”譯者注：Adieu 是西人告別的話，意思就是憑神降福。

他就立刻轉回過廳，爲的是不要被那一種不配當羅馬人和家長的感情所束縛。

但是，朋波尼亞把黎基引到卧室裏面，給她說了些在這所房子裏面很覺稀奇的話。這所房子就是歐呂斯·卜勞胥斯供祭家神的房子，因爲他們對於家祀總是很虔誠的。她說：“困苦的日子到了。從前威基呂刺穿了他那女兒的胸脯送給阿必虞。並且呂開斯甘心拼了生命，去爲她的耻辱作代價。該撒的家庭是可耻辱的。但是如果最神聖的法律——我們現在在它的下面生活着，——禁止戕害生命，他也允許，並且命令對於耻辱自己保衛。就是說拿性命去拼。”

少女隨便就跪下了，把她的面孔藏在朋波尼亞的下裳裏邊，好久的不發一言。當她起來的時候，她①的面容比起來以前就安靜了。

————————

① 編者注：“她”，原誤作“他”，據文意改。原稿“他”“她”“它”第三人稱代詞多形近誤用，不一一出校。

“我是很痛苦的離開你，我的母親，很痛苦的離開我的父親和我的兄弟。但是我知道抵抗没一點用處，並且可以使你們的一切全被毀壞。儘少是，我在該撒的宫中，永遠不忘記你的話。”

她就問着小歐吕斯，向那個教他們兩人讀書的希臘老人，向原先乳她現在管理她的衣服的婦人，向所有的奴隸告辭。

在他們裏面，有一個人，一個高大的黎基人，很粗的肩膀，在他們的家裏，大家都叫他作虞瑞斯。譯者注：Ursus 在拉丁話裏是熊的意思。他當時同黎基和她的母親，一同來到羅馬人的兵營，現在跪到朋波尼亞的腳前説：

“哦，太太，請你允許我跟隨我的女主人，爲的是可以在該撒的宫中，伺候和招呼她。”

朋波尼亞答説：“你不是我們的僕人，你是黎基的。但是人家讓你進該撒的門麽？……並且你用甚麽法子去到那裏招呼她？”

“這個我不知道，我只知道鐵在我的手裏就碎了，和木頭一樣。”

歐吕斯·卜勞胥斯並不反對虞瑞斯的志願，並且宣言所有黎基的跟人都應該同她移歸該撒的保護。

朋波尼亞寫了幾個字，要把黎基託付給阿克第。她是奈龍已經解放了的女奴，朋波尼亞并没有在那些信徒的聚會裏面，遇見過她。但是聽見説阿克第從來不拒絶幫助基督教徒。并且她很專誠，去念達斯的保羅的信。

阿達自願擔負親自遞送這封信給阿克第的責任。這些兵士被小歐吕斯叫喊的聲音送出了大門；他想着保護他的姊姊，用他那很微弱的拳頭，去脅迫那個百夫長。他們就把黎基引到該撒宫中去了。

老家長叫人豫備轎子。在他等着的時候，他同朋波尼亞關在藏圖室裏面。

他說："你聽我說，朋波尼亞，我雖然相信這個舉動不會有效，我也要去見該撒。如果他要求把黎基交給他，這是有人在後邊推着：這很容易猜出來是誰。"

"俾東麽？"

老家長用很尖銳的聲音繼續着說："就是他，並且俾東也並不是爲該撒來向我們搶她，因爲他恐怕她去爭了袞白的寵愛；那麼就是爲他自己，或者爲維尼胥……就是今天，我將要知道這件事。"

遲一會兒的工夫，轎子抬了他到巴拉丹去。

第四章

歐呂斯也很想到人家不讓他走到奈龍那裏，果然，人家答應他說該撒同胡琴師德卜諾忙着唱曲，並且他只接見他所傳喚的人。

在又一方面，色奈克雖是害了發熱的病，却接見了這個老家長。

"慷慨的卜勞胥斯，我只能給你幫一個忙：就是永遠不讓該撒看見我的心同你一樣的受苦。"

家長截斷他的話，並且說："慷慨的阿呂斯，那個叫人來搶我那孩子的人就是俾東。請你告訴我一些可以用的法子，使他能覺得的勢力；歸結請你自己在他的面前，用一用你對我的交情所能提起來的雄辯。"

色奈克答說："他和我是在兩個互相反對的兵營裏，俾東也許比起那些圍繞着奈龍的小人好一點。但是,想要給他證明出來他曾經作了一件不好的事,那就白費時候了。他並沒有善惡的觀念。如果告訴他説:他的法子是反對審美的,他可以羞愧。當我將來見着他,我要告訴他説:'你的行爲配當一個已經被解放的奴隸。'如果這樣不成功,甚麼全都不成功了。"

家長答説:"我總要謝謝你。"

他就叫人抬他到維尼胥家裏,遇着他正同他的劍術師修理兵器。到了他們單獨相對的時候,歐吕斯的怒氣噴出來些責備和罵詈的風浪。但是,維尼胥聽説這種暗害的新聞,顏色變成淡白,形狀很可怕的。歐吕斯意中的疑惑飛向天外去了。那個少年人的額上滿蓋了汗珠。他的眼睛和電光一樣。他的嘴唇發出些不相連貫的問題。嫉妒和惱怒循環着來顛倒①他。他覺得,黎基一進了皇宮的門限,一定是完全沒有希望的了。但是當歐吕斯提起俾東名字的時候,一種疑惑,好像電光,穿過那個少年軍人的心裏……他疑心俾東和他開玩笑。

暴烈性在維尼胥的家裏是遺傳的。

他用斷續的聲音説:"家長,你要知道俾東就是我的父親,他所施於黎基的侮辱,也須要給我算賬的。回你的家去,等着我。無論俾東,無論該撒,將來全得不着她。我寧可殺了她,並且是我同她在一塊兒。"

他就跑到俾東家裏去。

歐吕斯帶了一點希望,回家。安慰朋波尼亞,他們兩人等維

──────────

①編者注:"倒",原誤作"到"。

尼胥的回信，過了兩小時。

一直到晚上，他們聽見錘子打門。

一個奴隸進來，把一封信交給歐呂斯。

那上面説這些：

"馬舉·維尼胥給歐呂斯·卜勞胥斯。

你好。方纔經過的事情，是由於該撒的意旨的。對着該撒的意旨，你們也應該和俾東同我一樣的低頭。"

第五章

從前最驕傲的頭顱，對着阿克第，都是俯伏着的。在那時候，她是奈龍最寵幸的人。

她當得起許多人的感謝，並且一點也不得罪人。歐克達維^譯者注：Octavie 是奈龍的皇后，後來被奈龍所殺。自己也不恨她。現在人家看她是太微渺了，毂不上被嫉妒，她繼續着用一種没有希望的愛情去愛奈龍。一去不回的紀念，就是這個愛情的惟一養料；就是哀白，也不要求把她送出宫去。

人家在該撒的餐桌上，時時請她吃飯：她的美麗在該撒的宴會上，是一個妝飾品。

那一天，黎基應當參與這種宴會。一切的事情在她心裏搖動起來。她怕該撒，她怕這些人，她怕這個亂嚷嚷的宫殿。她怕這些宴會：因爲她曾從歐呂斯、朋波尼亞和他們朋友的談話裏頭，曉得這些宴會的污辱。

她現在自己問自己，如果拒絶該撒的意旨，不去赴宴，是否好一點？她的心中生出這種證明她那勇氣的欲望：聽憑虐待或殺戮，那位神聖的主人不是給了先例的麼？朋波尼亞不是說過最熱誠的信徒，希望，並且在他們的禱祝裏面，祈求這樣痛苦的證據麼？

但是當她把她的疑惑問阿克第的時候，阿克第很驚惶的看着她。

"從那一天起，就反抗該撒的意旨，任憑他的暴怒？——這樣的辦，簡直是個小孩子，不曉得他那行為的分量……——是的，至於我，我也曾經讀過達斯的保羅的信，我曉得上帝在他那一邊，並且上帝的兒子在死人裏頭復活……但是在地上，只有該撒。並且你如果想回到歐呂斯的家中，這個宴會對你却是一個機會。你可以請求俾東和維尼胥，叫他們照這個意思去干預。你來，黎基。你聽見在這個宮中的聲音麼？太陽已經下地平綫了；所請的客，不久就要來了。"

黎基答道："你說的有理，阿克第，我要聽你的教訓。"

阿克第就引她到一間特別的擦油室裏面，給她擦上香料，並穿上宴會的衣服。

當那些先來的轎子到了那個主要大門前面的時候，她們兩個人走到檐下，從那裏，人家看得見門口、走廊和殿廷。

這是日落的時候，太陽的最後光綫，來給廳柱的黃色大理石接吻，用那玫瑰色的變幻光帶來溫慰它。

在殿柱的中間，在這些大那衣德的白色雕象的旁邊，譯者注：希臘的神話上說 Danaide 是 Danaüs 五十個女兒的總名。她們除了一個，全於結婚的那一天把她們的丈夫殺掉，天神大怒，就罰她們把一個無底的簞裝滿。在衆仙和英雄的雕象旁邊，男人女人們不斷的波浪，在那裏流着，全像那些雕象，——穿着外衣，下裳，拖到地上的裙子，帶着些輕妙的摺紋。

阿克第指給黎基，那些元老的寬邊外衣，他們的着色披衫，他們那妝飾月牙花樣的無幫鞋；她指給她看，那些騎士，那些有名的美術家，那些穿着羅馬衣飾、希臘①衣飾，或東方的奇怪衣飾的貴夫人，她們的髮飾所用的結子，像蛇，像金字塔，或者很簡單的仿效女神的雕象，髮飾低垂額前，用花扶起。

哎呀！阿克第那没發音的語言漸漸的把這坐宮殿和這些人所有的迂曲的詭秘給她揭開了：那裏就是那個圓頂游廊，它的柱子和它的花磚，還帶着血色，就是因爲當加于斯·加里西娜死在加瑞斯的刀下的時候，它們被血噴了；那裏就是他的妻室被搦項致死，他的孩子被摔在磚地上致死的地方……那裏，在那個殿角下面，有一個地底監獄，在那裏邊，最年輕的底于士，受飢餓的虐待，自己咬自己的手腕；那裏就是他的長兄被毒死的地方；惹米呂在那裏駭的吼叫；在那裏克婁得拘攣拳縮；日馬尼舉在那裏呻吟。

阿克第不説了。黎基總是看着這個人群，好像在那裏頭尋一個人。他的面容忽然變成玫瑰色：俾東和維尼胥從柱子行列裏面，剛走出來，——並且他們向那個大三床室走着，彷彿神仙一樣。

黎基自己覺得心中輕快。她的孤獨減少了些。

阿克第拉着她的手，引她向三床室走去。黎基向前進，兩眼昏暗，兩耳薨薨的響。她好像在一個夢中，看見在桌上在墻上成千成萬的閃爍燈光；她好像在一個夢中，聽見人家敬禮該撒的呼聲；她好像隔着濃霧看見該撒自己。她剛能知道阿克第把她向餐

①編者注："臘"，原誤作"獵"。

桌安坐以後，坐在她的右邊。

在她的左邊，有一個很謹慎的聲音，一個認識的聲音，説道：

"對着地上最美麗的處女，對着天上最美麗的星宿致敬；對着像神仙的加利娜致敬！"

維尼胥照着習慣，沒穿外衣，只穿着大紅披衫。他那帶金鐲的胳膊很清潔的赤裸着，清潔，——或者可以説他的筋肉太突起了，——他那拿劍和盾的軍人膀臂從那披衫底下露出來。他帶一個玫瑰花的帽子。用着他那像一張弓的雙眉，他那光明的兩眼，和他那乾燥的容顏，表示出來少年和氣力，黎基覺得他美麗到這步田地：她很不容易的念出字來：

"向你致敬，馬羣……"

他説："我的眼睛有幸福來瞻望你！我的耳朵有幸福來聽你那比十絃琴和笛子更和柔的聲音！我原來就知道要在這裏再遇見你。但是，你這一來，我所有的靈魂，因爲有一種的新歡悦就跳躍起來。"

他的雙眼發光，現出一種無限制的沈迷。他直望她，好像要用眼睛吸收了她。黎基覺得在這一群人裏頭，在這宫中，他是唯一的與她親近的人。她對於一切的事物因爲恐懼都覺得是不可解的，現在就起首向他發問。他從那裏知道他在該撒宫裏能遇見她呢？她爲甚麼在這裏呢？該撒爲甚麼把她從朋波尼亞那裏搶來呢？這裏一切的事情她都害怕。她很想回到她的母親跟前。她後悔和難受的要死，沒有想着傻東和維尼胥可以在該撒面前替她説話的希望。維尼胥告訴她説，他從歐吕斯自己口裏知道她的被搶。

爲甚麼她到了那裏，他却不知道。該撒沒有向隨便甚麼人，解説他那決定的習慣。但是他希望她不要害怕：他，維尼胥，是靠近她的，並且將來是常靠近她的。她是他的全部靈魂，他招呼她，也就像是招呼他的靈魂。因爲該撒的宮殿使她害怕，他就發誓說她將來不留在宮殿裏邊。

並且，雖然他說些支吾的話，並有時臆造些話，但是他的話保持着誠實的語音，因爲他的感情是真實的。

他的胸中充滿了一種誠實的憐憫心。黎基的話直達到他的心裏。並且因爲在這宴會上亂嚷的很利害，他就側身向着她，來向她低聲說些簡單和溫和的話，說些從靈魂裏面發出的字，同音樂一樣的調和，同酒一樣的酣醉。

黎基對於他的話，就心醉了。在這些圍繞她的外人中間，他常常向她更接近，更密切……並且這樣的可信，這樣的忠誠！……

阿克第的聲音高起來：

"該撒看你們兩個人。"

維尼胥忽然對於該撒和阿克第發怒，這些話中斷了那些如幻的歡樂。

黎基在這個宴會起首的時候，祇是隔着霧看見該撒。以後她專心去聽維尼胥的話，忘記再去看他。現在她回轉過來她那好奇和害怕的兩眼去看他。

阿克第所說的話是真的。該撒側靠在桌上，一隻眼睛半開着，把他那碧玉的單眼鏡，挨近另外一隻眼睛：他看他們兩個人。

他的視綫和黎基的視綫交對起來。這個處女的心，結了冰。當她還是小孩子的時候，在歐呂斯的西昔利島上莊田那邊，常從一個埃及的老女奴聽見那住在洞穴裏面的龍的故事。她現在覺得這裏面的一個妖怪，用蒼黑色的眼睛，定着看她。她好像一個好害怕的小孩,捉着維尼胥的兩手,並且那些混亂和迅速的印像,在她的頭腦裏邊,接連起落:這樣,這就是他麼? 他……就是可怕的、萬能的麼? ……她從來還沒有見過他。她所擬想的不是這樣。她想着他的面容一定是很可怕的,怒氣一定是終天不息的……她現在看見他那一個很大的頭,豎立在很大的後頸上面,這個頭固然是可怕的,但是很可笑的,並且從遠看着,好像一個小孩子的頭。一件紫色的披衫,——尋常的人是不准穿的——把他那短而且寬的臉照成藍色。他的頭髮是歐東按着時樣給他整理的;用重叠的環子,分成四行。黎基看他好像凶神,尤其是醜陋的很。

他回頭向着俾東問道:

"那就是維尼胥所戀愛的質抵人麼?"

"是的。"

"她的民族叫作甚麼名字?"

"黎基人。"

"維尼胥覺得她美麗麼?"

"是的。但是在你的面上。永遠不錯的判斷人,我已經念了你的判決書:兩胯太窄了。"

奈龍眼睛半合着,重說一句道:"兩胯太窄了。"

大宴會更加熱鬧起來。人家從那些堆滿了雪、外面圍着長春藤的大瓶裏面,時時用杓子去取酒。從屋的圓頂上,掉下些玫瑰花來。

俾東請該撒在衆賓客還沒有全醉以前,樂意用他的歌唱作這個大宴會的光榮。大家全體附和他的話。

奈龍起首拒絕他們。

但是呂干用美術及人道的名義,向他發誓。大家知道這個神聖的詩人,無雙的歌師,新作了一首頌揚美神 Venus 的歌曲。對着這一篇,呂開斯的那一篇,止算一種小狼的噑聲。所以求他使這個大宴會,成一個真正的宴會！像父親的元首。不應該靜默着來使他的臣民受罪。

"請你不要固執罷,該撒！"

衆人重新說道:"千萬請你不要固執罷！"

奈龍伸開手,證明這是因爲人家強迫他,他就讓步了。一切的面孔,都顯出感恩的神氣;一切的眼睛,都轉來向着他。但是他叫人告訴裒白說他要唱了。中宮不大舒服,所以沒來赴宴會,現在再沒有比該撒的歌唱,更靈的藥了……

裒白立時來了。奈龍的心還是全在她的身上,絕無分剖。但是當着他自負是一個歌師、一個御者、一個詩人的時候觸怒了他,是很危險的。她進來,頭髮金黃,也穿着紫色披衫,頸項上面那個極光明的大珠,是從馬西尼薩那裏搶劫來的一件。許多歡呼的聲音來迎接她。"神聖的中宮"的名字,不斷的響。黎基一生沒有看見過這種的美麗。她不能相信她的眼睛。那麼,這就是那個醜穢的裒白,她曾煽惑了皇帝,去弒他的母親,殺他的妻室;這就是城裏的人,乘着夜裏,推倒她的雕象,在一切的牆上,寫着罵她的字的裒白。黎基從來沒有想到天上的衆仙,比她更有迷人的美麗。

一種亂嚷的拍掌,表示那歌詞的終止。在一切的方面,大家都叫着說:"神聖的聲音！"在女賓的裏面,有幾個舉起胳膊,雖然歌聲已經停住,但是她出了神,在那裏還停着不動。另外些揩她們的眼淚。

在全大廳的裏面,有一種強烈的轟動。裒白低着她那金色的頭,拿着奈龍的手,緊按她的嘴唇。並且這樣的按着,有很長的時候,一聲兒不言語。

但是奈龍注意去看俾東的一邊。因爲他的贊詞是他所最感動的。俾東宣言道:

"對於這個神曲音樂,我的意思就是説俄韭的面孔也要因爲妒忌變成黃色,和現在在這裏的呂干一樣;至於詞句我倒更喜歡比這篇差一點的,因爲那樣我就可以找出來不致於不稱它的一種贊美了。"

奈龍高興極了。他自己指明他所看作最美麗的詩句,嗣後他就起來引導裒白。因爲她真是病了,想要回去。

一會兒工夫,他就回來了,想看他同俾東和第節蘭所預備的玩意。

但是那個荒宴離完結的時候還遠得很。那些奴隸繼續着奉上新菜,並且滿斟上青葉妝飾的酒杯。

一大半賓客溜到桌子的下面去了。但是俾東一點不醉;奈龍,起先很矜惜他那天上的聲音,躲避喝酒,現在一杯一杯的喝乾,就大醉了。他還要唱他的詩,這一次是希臘文的詩,但是他記不起來了;並且因爲錯誤,他就哼了阿那克龍的一個小曲。

維尼胥並不比別人醉的輕。嘴裏黏膩着來挾抱黎基,説道:

"該撒把你從歐呂斯家裏取來,要把你作送我的禮物。明天一交夜的時候,我的奴隸們要來取你。你聽見我説没有?"

她没希望的和他撐持,覺得她要跌下了。

但是,在這個時候,一個很可怕的氣力,拉開了那個保民官的胳膊,同拉小孩的胳膊一樣容易,並且推開他,就像推開一根枯莖,或是一片乾葉一樣。維尼胥揉揉眼睛,精神恍惚。在他的頭頂上看見那個黎基人虞瑞斯的偉大身量。

黎基人站住不動,並且是很安静的。但是他那發光的雙眼,射着維尼胥。有這樣奇異的神氣:那個少年,覺得他的血結成冰了,於是這個大漢把他的女王,舉在他的胳膊上面,脚步很均匀的出了三床室。阿克第跟隨着他。

維尼胥有一個時候,彷彿變成石頭了。嗣後他就跳起來,跑到出門的地方喊①叫:

"黎基! 黎基!"

但是恍惚的精神、怒氣和酣醉把他的兩腿砍倒。他就搖晃,栽筋斗,跌倒在磚上面;大半的賓客,在桌子下面亂滾;有幾個人在大廳裏面左右偏閃着擊打墻壁;另外些人靠着桌子睡着了,打鼾了,或者在睡夢裏面,把他們吞咽過多的東西嘔吐出來。

在這些醉倒的參政官、元老、騎士、詩人,醉倒的哲學家、舞女、女家長的身上,在這些還是萬能並且已經沒有靈魂的衆人身上,在這些向深淵滾下的衆人身上,金製的鷹,在大廳的圓頂下面,伸開翅膀,不住的落下玫瑰花的雨。

在外邊,就是黎明了。

第六章

也沒有一個人攔着虞瑞斯,也沒有一個人問他。那些沒有滾到桌下的賓客,也都離了他們的坐位。那一群僕人看見一個女客

---

①編者注:"喊",原誤作"減"。

在一個大漢的胳膊上面,想着總是一個奴隸舉着他那喝醉的女主人。並且阿克第在他們的跟前,把一切的疑惑都散盡了。

他們從那三床室,走過一間接連着的大廳;從那裏走到游廊;這個游廊就引他們到了阿克第的房子裏面。

這一部分的宮殿,是荒涼的;宴會上的音樂和聲息,到了這裏就不很清楚了,虞瑞斯把黎基放在一條大理石的凳子上面。阿克第起頭勸這個少女安静些,並且叫她休息一會兒,向她保證,没有一點危險來脅迫她,因爲這些賓客將要睡到晚上。從長久的時候,黎基不能安静了。她用手撑着她的兩個鬢角,並且像個小孩一樣,重複的説道:

"回家!回家!到歐吕斯的家裏去!"

虞瑞斯是預備好了。門前果然有些衛兵看守,但是這些兵不攔出去的人。在凱旋門的前面,還有一大群的轎子,不久人家就要成隊的出去。他們主僕可以隨着人群一直回到家裏。

黎基重説道:

"是的,虞瑞斯,我們走罷。"

阿克第不得已的替他們兩人計算。——他們要走!很好!没有一個人阻攔他們的去路。但是從該撒宫中逃出去是犯了侮慢神聖的罪名。他們要走……晚上就要有一個百夫長和他的軍士們,把死罪的判决書給歐吕斯,給朋波尼亞·克雷西娜拿去,並且要把黎基再領回宫中來。這個時候,她將要被害,絶無救援了。如果歐吕斯一家人接①受了她,他們的死是一定的了。或是卜勞

————————

①編者注:"接",原誤作"按"。

胥斯該死,或是她該死,在這個中間應當選擇一下子。

黎基的眼睛好像被霧罩者。兩個大眼泪慢慢的流到她的兩腮上。

她説:"希望上帝保佑朋波尼亞和歐吕斯!我並没有一點權利叫他們去死,並且我要永遠不再見他們了。"

她於是回頭向着虞瑞斯説,在世界上向她的只有他一個人了,並且説從此以後,他應該給她作一個保護人和一個父親。如果他們不能逃到歐吕斯的家裏,他們也不能住在該撒這裏,和維尼胥的家裏。維尼胥醉了不小心,就宣言晚上要派他那些奴隸來取她。她想要在半路上逃去,不到他的家裏。虞瑞斯要立時到黎努斯主教那裏,求他的幫助和教訓。主教命令那些教徒去半路上大聲喊救,硬把她解放出來。

她的面孔成了玫瑰花的顏色,並且微笑。她就抱着那個已解放的女奴的頸項,把她那細膩的口吻放在她的腮上,低聲説道:

"你將來不賣掉我們麽,阿克第?一定不能的!"

"對着我的母親的魂靈,我將來一定不賣掉你們。祈禱你的上帝叫虞瑞斯能解放了你。"

第七章

天已經大明了,太陽明照着那個三床室。阿克第叫黎基,在一夜没有睡覺以後,作一個必要的休息。黎基簡直没有爭辨,他們兩個就回了三床室。

黎基睡的,同她在家裏朋波尼亞看着她睡的時候,一樣安静。

直到日中,她纔睜開眼睛。她用恍惚的目光,在那三床室裏面周圍查看。那麼她不在歐吕斯的家裏了麼?

歸結她在陰影裏面看見那個少婦的面孔,她就説道:"是你麼,阿克第?"

"是我,黎基。"

"是不是已經晚上了?"

"不,我的孩子,下午了。"

"虞瑞斯回來了麼?"

"虞瑞斯没有説過他要回來,他曾説他今晚去找轎子。"

"這是真的。"

她們離了卧室,到了浴室。沐浴以後,並且早飯以後,阿克第引着黎基到宫中的花園裏面,在那裏,不怕遇見一個人,因爲該撒同他的親近,還是睡着了的。

在游玩以後,她們坐在一小叢側柏裏面,來説黎基逃走的事情。

一種脚步的微聲來打斷了她們的話,並且,阿克第還没有工夫看見走來的是誰,前面哀白被許多奴隷圍繞着,已經在凳子的前面現出來了。有兩個女人在她的頭頂上輕輕的摇動駝鳥毛的扇子。一個挨丢比的女人,兩個乳頭頭脹滿了乳,在胳膊裏面,抱着一個紅色裹着的嬰兒。

哀白站住了,注意的去看黎基。

"這個女奴是誰?"

阿克第説:"這不是一個女奴,神聖的中宫,這是朋波尼亞·克雷西娜抱養的一個女孩,並且是黎基王的女兒,他把她質抵給羅馬的。"

“她來看你麼？”

“不是的，中宮，從前天起，她住了宮裏面。”

“由誰的命令？”

“由該撒的！”

裒白更仔細的看那個少女，並且眉間起了一個皺紋。她嫉妒黎基的優越出衆，判斷她的美麗到這樣的稀奇。

在她那金色睫毛下面，她的眼睛有一種結冰的電光。但是她轉身向着黎基，外面很安靜的：

“你同該撒説過話麼？”

“没有，中宮。”

“比起歐呂斯家裏來，你爲甚麼更喜歡在這裏呢？”

“不是我更喜歡。俾東推着該撒把我從朋波尼亞家裏要了來。强我在這裏，也不管我的不願意……”

“你打算回到朋波尼亞的跟前麼？”

這個問話，帶着一種愛説話的聲音，黎基猛然有了一個希望。

她伸着手説道：“中宮，該撒要把我給與維尼胥當奴隸；但是你將要替我懇求，你把我還與朋波尼亞罷……”

“那麼俾東推着皇帝，把你從歐呂斯家裏要來，是要把你給與維尼胥麼？”

“是的，維尼胥説過，就是今天他要派人來找尋我，但是你要是很慈悲，並且要憐憫我的。”

她彎着腰，牽着裒白的袍邊等着，心裏亂跳。裒白帶着一種可惡的微笑看她，並且説道：

“那麼，我允許你就是今天將要作維尼胥的女奴。”

她留下使人頭暈並且使人不幸的幻像,就遠去了。起頭哭起來的小孩聲音到了黎基和阿克第耳朵的前面。黎基眼睛裏的泪很多,拉着阿克第的手。

她説:"我們回去罷,祇應該希望可以來的幫助。"

她們回了她們所不再離開的過廳裏面。她們心地緊束着,去聽步聲。談話時時中斷,有種寂静裝滿聽觀上的幻覺,在那裏飛翔着……

在這個夜間①,前室的門幃波動起來。一個微黑色和有痘痕面孔的人現出來。黎基在朋波尼亞家裏,見過他,認得他是維尼胥的一個已經解放的奴隸阿達三。阿克第叫了一聲。

阿達三很深的行禮,並且説道:

"從馬舉·維尼胥的那一方面來給神聖的黎基致敬。他在一個擺好的餐桌旁邊,在他的綠葉裝飾的房子裏面,等着她。"

她的嘴唇變白了,説道:我是預備好了。

她就用她的胳膊,抱着阿克第的頸項,和她告别。

第八章

維尼胥的房子,果然是用綠葉裝飾的:墻和門由長春藤和常綠樹裝飾起來;葡萄枝的花條在那些柱子上面蟠繞着。

那些鐙在亞歷山大城所産玻璃球形的罩子下面,减少了光明,那些光或是穿過了印度紗,分成各種顔色;成了玫瑰色的、黄

---

① 編者注:"間",原誤作"門",據文意改。

色的、紫色的、藍色的光綫。在大客廳裏面，備了四份刀叉，因爲俾東和他的女友，美麗的克梨索德米，也要應當參預這個宴會的。

總之是維尼胥聽了俾東的教訓，他給他出主意，不要自己去找黎基，却差阿達三帶着該撒的命令，去辦這件事。

那些奴隸拿來些個三脚凳子，並且取常綠樹和松樹的小枝扔在炭裏。

維尼胥好像自己同自己說："他們已經到了加林轉角。"

俾東聳聳肩膀。

他低聲説道："一個小錢的事也看不開，這個戰神 Mars 的兒子，我永遠不能教他成功一個人。"

維尼胥竟自没有聽見。

"他們已經到了加林！……"

他們果然轉到了加林。轎子的前面有些拿鐙的人和些跟隨的人，圍繞着。阿達三監察着那些護衛人走路。大家慢慢前進，因爲在這個没有鐙燭的城市裏面，這些手提的鐙光是不敷用的。並且在宮殿旁邊的街道，是荒凉的，這裏，那裏，間或出來一個人，拿着一個鐙心，街道上住着些奇異樣子的人。從每一個小街裏面，出來三四個人，没有火把，並且穿着暗色的外衣。有些人同護衛人一同走路，混進奴隸的裏面；還有些人更互相靠近，成了群，從反對的方向走來；還有些人東倒西歪，好像喝醉了的。

從半開的幔子裏邊，黎基看見了這些黑魖魖的人群，希望和害怕在她的心中攪亂着。

她那發顫的嘴唇低聲的説："這是他，這是虞瑞斯和那些基督教徒！那就立時來罷，基督，你幫助我們罷！基督，你救我們罷！"

阿達三起初對於這些異常的攘亂，全不留神，現在有點慌了。那些掌鐙的人，不得已常向他們喊："讓開這個尊貴的保民官的轎子!"這些不認識的人靠近了轎子到這步田地:他需要發命令，用棍子攆走他們。忽然間所有的鐙光全都息了。

阿達三明白了:這是一個攻擊! 但是在轎子的周圍，大家亂擠起來;他們毆擊，互相推跌，互相踐踏。阿達三忽然有了一綫的光明:頂要緊的就是拿了黎基趕緊逃跑，放棄了別的人任憑他們的運氣。他就把她從轎子裏面拉出來，兩個胳膊抱着她，乘着黑暗盡力的跑。

但是黎基叫喊:

"虞瑞斯! 虞瑞斯!"

她穿着白衣裳，是很容易看得見的。阿達三用一隻胳膊拿他自己的外衣來遮蓋她。當那個時候，一種可怕的擰夾，捉着他的後頸;他的頭顱好像受了一錘，和[①]受椎的牛一樣倒了。

大半的奴隸栽倒地下，或者跑在那墻角上亂碰。在那個大騷動裏面，已經砸碎的轎子，臥倒在地下了。虞瑞斯把黎基搬到叙比耳:他的同伴就散了。

在維尼胥的房子前面，那些奴隸重新聚攏起來，互相商議。他們簡直不敢進去。但是總得把所碰見的事告訴他們的主人。

日耳曼人俱龍，是當維尼胥年幼的時候領他的人，並且是他的母親遺留的人，告訴他們説:

"我將去報告這件事，是的;但是我們大家一同去，好叫他的

---

① 編者注:"和"，原誤作"是"，據初版改。

怒氣不落在我一人的身上。"

　　當這個時候，維尼胥失掉了耐性。俾東和克梨索德米嘲笑他；他在過廳裏面，很快的走動，重複說道：

　　"他們應該已經到這裏了！……他們應該已經到這裏了！……"

　　他要出去，但是他們擋住他。

　　忽然，在前廳裏面，聽見脚步聲響，並且一隊的奴隸進到過廳裏面；他們站在墻脚，舉起手來叫苦：

　　"呵呵！……呵呵呵呵呵！……"

　　維尼胥向着他們跳去。

　　他用一種可怕的聲音叫喊："黎基在那裏?"

　　"阿阿阿阿！"

　　俱龍往前走，並且很快的，用一種愁慘的聲音說：

　　"你看這血，貴人！我們曾經防衛了她！你看這血，貴人！你看這血！"

　　還沒有說完。維尼胥用紫銅的燭臺，把這個奴隸的頭顱擊碎了。隨後他用兩隻手，捉住他自己的頭，他的手指鑽進頭髮裏面拼命的喊：

　　"我的不幸！……"

　　他的面孔變成藍色；他的眼睛瞪了出來；他的嘴起了沫。

　　他歸結用一種非人性的聲音喊叫："鞭子！"

　　那些奴隸呼號："貴人！呵呵呵呵！可憐！"

　　俾東立起來，懊惱的撅着嘴。

　　他說："來罷，克梨索德米，如果你想看見肉，我可以叫人把加林的屠户的肉案子攻開。"

他們走出過廳去了。

在那穿着綠葉衣裳和預備着宴會的房子裏面，那些奴隸呼號和那鞭子呼呼抽着的聲音，一直鬧到早晨。

第九章

維尼胥這一夜，簡直没睡，他跑出去找黎基。他去搜尋愛基蘭區，叙比耳，塞内拉特 譯者注：Scelerat 是罪惡的意思。 路，和一切附近的街市，隨後在加彼度轉了一圈，過了法卜利斯橋，跑遍了那個島，並且到後來碰到唐德衞。

他直到黎明的時候，纔轉回來。倒在過廳裏邊的褥床上邊，迷迷惑惑的來想找着或捉拿黎基的法子。

他的心忽然對着一個很可怕的擬想止着不跳了。

"如果是該撒自己把黎基搶去了呢？"

如果是這樣，黎基是永遠丢掉了。從一切的手裏，人全能把她扯出來，但是不能從這個手裏。現在他明白她的價值能貴到了甚麼地步。好像沈在水裏的人，電光一閃，想起他一切的過去，維尼胥想起了黎基。他看見她，他聽見她的每句話。他看見她在泉源邊上，並且在歐吕斯的家裏，並且在宴會上。他先前覺得如果找不着黎基，他就没法子生活，他現在想着如果不能戮報仇，他就不能死。

祇有報仇的思想，稍微能給他一點安慰。他重複的説："我將來作你的加叙斯克拉！ 譯者注：原文作 Ton Cassius Chaerea，像是一個人的姓名，但考 Cassius 係殺該撒的凶手，Chaerea 係殺 Caligula 皇帝的凶手，並無一個人叫作 Cassius Chaerea。現在不敢說他是一個人或兩個人,此該存疑了。他從圍繞雨池的花盆裏面,取了一點泥土,向着赫加德,向着愛萊坡,譯者注:按希臘的神話,月神因爲所處的地方不同就得了三個名字,她在天上叫作 Phébé,在地上叫作 Diane,在地獄裏面叫作 Hecate,Erète 是地下面地獄上面那一部分的名字。並且向着那些家神,發了一個可怕的誓,說他要報奈龍的仇。他至少是現在還有理由活着。他就叫人抬他到巴拉丹,起頭在那裏要見阿克第——他或者可以從她那裏,知道一些東西。

守門的百夫長對他說:"致敬,尊貴的保民官! 如果你的希望,是來頌揚該撒的,你來的很不巧,並且我不曉得你能不能見他!"

維尼胥問:"他有甚麼事了?"

"那位尊嚴的小神靈,忽然病了。該撒和中宮陪着些醫生在她的跟前。"

這是一件重大的事。當這個女孩生下地來的時候,該撒喜歡的幾乎瘋了。她也很得衷白的親愛,因爲堅固了她的地位,並給她一種不可抵抗的勢力。

帝國的運命,可以繫在這個小中宮的健康和她的生命上面。但是維尼胥對於這個軍人的答詞一點不留神。他說:

"我不過要見阿克第。"

他就過去。

至於阿克第也在小孩的跟前,他需要等候着。將到日中的時候,她纔來。

維尼胥握着她的手,把她拉到屋子中間,叫着說:"阿克第,黎基在那裏呢?"

她帶着責備的神氣回答:"我正要問你這個。"

雖然<u>維尼胥</u>原來想着用和平的態度問她,現在他的面容帶着苦痛和憤怒,喊叫起來:

"我沒有她。人家在路上把她給我搶去了! 這是不是<u>該撒</u>搶的?"

"不是,<u>馬畢</u>。經過的事情,是因爲<u>黎基</u>自己願意纔經過的。"

<u>維尼胥</u>大叫:"你已經知道她要逃走!"

"我知道她不允許到你家裏去。"

但是<u>維尼胥</u>不住的發他的怒氣。<u>該撒</u>把<u>黎基</u>當件禮物送他,就是她藏在地底下,他也要發現了她。

<u>阿克第</u>失了耐性,分辯説:

"小心着當<u>該撒</u>再找着她的那一天,你要永遠丟掉她。"

"你説?"

"你聽,<u>馬畢</u>! 昨天在那些花園裏,<u>黎基</u>和我,我們遇見了<u>裒白</u>,和那女黑奴<u>黎里特</u>所抱着的小中宮。晚上,那個小孩就病了,並且<u>黎里特</u>説是那個外國女人咒了她。小孩如果好了,他們就要忘記了;如果不好,<u>裒白</u>就是首先把妖術的罪加給<u>黎基</u>的人。那麼她再被找着,就沒有甚麼好處了。"

有一會兒的静默。以後<u>維尼胥</u>隨便説:

"或者她真咒了那個小孩……並且也咒了我。"

"<u>黎里特</u>説從她離開我們,小孩就起頭哭。這是真的! 她起頭哭。無疑的她那個時候是已經病了。直到小孩痊愈的時候,不要再説<u>黎基</u>,<u>馬畢</u>。她的眼睛因爲你哭的殼了。"

維尼胥用一種憂鬱的聲音來問：“你愛她麼，阿克第？”

“是的！我學着來愛她。”

“你愛她，她不拿仇恨來報你的愛情，和對我一樣！”

“憤怒和瞎眼的人，她愛你。”

維尼胥跳了起來。

“這不是真的！”

阿克第平常是温和的，這回輪着她發怒了：

“他怎麼樣來試着取她？他不去向着朋波尼亞和歐吕斯鞠躬，並且向他們請求她，却用一種的驚駭，從她們父母那裏搶了她來。至於她，她是國王的女兒。他用沈湎的戲劇去傷她那清靜的眼睛。他忘了歐吕斯的家庭是甚麼樣子？黎基的義母朋波尼亞是個甚麼樣的人？他不知道這個清白的小孩子，是寧死不肯受辱的！這樣！不應該！黎基簡直沒有把意見告訴他，但是她説她等她的維尼胥的致敬。當她説到他的時候，她臉就紅了。她的心，在她的身子裏面爲他跳。但是他駭着了她，激怒了她，得罪了她。”

他呻吟着説：“這是太晚了！”

一個深溝在他的面前張開嘴。他不知道應該怎麼樣作，怎麼樣實行，從那裏去辦。好像一種應聲，阿克第重説道：“太晚了！”並且這些話，從別人的口裏説出，聽着就好像一個死罪的判決書。

他没有告辭，就離開了阿克第，當那個時候，過廳的帷幔忽然掀起來了！維尼胥在他的面前，看見朋波尼亞穿喪服的面相。她也知道黎基不見了，並且，她覺得她比歐吕斯容易走到阿克第的跟前，她來打聽一些新聞。她看見了維尼胥，向着他轉過來她那虛弱和蒼白色的面容。

"馬畢,希望上帝赦了你對我們所作的罪過,對於我們,並且對於黎基。"

至於他,他站在那裏,低着頭額,帶着不幸和負責任的神氣。不能知道那一位上帝應該並且能縠饒恕他,並且爲甚麼當朋波尼亞應該説報復的時候,她却來説饒恕。

歸結,他出去了,頭腦裏面的希望空了,却被思想壓重了。

俾東忽然攔着他。維尼胥把他推開,並且想走過去,但是那一個拉住了他的胳膊,把他扯回家去。

第十章

他們走過裏邊的游廊,並且坐在大理石的凳子上面,説話。

俾東説:"這個搶案,來得很奇怪的:這也不是該撒,也不是歐呂斯作的。這是那個黎基的大漢幹的事,但是他一個人不能辦。那麽有人來幫助他……"

"那麽是誰呢?"

"黎基的同教的。"

"甚麽同教的? 那些神是她的呢? 但是我知道這些事應該比你清楚一點。"

"在羅馬差不多的女人,全有她自己的神。很明白的,朋波尼亞要把她自己所敬的神的教教給她。這是甚麽教義? 我一點也不知道。有一件事是已經一定的,在無論甚麽廟裏,無論我們的那一個神,永遠没有看見她去祭祀。"

"在阿克第那裏,我遇見了朋波尼亞,並且她告訴我説:'我希望上帝饒恕你於我們的罪過,對於我們,並且對於黎基。'"

在這個時候,過廳的伺候的人,來到門限上面:

"我可以說話麼,貴人?"

"你說。"

"全家的人,貴人,都說應該住在尊貴的維尼胥家裏那個少女逃走的事情。當你出去以後,哀尼斯到了我的家裏,並且告訴我說,她認識一個人,能再找着她。"

"阿!這是那個人呢?"

"我簡直不認識他,貴人。"

"他在這裏麼?"

"是的,貴人,他在過廳等着。"

"他叫作?"

"基隆·基羅尼德,貴人。"

"他的職業呢?"

"這是一個醫生,一個智者,並且是一個豫言家,他能算出人的運氣,並且豫先說出來。"

俾東和維尼胥走到基隆·基羅尼德所等着的過庭裏面,他給他們深深行一個禮。

那一個人站在他們的前面,有些可憎可笑的神氣。他並不老:在他那不乾净的鬍鬚,和皺紋的頭髮裏邊,這裏、那裏,剛剛有幾根灰色的毛。他的肚皮,是凹入的;他的兩肩向上聳着,以至於初次看見,要覺得他是一個駝背人。在那個高堆頂上,放一個很大的頭。他的面孔帶着銳利的眼睛,有點像猴子和狐狸。在他那淺黄色的面皮上面有些麻點;在他那紫色的酒糟鼻子上面帶着瘢痕。他那黯色的圓眼,山羊毛的披衫及外衣,藏着一個真實的,或假裝的窮苦。俾東看見他,想起荷馬著作上面的德爾西特,就用一個記號,回答他的禮,並且説:

"致敬,德爾西特,神聖的于里斯在突瓦城下給你所作的駝背,怎麼樣了,並且,他自己在極樂世界裏面,怎麼樣了?"

基羅尼德分辯説:"貴人,在死人裏邊頂有智慧的于里斯借着我這個身軀,説與在生人裏邊頂有智慧的俾東一個致敬,並且求他給我一個新外衣,遮蓋着我的駝背。"

俾東叫道:"對着三位的赫加德! 這個答辭就值一件外衣……"

但是這個談話,因爲維尼胥要直接問他,就截斷了。

"你知道清楚我要任你作甚麼事情麼?"

基隆分辯道:"前天夜裏,人家搶去一個少女,名字叫作黎基。或者更可以叫她作加利娜,她是歐吕斯·卜勞胥斯抱養的女兒。你的那些奴隸,貴人,是要把她從該撒的宮裏搬到你的家裏來的。我自己告奮勇在城裏邊找着她,或者如果她離了城,——這是很不近情理的,——我就給你指出,尊貴的保民官,她的窩藏地方。"

維尼胥因爲他的答辭是很清楚的,就高興的説:"很好,並且你有甚麼法子呢?"

基隆帶着狡詐的神氣微笑:

"法子是在你的手裏,貴人,我只能出主意。"

俾東也微微一笑。因爲他對於他的這個客,是很滿意的。

維尼胥也很滿意,因爲他想着這樣一個像走狗的人,只要他看見脚跡,在沒找着巢穴以前,是簡直不會停的。

他説：“很好，你需要些指點麼？”

“我需要兵器。”

維尼胥驚訝着問：“甚麼兵器？”

這個希臘人伸開一個手掌，用別的一隻手做出數錢的手勢。

他帶着微笑的説：“現在是這樣的，貴人。”

“那麼，你將要作那帶着金子口袋去攻打堡砦的驢子。”

那個人很卑下的回答：“我不過是一個可憐的哲學家，金子是你們所帶着的。”

維尼胥扔給他一口袋的錢；他從空中接着了。

隨後他就揚起頭來，並且説：

“貴人，對於這件事，我所知道的比你對我所預料的更要多些。我不是空着兩手來到這裏的。我知道這個處女並不是被那些歐呂斯搶去的，因爲我已經和他們的奴隸談過了。我知道她並不在巴拉丹，因爲在那裏一切的人都忙着小中宮。我知道她的逃遁，是由他的一個同鄉僕人所組織的。他不能在奴隸的跟前找着幫助，因爲那些奴隸互相維持，並且他們簡直不能幫助他，來反對你的那些奴隸。他只能在他的同教人跟前找着幫助。

俾東截斷了他的話説：“你聽，維尼胥，我不是已經説了這個麼？”

基隆説：“爲我，這就是一個大榮幸。這個處女，貴人，一定是和那羅馬頂有德性的婦人朋波尼亞敬禮一個樣的神。但是我不能從她那些人口中曉得她敬禮的是甚麼樣的神，和他的那些信徒叫作甚麼。如果我能知道，我就到他們的裏面，我可以成功一個敬神的信徒，並且我可以得他們的信用。但是，你，貴人，我也知道,你曾在那尊貴的歐吕斯家裏過了十五天左右,在這個上面你能給我些指明麽?"

維尼胥説:"不能……"

"你簡直没有,有名的保民官,留神到些禮節,或是些祭儀上的用品……一個小雕像,一個祭品,一個符籙麽?你簡直没有看見他們畫些朋波尼亞和這個外國少女,獨自能毅曉得的記號麽?"

"記號麽?……那麽你等一等!……是的!有一天,我看見黎基在沙面上畫一個魚。"

"一個魚!呵!呵!哦!只有一次或是許多次呢?"

"一次。"

"你准定,貴人,她畫了一個……一個魚麽?哦!……"

維尼胥覺得奇怪就説:"是的!你猜着了這個魚的意思麽?"

基隆叫着説:"我猜着没有!"

並且他行了一個敬禮,加一句説:

"希望那命運的神時常把他的福氣,裝滿了你們,最有名的貴人們。"

俾東對他説:"叫人給你一件外衣!"

這個希臘人回答説:"于里斯爲德爾西特,對你表明他的感謝。"

他又行了一次禮,就走出去。

俾東問:"對於這個有榮譽的智者,你想些甚麽?"

維尼胥高興的叫着説:"我想他要找着黎基,但是我也想,如果甚麽地方有一個無賴的王國,他就可以去作國王。"

"没有人争議的。我應當知道這個斯多噶學派的學者更詳細一些;但是,在這個閑空裏,我叫人放出過廳的穢氣。"

　　基隆·基羅尼德在他那新外衣的摺紋底下,抛着他從維尼胥那裏得來的一袋錢。並且很快樂的覺着它的重量和好聽的聲音。他慢慢的走,並且回過頭來看看從俾東家裏有人出來偵查他没有。他走過黎維回廊,並且到了克利勿維比呂的轉角,他向叙比耳走去。

　　他想着:"我應該去到斯波呂的家裏,對着命運的神奠幾點酒……呵!她在沙上畫一個魚?如果我知道這個魚怎樣講,我要被一塊小牛的肉噎死了!但是我要知道這個。"

　　他進了酒店,並且要了一甕"暗色的酒"。對着那店主人不信任的眼光,在他包囊裏邊去掏,拿出一塊金子,並且把它放在桌上。

　　他説:"斯波呂,今天我同色奈克從黎明作工直到正午,這就是我那朋友當贖儀酬謝我的。"

　　斯波呂的圓眼睛更圓睁起來。基隆覺着酒不很净,他就在那裏邊染濕他的手指,在桌面上畫一個魚,並且説:

　　"你曉得這是甚麼意思?"

　　"一個魚麼?好事①情!一個魚,——這是一個魚!"

　　"至於你,雖然在你的酒裏攪了殼量的水,爲的是人家能在那裏面找出魚來,你歸結是一個蠢人。那麼你應當知道這是一個記號,在這些哲學家的語言裏面,它的意思是説:'命運神的微笑。'如果你能猜着他,或者你就交了好運。你去尊敬那哲學罷,我告訴你説。如果不然,我要換酒店了,就像我的老朋友俾東,從很長的時候,已經這樣勸我的了。"

──────────

①編者注:"事",原誤作"得",據初版改。

第十一章

接着下去的那幾天,基隆到處没有出現。維尼胥自從知道了黎基的感情以後,更奮激的要找着她。他就個人開始去找她,因爲他不願意,也不能殼請該撒來幫助他,——小中宫的健康攪亂了該撒的心思。

也不是祭祀,也不是祈禱,也不是許願,也不是醫術,也不是人家在臨危的時候所用一切魔術的方法,——無論甚麼,全不能把這個不幸挽回來。八天以後,小孩子死了。

宫廷和城市裏面都着了喪服。該撒在這個小孩初生的時候,喜歡瘋了,現在是失望的瘋了。兩天裏邊,甚麼東西全没有吃,並且雖是宫殿被那些來吊慰的成群的元老和隨從騎士圍繞着,他不願意見一個人。

俾東是很憂慮的。滿城的人全都知道哀白把這個死歸罪到咒術。那些醫生們要掩飾他們技術的失敗,就來述説這個。同他們一樣説的,還有些祭師,因爲那些祭祀,明明的無效;還有些咒術家,他們爲自己的生命戰栗着;還有那些人民。從巴拉丹的門前撒了側柏,就是表示喪服的時候起,俾東就去受那元老們和隨①從騎士們應受的接待:他用探問病源爲名,要知道咒術的思想,深種在奈龍的心裏,到了甚麼田地。

奈龍那發光的雙眼,看定了空中的一點,他的面色好像石頭,

---

①編者注:"隨",原誤作"衛",據前後文改。

聽着那些元老和隨①從騎士對他所浪費的慰解。看見了俾東，他跳起來了，並且用一種悲慘的語音：

"唉哦！……你，你也是她死的一個原因！就是因爲你，那個惡思就進了墻。他一眼就把生命從她的心裏吸出去了……我的不幸！我很想要我的眼睛永遠看不見太陽神 Helios 的光輝……我的不幸！唉哦！……唉哦！……"

他提起聲音，到末了和撕破的聲音一樣。但是俾東忽然拿定主意下了一個孤注：他伸出手來，很敏捷的把奈龍圍繞頸項的絹布扯開，並且拿來放在他的口上。

他帶着痛悔的神氣說："貴人，在你悲痛的時候，你儘管燒了羅馬城和全世界，——但是總要替我們保存你的聲音！"

在座的都嚇昏了。奈龍自己也吃一驚。——止有俾東一個人神色不變。他很知道他所作的，並且德卜諾和兜多有極明確的命令，來關閉該撒的口，從聲音提高過重、喉嚨陷於危險的時候。

他帶着一種憂慘的威嚴，接着說："該撒，我們受了無限的損失，我希望至少是這個寶庫，還給我們留着，作爲一種慰解！"

奈龍的面孔發顫，並且過一會兒，多量的淚珠從他的眼睛掉下來。他用他的兩手靠着俾東的胳膊，把頭腦放在他的胸前，並且大哭着重說：

"你是唯一的人，唯一的人，想起這件事。你一個人，俾東，你一個人！"

第節蘭氣憤的黃了臉。——俾東接着說：

---

① 編者注：同上。

“你到昂霄去罷！她在那裏降生，你在那裏知道了快樂；你還是在那裏將要平復了。海上的空氣換新了你的神聖的喉嗓。你的肺呼吸那鹹味的水氣。至於我們，你的忠臣，要到處隨着你。並且我們盡力用友誼去平復你的哀情，你用你的歌唱來安慰我們。”

奈龍用一種悲慘的聲音說道：“是的，我將做一首神歌來頌贊她，並且我要製成它的音樂。”

“並且隨後你要去到巴夷尋找日光。”

“並且隨後我要到希臘設法遺忘。”

“在那詩辭和歌唱的祖國！”

俾東離開宮庭，去到維尼胥家裏，並且同他談起這個預先料不到的事情。

“我不但救過卜勞胥斯和朋波尼亞的危險，並且我救過我們兩個的，以至於人家將來簡直不追尋的黎基的：果然我給這個鹿子色鬍子的猴子出主意到昂霄去，並且從那裏到那布和巴夷去。當那個時候，我們可以儘我們的自由，叫人去找黎基，並且把她放在一個安穩的地方。你縱然找着她，你總要把這件事情告訴我知道，因為我應該到昂霄去。”

“好！”

他們互相告別了，但是一個奴隸來說基隆·基羅尼德在前室裏面等着，並且要人引他到主人的跟前。

維尼胥叫人立時讓他進來。

他假裝安靜的神氣，問道：

“你帶來些什麼？”

“那一次，貴人，我給你帶來了希望；現在我帶來這個少女將來可以找着的確證。"

"這就是說一直到現在你沒有找着她麼?"

"你絕對的定準,貴人,這個少女在沙面上畫了一個魚麼?"

"是。"

"那麼她是<u>基督</u>教徒,並且是那些<u>基督</u>教徒把她取去。"

有一會兒,大家都不作聲。

歸結<u>俾東</u>説:"你聽着,<u>基隆</u>,我的外甥允許你如果你找着這個幼女,他要給你一大宗銀子,但是如果你想要騙他,他要給你不比銀子少的一大宗鞭子。"

那個<u>希臘</u>人叫道:"這個少女是<u>基督</u>教徒,貴人。"

"你回想一想,<u>基隆</u>,你並不是一個蠢人。你要讓我們信<u>朋波尼亞</u>,屬於人類公敵:在泉源及水井裏邊放毒的人們,敬禮一個驢頭的人們,殺害兒童及放縱到最污賤最淫逸的人們,她和<u>黎基</u>屬於那些人的教門麼? 你回想一想,<u>基隆</u>;你在我們面前所主張的議論,不是要在你的背上反響,像一種反論麼?"

<u>基隆</u>伸開他的兩手,要説這不是他的錯誤。隨後他加句話説:

"貴人,你用<u>希臘</u>文念念底下這句話:<u>耶穌基督</u>,<u>上帝的兒子</u>,<u>救世主</u>!"

"好! ……這就是你的句子,以後呢?"

"現在把這些字的每一個字的頭一個字母取出來,並且把這些字母再集合起來,做成一個新字。"

<u>俾東</u>帶着奇怪的神氣説:"魚。"

<u>基隆</u>很得意的回答:"你看爲甚麼那魚成了<u>基督</u>教的符號。"

他們靜默起來,按着<u>希臘</u>文上這個道理,有些駁不掉的理由;

他們朋友兩個藏不着他們的驚駭。

俾東問道：“維尼胥，你錯没有？並且黎基實在在沙面上畫了一個魚麽？”

那個少年很憤怒的叫道：“對着一切地獄的神靈，真有事情可以把人氣瘋，如果她向我畫一個鳥，我就説是一個鳥了。”

基隆重説道：“那麽她是基督教徒！”

“如果那個魚是基督教徒的符號，——我覺得這是不能否定的，並且如果黎基是基督教徒，婁塞爾賓，譯者注：按着希臘的神話，Proserpine 是地獄的皇后。基督教徒並不是像我們所想像的。”

基隆答道：“你説話好像蘇格拉底，那麽誰曾問過一個基督教徒？誰曉得他們的教義？有三年了，當我從那布到羅馬旅行的時候，（爲甚麽我不留在那裏！）我有一個路伴，是一個醫生，叫作格婁穀，人家就説他是個基督教徒，並且雖説這樣，我深信他是個善良並有德行的人。”

“是否你從這個有德行的人剛才曉得那個魚的意思？”

“噯呀！不是，貴人！當這個旅行的時候，在一個客舍裏面，那個誠實的老人受了一刀，並且他的妻室和他的孩子被些商人掠去作奴隸；至於我呢，我因爲保衛他失掉了這兩個指頭。但是因爲基督教徒，——按着人家所説的，——被些靈迹保佑，我希望我的指頭再長出來。”

“怎麽樣？你成了基督教徒麽？”

“從昨天起，貴人，從昨天起！這個魚就是它的原因。你們聽我説，可尊重的貴人，我把一切街道同死胡同全跑遍了；我探訪了逃奴的小隱蔽所；我在這個期間，丟了差不多一百個阿斯；譯者

注:As 是羅馬一種的幣名。我到了洗衣所、曬乾處、小飯店裏邊;我見了些騾夫同雕刻師;我也見了些治膀胱病的及拔牙的人;我給些乾無花果的商人説過話;我到過公家墳墓裏邊……並且你知道因爲甚麼? 爲的是到處畫這個魚,從白眼裏面看那些人,並且看他們對於這個記號答些甚麼。有很長的時候,我甚麼全没看見。一天,我在泉源旁邊,瞧見一個吸水並且哭泣的奴隸。我走到近處,並且問他那眼淚的原因。我們坐在那個泉源的臺基頂上,他回答我説,他一生把錢一個一個的積蓄起來,爲的是贖一個很親愛的兒子。但是那主人,一個邦撒把這些銀子給他拿去,無論怎麼樣,留住他的兒子,當作抵押品。那個老人説:'並且我這樣哭,因爲我縱然想着應該實行上帝的意志! 也是空的。像我這樣造孽的人,我不能止住我的眼淚。'在那個時候,我感了一種先覺,把指頭拿到桶裏邊濕着,並且畫那個魚;那個誠實的人看見它,就説道:'我的希望也在這位基督。'我問他説:'你對着這個記號認識我麼?'他答道:'是的,和平應該同你在一塊兒!'我起頭來引出他那鼻子的蟲,並且這個善良的老人,把一切都告訴了我。他的主人,那個邦撒自己,也是個很有名的邦撒解放的奴隸。他從底伯河運些石頭到羅馬,有些奴隸和工人用鍬鋤把它卸下來,並且夜裏把它一直背到正在建築的房子跟前。在這些人裏面,有許多基督教徒,他的兒子也就在裏面。因爲這是一個超過這個少年氣力的工作,他的父親所以想贖他。邦撒更願意也留住銀子,也留住那個奴隸。……我就把我的眼淚混在他的裏邊,因爲我心中的慈善,和這種極端行爲給我的激痛,我這眼淚是容易的。我並且訴苦説我從那布來到纔有幾天,我們的兄弟也不認識一個,並且不曉

得他們在甚麼地方聚集祈禱。那麼他對我說夜裏來到河邊；他把我介紹給那些兄弟，他們引我到祈禱的房子裏面，並且到指揮基督教徒公會的那些長老家裏。對於這些話，我喜悅到這步田地：我把他贖兒子的款項給他，並且希望那個慷慨的維尼胥加倍還我。"

俾東把他的話截開，說道："基隆，在你的叙述裏邊，謊話就像油珠，在實話的上面浮着。我確定在那尋找的路上，有一種的確的進步。但是把你那新聞上邊，上了一層欺騙的油，是沒有用的。你從那個老人知道基督教徒從那魚的記號可以互相認識，他的名字叫作甚麼?"

"哀里胥，貴人，可憐的和不幸的老人!"

"我相信你實在認識他，並且你能從這個遇見得着好處，但是你沒有給他銀子。你沒有給他一個阿斯，你聽見我的話麼! 你甚麼全沒給他。"

"但是我幫了他拿水桶，並且用頂惻隱的心說了他的兒子。這是真的，貴人，無論甚麼不能逃出俾東的明鑒。我沒有給他銀子，或者很可以說我由我的内心想着給他這些。如果他是一個真正的哲學家，這就殼他的了。"

俾東轉過來向着維尼胥:

"叫人數給他五千錢，但是這是由你的内心並且想着給他的。"

維尼胥說道:

"我要給你一個僕人，在他身上有必須的款項；至於你，你對哀里胥說他是你的奴隸。並且你在這個僕人的面前，把銀子交給這個老人。但是因爲你給我帶來一個重要的新聞，你自己也要得着一宗同樣的款項。今天晚晌你來找那個僕人和那宗銀子。"

第十二章

基隆有穀長的時候没有出現,維尼胥止能想着他。

一天他來了,面色像這樣的憂悶:可憐的維尼胥看見他,面色就變了蒼白,並且趕緊迎着他,幾乎没有氣力來問他:

"她不在基督教徒裏面麽?"

基隆答道:"是在那裏面,貴人,但是在他們裏面,我找着那個格婁穀醫生。"

"你説的甚麽? 這是誰?"

"那麽你忘了,貴人,我從那布到羅馬旅行的時候所同來的那個老人的故事。我深信他還活着,並且是在羅馬城的基督公會的會員。"

"因爲你曾經保衛過他,他應該感激你,並且幫助你!"

"呵! 尊貴的保民官! 神們自己還不常常感别人的恩,你怎麽樣怪人們呢! 是的,他應該感激。不幸這是一個因爲年紀和不幸,精神衰弱並昏暗的老人。這樣使他,不惟不感激我,並且説我,——按着我從他那些同教人所曉得的,——同了那些强盗商議,是他那些不幸的原因。你看他對於我失掉的兩個指頭,怎麽樣報答我。"

維尼胥説:"我準定那經過的果然是像他所説的。"

基隆很沉重的説道:"那麽你曉得的比他更多了,因爲他不過擬想是這樣。但是這並不能止住他向基督教徒求幫助。並且很嚴酷的報仇。格婁毅活着的，貴人，如果他見着我一回，你，你永遠就不能見着我了。並且那麼誰將來給你找那個少女呢？"

維尼胥問道："要怎麼樣做？ 對於這件事情還有甚麼藥？ 你要作甚麼事？"

"我打算，貴人，去掉格婁毅。"

"僱些人把他用棍子打死罷，我將來給他們錢。你應該要多少？"

"我需要一千錢；你不要忘了，貴人，我總要找着些誠實的流氓，他們把錢上腰以後，不至於不給些信就散了。對於一件好工作，總需要有一件好工資。你也要給我些東西，好教我拭乾我對於格婁毅所掉的眼泪。我將來今天就有了人，並且我預先對他們説，從明天晚晌起，格婁毅將來多活一天，我就扣掉他們的一百錢。"

維尼胥允許他所要求的款項。

第十三章

就基隆説，去掉格婁毅實在是很重要。格婁毅雖上了年紀，絶不是一個衰弱的老人。基隆對維尼胥的談話，含一大部分的真實。那個希臘人原先認識格婁毅，以後把他賣了。把他送給强盜，隔離開了他的室家，剥掉了他的東西，並且使人殺害他。但是這些事情，在他却留一個很輕的紀念，因爲這個可憐的人把格婁毅並不是拋棄在一個客店裏，是在附近滿低那一塊田裏。除了格婁毅傷愈並到羅馬以外，一切事情他都預先知道。現在他要去掉他的障礙。

因爲這個目的,本天晚晌,他就到哀里胥的家裏。

老哀里胥贖了他的兒子以後,賃了密環着大馬戲場那些板屋的一間。要在那裏把些橄欖、蠶豆、沒有發酵的麵包,同和蜂蜜的水,賣給看跑馬的。基隆在他家裏找着他,他正在整理商品。基隆就拿基督的名義向他致敬,並且起頭談論引他來的那件事情。就是說:因爲他給他們盡了力,就計算他們的報答。他需要兩三個强壯和勇敢的人來救轉一個危險,這個危險,一方面危迫他個人,一方面危迫基督教徒的全體。

他實在是很窮;但是如果有對於他有信用,並且誠實實行他所命令的人,他對這個服務却能出錢。哀里胥同他的兒子瓜爾地宣言他們自己預備實行他所指揮的一切,相信像他這樣的一個純聖的人,不能要求不合於基督教訓的事情。

瓜爾地那個時候說道:"貴人,我認識賣麵包的達瑪斯,在他家裏,有些奴隷同傭工在那磨房裏作工。一個傭工很有氣力,他不止能代兩個人,他能代四個人。我親眼看見他掀起來四個人合起來所不能動的石頭。"

基隆說:"如果這是一個敬畏上帝的信徒,並且能爲他的那些兄弟犧牲自己。叫他來認識我。"

瓜爾地答道:"這是一個基督教徒,貴人,因爲在達瑪斯家裏作工的,大半是基督的信徒。那裏有些白天的工人,有些夜間的工人;他是在後邊這一班。如果我們現在去,當他們吃晚飯的時候,就能到那裏,並且你可以很自由的同他談一談。達瑪斯住在昂鮑廖姆的附近。"

基隆很高興的允許。昂鮑廖姆是在阿枉單小山跟前,並且離

大馬戲廠不遠。人家不必繞越那些小山，可以順着河邊，過愛米
列廣廊，這還可以縮短些路。

　　他們在一個木頭房子的前邊止住。從那裏來了些穀粒在磨
上爆裂的聲音。瓜爾地進到裏面去，小心的基隆在外邊站住。

　　他正在那裏回想，因爲瓜爾地回來就截斷了。這個人從屋子
裏同一個止穿一件工人的破衫的人出來。他赤裸着他的右胳膊，
並他那胸膛的右面。基隆對於這新來人的神情，滿意的嘆息。從
來他没看見過一個像這樣的胳膊，和一個像這樣的胸膛。

　　瓜爾地説道：“這就是，貴人，你所願見的兄弟。”

　　基隆説道：“我希望基督的和平是同他在一塊兒，至於你，瓜
爾地，你對這個兄弟説我可信不可信，以後你爲上帝的愛情就回
你家裏去罷，因爲你不應該留你的老父親一個在家。”

　　瓜爾地證明説：“這是一個純聖的人，他因爲要從奴隸裏邊
贖我，犧牲了他一切的財産。至於我，那時候他並不認識我。希
望我們爲人類贖罪的貴人譯者注：指耶穌。預備一種天上的報酬給
他們交換！”

　　那個偉軀的工人聽了這些話，就俯身行禮，並且用嘴去親基
隆的手。

　　那個希臘人問道：“你的名字叫作甚麼？我的兄弟？”

　　“父老，在聖洗禮我受了虞爾本的名字。”

　　“虞爾本，我的兄弟，我們去到何邊，並且在那裏你將要聽見
我所要告訴你説的。”

　　他們去坐在險崖的一塊石頭上面。在一種靜肅裏面，止有磨
的遠音同河水的波動來攪亂他們。

基隆考察那個工人的面容,雖然他的神氣有點粗厲和憂鬱,——住在羅馬城的野蠻民族常是這樣,——他却覺得他反射出來一種善良和誠實的德性。

他想,"是的,這是一個善良并狂愚的人。他將來可以無報酬的殺格婁穀。"

基隆猛然問他道:

"虞爾本,你知道虛達斯是誰?"譯者注:yudas 是十二聖徒裏面的一個,他以後把耶穌賣了。

"我知道他! 我知道他! 他自己吊死了!"

並且在他的聲音裏面,好像憤恨這個叛徒自己裁判了自己。

基隆接着説:

"但是如果他不自行吊死,並且如果有幾個基督教徒遇見他,或者在陸地上,或者在海面上,他不應該報復那位救世主的苦痛、血和死麼?"

"那麼誰肯不報復那些,我的父老!"

"我希望和平是同你一塊兒,小羊的忠實僕人! 譯者注:小羊是指耶穌說的。是的! 人可以饒恕他自己所受的凌辱,但是誰有權利來饒恕對上帝所作的凌辱? 就像蛇生蛇,奸曲生奸曲,叛逆生叛逆,同樣的從虛達斯的毒液,生出來別的一個叛徒;就像那一個把救世主賣送給猶太人和那些羅馬的兵士,這一個在我們中間生活着要把貴人的那些小牝羊賣送給狼!"

那個工人望着他,帶一種非常不安的神氣,好像他並沒有想到他所聽見的。

那個希臘人用外套的下垂自己蓋着頭腦,用一種墟墓間的聲

音,重說道:"他們的不幸,基督的男教徒和女教徒! 你們的不
幸,真正上帝的僕人!"

重新有一種寂靜。人家只聽見那些磨的軋軋的聲音,磨夫很
微的歌聲,同河水的波聲。

那個工人歸究問道:"我的父老,這個叛徒是誰?"

基隆低着頭。

"這個叛徒是誰? 虛達斯的一個兒子,從他的毒液生出來的
一個兒子。他作了基督教徒,並且常過那些祈禱的房子,他惟一
的目的就是在該撒面前告發那些兄弟們,說他們不承認他是神
聖,說他們殺害兒童,說他們要毀壞這個城市,使它止剩些亂石
頭。再遲幾天,人家就要給護衛軍士一個命令,鎖起那些老人、婦
人、小孩子,並且把他們送在死地。這就是第二虛達斯的事業。
但是如果沒一個人來責罰那一個,如果沒一個人在基督受痛苦的
時候去保衛他,那麼誰將來責罰這一個呢? 那麼誰將來壓碎這個
毒蛇的頭呢? 誰將來在他告訴該撒以前把他除去呢?"

虞爾本,一直到這個時候,坐在石頭的蓋覆上頭,忽然立起,
並且說:

"我,我的父老!"

"那麼你去在基督教徒的中間,你去到那些祈禱的屋子裏
面,並且問我們的兄弟格婁穀醫生在甚麼地方,並且當人家給你
把他指出來的時候,你就用基督的名義把他殺掉。"

那個工人重說:"格婁穀? ……"好像他想把這個名字刻到
他的記性上面。

"你認識他麼?"

“我不認識他。在羅馬城裏面，有幾千的基督教徒，他們不能一切互相認識。但是在明天夜裏，全體的，——一直到最末的一個，——兄弟姊妹要在歐里亞諾聚集，因爲基督的大聖徒到了，並且他要在那裏宣傳教義；就在那裏，我們的兄弟將要把格婁榖給我指出來。”

基隆問道：“在歐里亞諾麼？但是這在城門外邊。一切的兄弟並且一切的姊妹？……夜裏，在城外，歐里亞諾麼？”

“是的，我的父老！這是我們的墳墓，在薩拉里路及諾莽旦路的中間。你不曉得那個大聖徒應該在那裏宣傳教義麼？”

“我有兩天沒回到我家裏，所以我沒有接着他的信；並且我不曉得歐里亞諾在甚麼地方，因爲没多少天我纔從殼蘭特來，在那裏我管理一個公會。但是這很好，因爲上帝給你送來這一種鼓舞。你去到歐里亞諾，我的孩子，在那裏你要在我們兄弟的中間找着格婁榖來。要在回城裏時候把他殺掉；並且你的一切罪孽全行饒恕，就是你的報酬，現在我希望和平是同你在一塊兒！”

“我的父老……”

“我聽着你，小羊的兒子。”

那個工人用一種幾乎哀求的聲音，說道：“父老！你把這件事情放在你的良心上面麼？並且你是從你自己耳朵聽見格婁榖要賣放他的兄弟麼？”

基隆明白須要給他幾個證據，述說幾個名字。

“你聽着，虞爾本，我住在殼蘭特，但是我是殼斯的人，並且在這羅馬城裏，我把基督教義教授與我的同鄉一個婢女，她叫作哀尼斯。在該撒的朋友俾東家裏當一個管衣的使女。那樣！在這個家裏，我聽見格婁毅約着賣送一切的基督教徒，並且另外允許該撒的別一個親信，維尼胥，要給他在基督教徒裏面，找着一個年輕的處女。……”

他止着了，並且帶着驚慌的神氣，看他的對談人。這個人的眼睛忽然出了火星，好像一個野獸的眼睛。

他幾乎戰慄的問道：“你怎麽啦？”

“甚麽全沒有，父老。明天我就殺格婁毅。……”

第十四章

第二天早晨，基隆不等傳稟，就進到維尼胥的藏書室裏面，因爲那些僕人受了命令，無論白天或夜裏，一切時候，全讓他進去。

“我希望你那勇智的祖先愛遁的神母，貴人，保佑你，同馬牙的神子保佑我一樣！”譯者注：Enée 是突瓦國王 Prianr 的兒子，突瓦被希臘人所滅，以後他就逃到意大利去，羅馬人說他就是他們的祖先，他的母親就是愛情的神 Venus。羅馬的大詩家 Virgile 有一部詩談這些事。至於 Maia 是水星的女兒。

“這是要說？……”

“阿來加！”譯者注：這是一句希臘文，意思就是我找着了。

“你看見她了麽？”

“我看見了虞瑞斯了，貴人，並且我同他說話了。”

“你曉得他們在甚麽地方藏住麽？”

“不曉得，貴人，我知道虞瑞斯在昂鮑廖姆附近，在一個磨麵的人叫作達瑪斯家裏，就像你所已經解放的奴隸一樣作工。並且這就夠我的了，因爲無論你那一個可信的奴隸，全能早晨跟着他並且發現他的小隱匿所。現在我只給你帶來個保證,説虞瑞斯在這裏,神聖的黎基也在羅馬城。還有一個新聞,説今天夜裏大約很準的,她要在歐里亞諾。”

“在歐里亞諾麼?這是在甚麼地方呢?”

“這是在薩拉里路及諾莽旦路中間的一坐古墳。我所曾告訴你説的,貴人,並且人家所覺得很遲些天纔能來的那個大主教到了;今天夜裏他要在這個墟墓中間行洗禮,並且宣傳教義。”

維尼胥在櫃子裏邊,取出一宗錢財,扔給基隆。

“他們就給你東西在這裏吃,以後你可以休息。一直到今天晚晌,你不要出去,並且當昏夜到的時候,你要陪我到歐里亞諾去。”

維尼胥吩咐奴隸把哥盧東給他引來。基隆認識羅馬城内的一切人,當他聽見這個有名拳師的名字,心中很覺安靖。

那麼,當過廳執事人來叫他的時候,他很痛快的坐在飯桌一邊。

他的飯吃完了,他躺在一個凳子上面,把他的外衣放在頭底下,就睡着了。當哥盧東到了的時候,他纔醒,或者更可以説,人家纔把他叫醒。那時候他到過廳裏去。哥盧東已經商議好差遣的價錢,並且對維尼胥説:

“我負責任,貴人,用你所看見的這支手,提着你將來所指於我的人,並且用那支手,當着像虞瑞斯那樣的七個黎基人,來保衛我自己,並且歸結極至於當羅馬城内全體的基督教徒好像加拉布的狼來追我的時候,我也要把這個少女拿到你家裏來。如果我不這樣做,你們可以在這個雨池裏邊給我一頓鞭子。”

基隆叫道:"不要讓他那樣作,貴人,他們要用些石頭拋擊我們,並且那麼他的氣力有甚麼用處呢? 當她回她家的時候搶了她,並且也不至於使她涉險,也不至於使我們涉險,那不是較好一點麼?"

維尼胥說:"我就是這樣的意思,哥盧東。"

當暮色開始降下的時候,他們用高盧人帶僧帽的外套自行裹着,並且帶着提燈和短刀;至於基隆,他帶上他從哀里胥那裏回來的時候所得的假髮;他們出去走的很急,要走到諾莽旦門在它的關閉以前。

第十五章

他們隨着貴族的區域,順着威明娜山,這樣的行走。他們過了塞維于德呂廢垣,譯者注:Servius Tellius 是羅馬的第六個國王。並且從那些荒涼的路,他們就走到諾文旦大路。那麼,他們向着薩拉里左轉,到了小山中間,那裏有許多沙地的跑馬場錯雜散布,並且這裏那裏,間着些墳地。夜色是全滿了;月光還沒起來。如果不是這些基督教徒,像基隆所預料的,自己把路指給他們,他們將要不容易的找着。果然,在右邊,在左邊,在前邊,人家看見些黑影子,小心的向着沙底的乾河道走去。有幾個過路的人,用閉了氣的聲音,唱些神歌。維尼胥覺着這個神歌填滿了憂悶。有時候他的耳朵,聽見半截話,在那裏面,得着基督的名字;他覺得這條路很長。歸結有些東西,在遠處發光,好像野螢或火把的火一樣。維尼胥側身去問基隆,這裏是不是歐里亞諾。

夜色，離城的遠度，和這些像鬼的樣子，給基隆一種險惡的印象。他用一種戰栗的聲音分辨說：

"我不知道，貴人，我從來没有到過歐里亞諾。但是贊美基督也很應該離城較近一點。"

他們深入了一個窄狹的乾河道，在那上面，橫着一個土製的水道。月色剛出到雲外。在這些人走的行列的極端，他們看見一面墻，有許多的長春藤覆蓋着。大家到了歐里亞諾。

過了一個時候，維尼胥和他的那些同伴，到了一個穀寬闊的地方，有墻圍繞。在那個廣場的中心，墟墓的門前，有一個泉水沸騰着。這裹那裹，竪立些葬儀的建築。並且在這圍墻裹邊，月明和提燈不明的光綫下面，人到處的塞滿，和螞蟻一樣。或是因爲怕冷，或是怕叛徒，差不多全體戴了風帽。那個少年貴族想着，很害怕的，如果他們倔强着不揭風帽，他要看見黎基，是不可能的。

在墳墓的近邊，大家點燃些火把，堆成一個小火架。不久那群人起首唱着一首奇怪的神歌，起初聲音低下，以後慢慢的高起來。

大家向火裹面還抛些火把，在全墳地裹，散成一種紅光，並且把那提燈的光變成蒼白色了；就在這個時候，從墟墓後邊，出來一個老人，穿着帶風帽的外衣，但是他的頭是没有遮蓋的；他上在靠近火架的一個石頭上面。

在群衆的裹邊，有一種騷動。有些聲音，在維尼胥的側近，低聲的說：'彼得，彼得！'有些人就跪下了，有些人伸出手向着他。以後人聲寂静到這步田地：甚至於火把爆發的聲音，和在諾莽旦路上車輪的聲音，和那墳地鄰近的松樹被風吹着的微響，大家全可以聽見。

基隆側身向着維尼胥低聲説：

"這就是他，基督的第一個門人。這就是那個漁人。"

那個老人舉起他的手，並且作一個十字的記號，給與會的人賜福。他們，這一次，跪下了。維尼胥的同伴和他自己，恐怕漏泄出來，也就依了這個例。那個少年的保民官，覺着當他面前的這個容貌，全體都殼普通的，但是異常的。並且他所有的異常，也都是從他的簡單裏面發出來的。那個老人的頭上也没有戴頭披，兩鬢上也没有橡木冠，手裏面也没有棕櫚杖，胸前也没有金飾的方巾，也没有白色或星色的衣服。——東方的、埃及的、希臘的教士或羅馬的民選僧官所披帶的標識，一點全没有的。

彼得説起話來，好像一個父親教訓他的些孩子一樣，並且告訴他們應該怎麼樣的生活。他命令他們脱離那些縱恣和娛樂，愛那貧苦，風俗的高潔和真理，忍受着非義的行爲和虐待，服從他們的尊長和權力，躲避那叛逆、自私、毀謗的罪孽，到後來舉了些善良的先例，不惟給與基督教徒，並且給與多神教徒。

那個老人還説，應該爲德性和真理的自身，去愛那德性和那真理，因爲那實質的善和那永久的真理就是上帝；那麼誰愛那些，就是愛上帝，並且成他的兒子。

大家還擲幾個火把到炭火裏邊，在松樹裏邊的風聲也静默了，火焰直向着明滅的星光騰起來，並且那個老人因爲提起殼殼達的死事，以後只説基督。譯者注：Golgotha 是耶路撒冷附近的一個小山，人家在那頂上把耶穌釘在十字架上。

這個人看見了！他説怎麼樣他離開十字架以後，他同若望過了兩天兩夜,沒睡覺,沒吃飯,悲痛愁慘,恐懼,疑惑,連續説他是死了! 到了第三天,他們常常悲泣,當那個時候,瑪達拉的媽利喘息着跑來,頭髮也散了,叫道:"他們搶了主人!"他們對於這句話,趕緊向墳墓地方走去。若望比別人年輕,頭一個走到;墳墓是空了,他不敢進裏面去。當他們三個聚起來的時候,他——在那裏給他們説話的人——進到墓裏面,並且在石頭上看見那内外捲骸的布,但是他找不着尸體。……以後别的些門人也來了,並且哭泣,時而合起來哭,爲的是帶天兵的上帝更容易聽見他們,時而這些人哭罷,别的再哭。

那個老人閉着眼睛,好像要在他的靈魂裏面,把那很遠過去的事情,看得更清楚,以後他接着説:

"當我們這樣的哭泣的時候,瑪達拉的媽利重新跑來,喊叫説她看見那位貴人了。但是他們那些門徒不信她,並且因爲她喜歡的哭,有些人責備她;有些人想着,憂悶把她的些官覺攪亂了,因爲她也説在墳前面,看見了些天仙,及至他們回到那裏去,却看見空墳。嗣後,在那晚晌的時候,哥婁發——從前同一個别的人到愛瑪虞去,從那裏他們趕緊回來了。——來了,説:'貴人真復活了!'並且大家恐怕猶太人聽見,關着了門,起首爭論。忽然,那門雖説並没有響動,他,譯者注:這個他是指基督説的。却在我們中間站着,並且他給我們説:'我希望那和平同你們在一塊兒!'"

"我看見了他,他,大家都看見了他,並且我們的心裏滿放了光明,因爲我們相信他是復活了,並且相信那些海水可以弄乾,那些山巖可以墜落成塵,並且他的榮譽可以是永久的。"

維尼胥聽着。他不能就信那個老人所説的話,但是那個人說：“我看見了。”維尼胥時時相信自己在作夢；但是他看見在他的周圍，那靜默的人群；那些提燈的煙氣到他的鼻孔裏去；稍遠一點，那些火把燃燒着，並且頂近的地方，一個上年紀的人，站在一塊石頭上，他離死近了，頭腦有點顫動，在那裏證明並且說：“我看見了。”

在那些很遠和散亂的房子裏面，順着諾莽旦路，那些雞，半夜裏報告者，叫喚起來，在這個時候，基隆拉拉維尼胥外衣的下垂，並且低聲說道：

“貴人，那裏，離那個老人不遠，我瞧見虞瑞斯，並且在他附近有一個少女。”

維尼胥駭然聳動，好像猛然被叫醒的一個睡漢，他照基隆指給他的方向，轉過頭來，看見了黎基。

第十六章

他看見了黎基，並且他只看見了她。到底在那些種種盡力以後，在這樣多的不安、奮鬥和憂悶的日子以後，他找着了她！她站在全明的地方！她的風帽脫下去把頭髮弄散，她的嘴開着，眼睛向着那個聖徒，全體沈想，入了幻境。她穿一件暗色羊毛的外套，彷彿一個庶民的女兒；但是維尼胥永遠沒有看見再美麗的，並且她那近於奴隸的衣服，同那像華族頭腦的名貴氣象，雖然他的心中很擾亂，對於這樣衝突的性質却很感動。

他要沈溺到這種瞻望的情形裏邊。但是基隆拉拉他那外衣的下垂，恐怕他出了甚麽不小心。這個時候，那些基督教徒祈禱和歌唱起來。

　　隨後那個大聖徒用那泉水與那些教士所介紹與他的那些應受洗禮的人行洗禮。維尼胥覺①得這一夜永遠不會完了，這使他不得立時去跟隨黎基，去搶她……

　　到後來有幾個基督教徒，從那個墟墓裏面出來，基隆低聲說道：

　　"我們出去，並且在門前站住，貴人，因爲我們沒有掀起我們的風帽，並且他們看我們。"

　　他們就這樣作。

　　從他們所處的地方，他們可以視察那一切出來的人，並且由虞瑞斯的軀幹，不難把他認出來。

　　基隆説："我們要跟着他們，我們將來看見他們從甚麼地方進去，並且明天，或者更可以説就是今天，貴人，你同你的那些奴隸，把這個房子的出路全據起來，並且你占有她。"

　　維尼胥説："不。"

　　"你要怎麼樣作，貴人？"

　　"我們要跟着她，進在那個房子裏面，並且我們要立時把她搶來。"

　　他們還應該等很多的時候，並且當虞瑞斯和黎基出來的時候，那些雄鷄已經叫着報黎明了，有別的幾個人陪着他們。基隆覺得在他們裏面看見那個大聖徒，在他的旁邊，走着別的一個老人，身軀比他小的多。兩個上年紀的婦人，還有一個幼童，用提燈

────────────

①編者注："覺"，原脱，據出版補。

來給他們照路。在這個小群後面，走着二百內外的一大群基督教徒，維尼胥、哥盧東同基隆也混在裏邊。

天起頭明了。曙光用一種蒼白的顏色渲染那些墻的頂尖。路上不純是荒涼無人。但是大家近城門了。那裏有種很奇怪的事情刺激他們的眼睛。兩個兵士跪在那個聖徒底足前；他把手放在他們那鐵鎧的上面，以後作個十字的記號。那個少年貴族的思想裏面，從來沒想到過，在軍士裏面能遇見些基督教徒。他想着這個教義宣傳的能力實在可驚。

過了接連着城墻的那些荒地，基督教徒的小群起首散了。現在應該從較遠地方，並且更小心的跟隨黎基。他們就這麽樣走到唐德衛，並且當她所隨的那個人群分開的時候，太陽要來了。聖徒、老婦人、幼童順着河走。至於短身體的老人、虞瑞斯和黎基進在一個很窄的小街裏面，隨後走了百步左右，進到一所房子的前廊裏面。這所房子的最下層，由一個油商和一個飼鳥人的鋪子占據。

基隆跟在維尼胥和哥盧東的後面，還有五十步的光景，簡直站住了，貼到墻上，叫他們向着他回來。

他們就退了步，因爲他們也是應當商議的了。

維尼胥下了命令："你去看一看，在別條街上，這個房子有別的出路沒有。"

基隆剛纔還叫苦說他的脚上有了傷，現在跑的這樣的快：好像脚上帶了水星的翅膀，並且不久就走回來。

他說："没有，這是唯一的門。"

哥盧東起首在他那像赫舉勒譯者注：Hercule 是希臘神話裏面的英雄。

的胸口裏面咽氣，並且向左向右搖動他那纏長成的頭顱，好像那些關在籠裏的熊一樣，並且在他的面容上面，全沒有不安的神氣。

他宣言說：“我要首先進去。”

維尼胥用一種命令的聲音分辨說：

“你要隨着我。”

他們在那黑暗的過道裏面就不見了。

基隆跳到最近的小街角上；從那裏，他斜靠着探望，並且是很耽心的。

第十七章

隨着那個過道，維尼胥和哥盧東到了一個被房子圍繞着的窄院裏邊；這個院子是全宅的一種公衆内院，在中間有個泉水，流到粗製的池子裏面。外邊樓梯，順着牆上去，一部分是石製的，一部分是木製的。這個梯子引到欄杆裏面，人從那裏可以進住房裏面。在底下也是住房，有些房安上木製的門，有些别的祇用羊毛的帷幔隔着院子，大半是襤褸、撕破，或成碎片了。

時候到了早晨，並且在那院裏，没有一個人。很明白的是，除了那些從歐里亞諾回來的人，大家還在睡覺。

哥盧東停住去問：“我們要作甚麼，貴人？”

維尼胥答說：“我們在這裏等候着，或者有人出來。不要使人看見我們在院子裏邊。”

如果他們的手下有五十來個奴隷，就可以叫他們看守那個獨一出路的門，並且搜掘所有的住屋；至於現在應當是恰好落在黎基的住屋上面；如果不然，那些基督教徒，在這些房子裏面，不應該沒有的，他們可以作一個警報。並且從這一方面看起來，去問些不認識的人，是很危險的。維尼胥自己問自己，是否應該去找些奴隸，在那時候，那邊蔽着遠處住屋的帷幔後邊，出來一個人，手裏拿着漏鍋，到泉水前邊。

維尼胥低聲說："這是那個黎基人。"

"應該立刻打碎他的骨頭麼？"

"你等一等。"

虞瑞斯沒有看見他們，因爲他們在過道的黑影裏面站着。他很安詳的，來洗那盛滿漏鍋的生菜。他的事情完了，也就走了，帷子隨他就關着了。哥盧東和維尼胥隨着他，想要立刻落在黎基的住房上面。

他們的驚訝很不小，因爲當那個時候，他們看出那帷幔並不是隔開院子和住房的，但是和一個別的黑暗的過道。在那一頭，人家看見一個園子，幾棵側柏，許多叢生的常緑樹，和一所倚在後墻的小房子。全沒有別的住所。

他們明白了那裏的周圍情形，對於他們是便利的。在那個院子裏面所有的住戶可以聚集起來；但是在這裏，這個小房子的孤立，使他們的計畫更容易成功了。

虞瑞斯當那些脚步聲音引起他注意的時候，正要進去；他站住了，並且，看見這兩個人，他就把他的漏鍋放在欄杆上面，回轉頭來向着他們：

他問："你們找甚麼呢？"

維尼胥說："你。"

就轉向哥盧東説：

"殺！"

哥盧東跳起來好像一隻老虎，並且在那個時候，没有給這黎基人自己防備和認清仇人的工夫，他就把他捉在他那像鋼鐵的胳膊裏邊，維尼胥太相信哥盧東過人的膂力，不等着那鬥毆的終了，就越過他們，趕快向着那所小房子跑去，推開了門，到了一個房子裏邊。這所房子有點黑暗，但是被那壁鑪的火照明亮了。火焰的光明，滿照着黎基的面孔。别的一個人在鑪火旁邊坐着：那就是在歐里亞諾路上陪伴黎基和虞瑞斯的那個老人。

維尼胥已經從身子中間舉起黎基，向門邊飛跑。他用一隻胳膊，使那少女靠在他的胸前，那一隻自由的手猛力推開那攔擋他那去路的老人；但是從這個動作，他的風帽脱下來了，黎基看見這個她很認識的面容，並且當這個時候，他是很可怕的，她覺得血都凍了。她要喊救，却喊不出來。她要扳着門，她的指頭在石頭上面滑過去了。當維尼胥抱着她跑到園子裏面的時候，若不是有一種可驚的事來振動她的神經，她要失掉知覺了。

虞瑞斯的胳膊裏，挾着一個完全向後摺叠的人，頭顱搖動，滿口是血。從他看見他們，他就在這個頭顱上面，給他最末的一拳。一轉眼的時候，他像一隻野獸一樣，奔向維尼胥。

那個少年的貴族想着："要死了。"

隨後他好像在夢裏，聽見黎基叫着："不要殺！"他覺得有一個東西，好像雷震的一樣，把他的兩膀，從少女的身上解開了；在他的面前，一切都旋轉起來，並且太陽的光也熄滅了。⋯⋯

基隆，這時候藏在牆角後面，等着那些事情；好奇心和恐懼心在他的心裏爭鬥。但是他覺得時候是很長的了；他對於這種静默，很不安的，不轉眼的來看那個過道。

"這是怎麼樣呢？對着一切不死的神靈！……"

他的頭髮忽然直豎起來。

在門的進口裏面，虞瑞斯剛現出來，他的肩上背着哥盧東那不動的身體；看了周圍各方以後，他就向河邊走去。

基隆好像一鏟石灰一樣黏在墙上。他想着："如果他看見我，我就是一個死人了。"

但是虞瑞斯越過了他，在接連着的房子後面，就不見了。基隆不願耽誤時候，逃到一條橫斷的小街的盡頭，就跑起來。他那一種的敏捷，就在少年裏面，也是可驚的。

他覺得這個殺哥盧東的黎基人，是一個超越人類的生物：無疑的，這是一個神靈託着一個野蠻人的面孔。到現在，他相信世界上所有的神靈了。他也可以想着哥盧東是被基督教徒的上帝殺死了。

直到穿過了許多小街，看見在他的去向，有些工人走路，他纔安静一點。他喘不過氣來，就坐在一個房子的門限上面，並且用他那外衣的下垂，來擦他的被汗浸濕的頭額。

城市還是睡着的。不久基隆覺得清氣鑽入了他的身體；他站起來，並且他用已經較慢的腳步，向着叙比耳，他的住所走去。他用維尼胥的銀子所買的女奴在那裏等着他。

在那裏，他很艱難的走到他的寢室，倒在他的床上，立刻睡着了。

一直到晚，他纔睡醒了，或者更可以説被他的女奴叫醒了。

她叫他起來,因爲有一個人爲一件急事來找他。

這個周到的基隆,立時醒悟,趕快用一個帶風帽的外衣,披在肩上,隨後他從寢室門口,冒險細心一看,看見虞瑞斯的偉大身材了。

他覺得他的腿,隨後他的頭,變得和冰一樣的冷,覺得他的心不跳了,並且覺得有千數的螞蟻,在那的兔脊上亂跑。

“西拉！我没有在這裏……我不認識……這個……這個好人。”

那個女孩分辯説:“我已經告訴他説你在這裏,並且你睡着了,貴人,並且他求我叫醒你。……”

“呵！諸神！……我要你……”

但是虞瑞斯無疑的不能忍耐這些耽擱,走近卧室的門前,並且,偏着身子,伸頭到房裏來。

他説:“基隆・基羅尼德！”

基隆答應:“Paxtecum！Pax！Pax！(和平同你在一塊兒！和平！和平!)哦！最好的基督教徒！是的！我是基隆,但是錯了……我不認識你！”

虞瑞斯重説:“基隆・基羅尼德,你的主人維尼胥叫你,並且要我陪你到他的跟前。”

第二篇

第一章

維尼胥被似針刺一般的疼痛驚醒。有三個人向他的身上側着。在那三人裏面,他認識兩個:虞瑞斯和他抱出黎基時候所推倒的老人。他在第三人的手中。這個人摸他左腕的脉息。維尼胥疼痛到這步田地:他擬想人家在他身上作些報復,咬着牙説道:

"你們把我殺了罷……"

但是他們好像全不注意他的話。可怕的虞瑞斯,他那野蠻的面容上,在這個時候,現出憂悶的神氣。他拿着一包的帶子。至於那個老人,同那一個在維尼胥的胳膊上面施手術的人説話:

"格婁毅,你確定頭顱上這個傷不至於死麽?"

"是的,可敬重的哥里畢,那個大漢——並且他指着虞瑞斯——把那個挑釁的人衝着墙扔去,這個人當掉下去的時候,用他的胳膊自行保護:那個胳膊就傷斷了,並脫了骨,但是頭上那個傷是很輕的。"

哥里畢說:"你調養了我們的兄弟不止一個,你那醫術的敏捷很有聲名,所以我就打發虞瑞斯去找你。"

"並且他在路上向我自認,說他昨天還預備着殺我。"

"他把他的計畫告訴了我,我認識你,並且知道你對於基督的愛情,我就使他明白這個叛徒並不是你,實在是勸殺人的那個不認識的人。"

虞瑞斯嘆息:"這是個惡鬼,我當時把他看作天仙了。"

格婁穀說:"下一次你再給我談這些,現在我們應該忙着我們的傷人。"

……治療畢了,重新失了知覺的維尼胥又醒了。

黎基在他的床附近,兩隻手拿着一個水甕,在那裏面,格婁穀時時濡濕些海綿放在傷人的頭顱上面,使他清涼。

維尼胥低聲說:"黎基!"

那個水甕在少女的手裏顫動,她轉過兩個愁慘的眼睛向着他。

她很低聲說:"和平同你在一塊兒!"

"黎基,是你禁止他們殺我麼?"

她很溫和的答道:

"我希望上帝把健康還你!"

一種無限和溫和的疲困進在他的身體裏面。……他覺得他掉在一個深淵裏面,但是同時他感覺着一種痛快,並且自己覺得很有幸福,好像有一個神靈在他的上面翔舞一樣。

那麼,格婁穀洗完了頭上的傷,並且在那上面貼一層軟膏,黎基把一杯水和酒送到那個傷人的唇邊。他很貪的喝了。及至繃帶纏罷，痛苦幾乎全没有了。

他請求説："還給我點喝的罷。"

黎基過到第二個房間裏面，斟滿杯子。哥里畢同格婁穀説幾句話以後，走近床邊。

他説："維尼胥，上帝不許你作一件惡事。他保全你的生命，好教你能回心轉意。他，——在他的面前，人不過像塵土一樣，——他把你放在我們手中，没有防衛；但是我們所信的基督命令我們愛我們的仇敵。那麽我就纏好你那些傷痍，並且我們要還給你的健康；但是我們不能更久的來照拂你。當你將來獨自一個人的時候，你問問你自己是不是應該接續着虐待黎基；——她因爲你的錯誤，失掉她的那些保護人和家室，——並且虐待我們這些用善意報復惡意的人。"

維尼胥問道："你們想放棄了我麽？"

哥里畢接着説："貴人，你的右手是健全的。你看這些牌子同一個尖筆：寫給你那些僕人，叫他們今天晚晌同一個轎子來，把你運到你的家裏罷。這裏你是在一個窮寡婦的家裏，她不久就同她的孩子回來了；他要替你送信；至於我們，也應該另外去找一個藏避的地方。"

維尼胥的面容變成了蒼白色。如果他重新失掉黎基，他或者永遠不能再見她了。他失望的想同她講和，但是也需要有時候。

他説："老人，你好好的聽着我的話。我應該感謝你，並且我很信用你；但是你還没有對我説你那思想的深處。你恐怕我呼喚我的那些奴隸，並且命令他們來搶黎基。"

哥里畢很嚴厲的答應:"是的。"

在這個時候,黎基進來,走近哥里畢,面容好像神附了體,並且她的聲音好像是別種聲音的反響。

"哥里畢,你留他在我們這裏罷,並且在基督還了他的健康以前,我們不要離開他。"

"就照着你所想的辦去。"

哥里畢這個迅速的聽命,給了維尼胥一個很深的印象。

他覺得在基督教徒裏面,黎基是一種作預言的女人,或是[①]受人服從和崇敬的女教士。他也投身在這個崇敬裏面。一會兒工夫,當她給他送水的時候,他很想拉她的手,但是,不敢……

第二章

維尼胥在他那些牌子上寫了幾個字以後,把基隆的住所,很詳細的指給那個黎基人。

虞瑞斯回說:"只要我能找着他,不管他願意或不願意,我要把他領了來。"

他穿上他的外衣,就趕緊走出了。

當這個黎基人對着基隆面的時候,不認識他了。他只見過他一次,並且還是在夜裏。並且這個很自信的勸他去殺格婁穀的長身老人,很不像這個因爲害怕就屈背的希臘人! 所以不久基隆就從他先前的驚懼,回復過來了。

---

① 編者注:原於"是"後衍一"是"字。

　　他就穿一件別的外衣,但是很留神去拿一個高盧人的大風帽蓋頭上,怕的是他們兩人到了陽光裏面,虞瑞斯想起來他的面貌。

　　他在路上問:"你引我到那裏去?"

　　"到唐德衛。"

　　"我在羅馬的時候不長久,並且我從來没有到過那裏,但是無疑的,人家在那裏也能找出些有德性的朋友。"

　　虞瑞斯很誠實,但是他知道這個希臘人曾經陪伴維尼胥到歐里亞諾墳園裏面去,並且曾經同哥盧東鑽進黎基所住的房子,簡直就站住了。

　　"老人,你不要説謊。今天你還曾同維尼胥在歐里亞諾,並且一直到我們的門前。"

　　"呵!那麼你們的房子是在唐德衛麼?……我住在羅馬不久,並且我對於這各種區域的名字昏了頭腦。是的,我的朋友,我曾去到你們的門前,並且在那裏我曾用德性的名義發誓,勸維尼胥不要進去。我也曾在歐里亞諾,你知道因爲甚麼?這是從有些時候起,我竭力使維尼胥改教;我要他去聽這個聖徒中的長老。那個光明或者能殼進了他的靈魂裏面和你的靈魂裏面!你不是一個基督教徒麼?你不是要真理戰勝謊話麼?"

　　虞瑞斯很卑下的回答:"是的。"

　　基隆完全的恢復了他的勇氣。

　　他想要知道當那搶劫黎基的時候,事情是怎樣經過的,就用一種像裁判官的嚴厲聲音接着説:

　　"你們怎麼樣對付哥盧東?你説罷,不要説謊。"

　　虞瑞斯第二次嘆氣。

“維尼胥將要對你説的。”

“這就是説你用刀砍了他，或是你用棍子打死了他麼？”

“我當時没有兵器。”

這個希臘人不禁的讚賞這個野蠻人“超人”的膂力。

“希望卜呂東……譯者注：Pluton 按着希臘人的神話，是地獄的國王和管死人的神。我要説：希望基督饒恕了你。”

他們静默的走了些時候，隨後基隆説：

“至於我，我却不能賣你，但是要小心那些巡查的人。”

“我怕的是基督，不是巡查的人。”

基隆想要對於這一切不幸的事變自行保衛，不住的講給虞瑞斯，説殺人是一種可憎厭的事。

就這樣的談着，他們到了那個房子前邊。基隆的心又因爲不安跳躍起來。

那房間裏面有點黑暗。這是一個冬天的晚上，雲勢很重，並且燈的光焰，没有照散那些黑暗。基隆分辨出來在那廳屋角上有一張床，並且維尼胥在這個床上。他不看別的一個人，就走向那保民官的面前，相信在他的跟前，比在別人的跟前要安全些。

他合着掌喊叫：“呵！貴人，爲甚麼你不隨着我的勸告！”

維尼胥説：“你不許説話。並且聽着。”

他那精鋭的眼光射着基隆，就來慢慢的説，並且説出字來都是重要的，好像一個命令使他個個字都能明白，並且永遠刊刻在那個希臘人的記憶力上面。

“哥盧東跑了來，想殺害我，和剥掠我。你明白了麼？我就殺了他。至於這些人，綳纏我在爭鬥時候所受的傷。”

　　基隆立時猜着：如果維尼胥這樣説，不能有别的緣故，只因爲他同那些基督教徒商量好了，他歸結要人家相信他。

　　他從他的神情上面，也看出這樣的來。他不顯出一點疑惑，或是一點驚訝，立刻就喊叫：

　　"呵！這是一個有名的壞人！貴人，我却勸過你不要相信他。我那屢次的告誡，没有一點用處。"

　　維尼胥接着説："如果不是有刺刀在我的身邊，他會殺了我。"

　　"我贊美我勸你至少總要帶一把刀的那個時候。"

　　但是維尼胥轉過他那詢問的眼，向着他，並且問：

　　"今天你作些甚麽？"

　　"怎麽？我没有告訴你説，貴人，我對於你的健康，許了些願麽？"

　　"没有别的了麽？"

　　"我正要來看你，當那個時候，這個人從你這邊去找我。"

　　"你看這一個牌子：你去到我的家裏，你把它交給我那已解放的奴隸。在那上面，寫着我動身向白勒望去了。你加一句話，説我就是今天早晨動了身，是由俾東的一個急信叫我去的。

　　他帶着固執的神氣，重複的説：

　　"我是動身到白勒望去了，你明白麽？"

　　"你動身了，貴人，並且今天早晨在加班門前，我已經對你説了憑神降福，並且從你走以後，我被憂愁拘束到這步田地：如果不是你的慷慨好施照察着這裏，我將要嘆息死了，就像則多那不幸的妻室，在伊底死後的嘆息一樣。譯者注：相傳 Zethos 是 Ehé des 國王。

Thgl 是他的兒子。

維尼胥雖然病了,不禁微笑。並且對於基隆明白地所説的半句話十分滿意,他説:

"那麼! 我要加上幾行,使他們給你點東西,揩拭你的眼泪。你拿燈來給我。"

基隆,已經完全安静了,站起來,把墻上所挂的已經點着的燈取下來。

但是這個動作,把他那蓋着的風帽脱下來,並且燈光照着他的面上。格婁穀從凳子上跳起來,站在他的面前。

他問:"你不認識我麼,賽法斯?"

他的聲音這樣的可怕:那一切在座的人都戰栗起來……

基隆舉起燈,並且幾乎立時讓它落下來。隨後,他就折成兩段了。並且起首叫號……

"我不是賽法斯……那不是我! 可憐我罷!"

格婁穀説:"這就是賣我的人,這個人毁了我的財産和我的家室。"

維尼胥這個時候知道給他纏傷的那個醫生,就是他也知道他那故事的格婁穀。

這些頃刻,和格婁穀的這句話對於虞瑞斯好像在那些黑暗裏面,一個電光;他認識了基隆,就捉着他的兩手,把他背剪起來。

他大聲叫唤:"就是他,要使我相信他,去殺格婁穀。"

基隆哀叫……"可憐我罷! 貴人。"他轉身向着維尼胥叫喊:"救我罷! 我對於你有信用,請你替我懇求罷……你的信……我就送去……貴人! 貴人!"

但是維尼胥對於這些經過的事全不理。頭一件因爲那個希臘人的一切事業,他全知道了;其次因爲他的心是不能被憐憫來感動的。他就説:

"你們把他活埋在花園裏面。另外找一個人去送我的信。"

基隆覺得這些話是無上的判決。在虞瑞斯那可怕的束縛下面,他的骨頭戞戞的響起來;他的眼睛滿是眼淚。

他叫喊着説:"用你們那上帝名義,可憐我罷! 我是基督教徒……和平同你們在一塊兒。我是基督教徒,並且如果你們不相信我,可以再給我行洗禮一次,兩次,十次! 格婁穀,這是一個錯誤,你讓我説! 你就把我作爲奴隸罷! ……你們不要殺我! 可憐我罷!"

他那因爲痛苦就哽咽起來的聲音漸漸的衰弱了,當那個時候,在桌子那一面,聖徒彼得站起來,並且在那寂静裏邊説話:

"救世主命令我們:'如果你的兄弟對你造了惡業,你就譴責他;但是,如果他懺悔了,你就饒恕他。並且,如果在一天裏面他對你造了七次惡業,並且如果他轉身七次向你説:"我懺悔了。"你總要饒恕他。'"

寂静是更深沈了。

格婁穀把面孔藏在兩手裏面,有好久的時候。歸結他説:

"賽法斯,希望上帝饒恕你對我所作的罪過,像我用基督的名義饒恕你這些罪過一樣!"

虞瑞斯放開了這個希臘人的胳膊,又説:

"希望救世主饒恕我,像我饒恕你一樣!"

基隆被束縛壞了。就用兩手撑着,轉回頭來,好像一隻墜網的獸,放射他那發狂的眼光,要看那個死從甚麽地方向他來的。

他還不能信他自己的眼睛和耳朵，不敢希望人家來寬赦他。

他的精神慢慢的回復了；他那淡黄色的嘴唇，還是恐懼的顫動。那位聖徒對他說：

"你去罷，安静些！"

基隆站起來；但是他不能説話。由本能的動作，他就走近維尼胥的床，好像是求那保民官的幫助。雖説他終究曉得人家放他自由，他從這些不可解的人類手中，趕緊的安全退出；這些人的美德，使他心驚，幾乎和他們的苛虐使他害怕是一樣的。

"把那封信給我！ 貴人，把那封信給我！"

他就抓住維尼胥遞給他的牌子，向那些基督教徒行了一禮，向病人行了一禮，灣着腰，順着墙跟，溜到大門，及至到外邊，就趕快跑了。

第三章

維尼胥對於剛纔所經過的事，也不明白。他自己向自己説："爲甚麽，他們不殺這個希臘人呢？"

"爲甚麽那個聖徒教訓説，如果一個人七次有罪，大家應該饒恕他七次？ 並且爲甚麽格婁穀對基隆説：'希望上帝饒恕你，像我饒恕你一樣！'"

在驚愕以外，他對於他那想像中的基督教徒，也有些憐憫和蔑視的神氣。他看他們好像些牝羊，早晚要成群狼的食料，並且他那羅馬人的性質，是不能承認任人吞噬的。

但是黎基重新送給他一種令人清涼的飲料。他拉着她的手，有一會兒工夫，並且低聲説：

"那麼，你，你也饒恕了我麼？"

"我們是<u>基督</u>教徒，我們的心中，是不許懷恨的。"

<u>維尼胥</u>就説："<u>黎基</u>，不問你的<u>上帝</u>是誰，我將要用一百隻牛來祭祝<u>他</u>，單因爲是你的<u>上帝</u>。"

她分辯説：

"當你將來曉得愛<u>他</u>的時候，你要在你的心中頂禮<u>他</u>。"

<u>維尼胥</u>氣堵着的聲音再説："維一的，因爲<u>他</u>是你的<u>上帝</u>。"

他合了眼，他又被一種疲弱困着了。

<u>黎基</u>出去，但是不久就回來了；她走近些，要看他準是睡着了。<u>維尼胥</u>覺着她靠近他，開眼微笑；她用手輕輕的把他的眼皮按下，好像要強迫他睡着。他就覺得有一種非常的溫和，沁入他的身中，同時他更覺疲弱了。夜色已經全籠罩下來，一種更強烈的發熱和夜色一塊兒來了。

第四章

第二天，他醒了，還是很疲弱的，但是不發熱了；他覺得聽見一個講話的聲音。但是，當他開眼的時候，<u>黎基</u>並不在他的跟前。<u>虞瑞斯</u>靠着壁鑪的前面，刨那灰色的鑪灰，要去找一個燒着的紅炭。隨後他點着了炭，用他的肺吹着，有那風箱扇着的力量。

<u>維尼胥</u>叫他：

"嚇，奴隸！"

<u>虞瑞斯</u>把頭從那壁鑪裏面抽出來，並且用着近於友誼的微笑

回答:

"希望<u>上帝</u>給你,貴人,一個很好的日子,和一個很好的健康;不過我是一個自由人,並不是一個奴隸。"

"那麼你不是在<u>歐呂斯</u>那些人的裏邊麼?"

"不是的,貴人,我伺候<u>加里娜</u>就像我伺候她的母親一樣,但是全由我的自願。"

他又把他的頭鑽進壁鑪裏面,點那些炭,在那炭上面,他預先放了木頭。隨後他又從那裏面抽出頭來,並且說:

"在我們那裏,沒有奴隸。"

<u>維尼胥</u>問:

"<u>黎基</u>在那裏?"

"她纔出去,這是我應該給你煮早餐。她整整照料你一夜。"

"爲甚麼你不替代她呢?"

"因爲她要那樣作:我只該服從了。"

<u>維尼胥</u>起首問這個大漢,關於<u>黎基</u>人同<u>瓦尼斯</u>和<u>瑞弗</u>人的戰事。<u>虞瑞斯</u>不等他請求,就實說了。

但是鍋裏沸騰了,沸騰了。當那奶湯歸結傾在一個深盤裏面,彀凉的時候,那個大漢又說:

"<u>格婁穀</u>說了,你的動作應當愈少愈好。你也應當力避搖動你那隻强壯的胳膊,並且<u>加里娜</u>命令我給你拿着吃。"

<u>虞瑞斯</u>近床坐着,用一個小酒杯把那奶湯從盤中取出些,送到病人唇邊。並且他對於這個事情,用十分的注意。在他的藍色眼睛裏面,有一個這樣好的微笑:<u>維尼胥</u>不能相信這就是昨天那個可怕的人物。

　　但是虞瑞斯當乳母的笨拙，同他的十分小心，程度是一樣高的。在他那像赫舉勒的手指裏邊，那個小酒杯，就看不見了，以至於沒有給維尼胥的嘴唇留下地方。在幾次不方便的試驗以後，這個大漢很感困難，就宣言説：

　　"我把一隻野牛從他的住所裏面牽了出來，還要比較容易一點。"

　　他重新拿奶湯送給維尼胥。

　　他低聲的説："我應當叫米蓮或納塞爾。"

　　黎基説："我來幫你。"

　　她就從她的卧室裏面出來一會兒，人家可以看出來她是預備在那裏睡覺。因爲她的頭髮解開了，並且她只穿着蔽胸衣Capitium。維尼胥從看見了她以後，他的心就跳得更快了，責備她不想着自己去休息。但是她很高興的回答：

　　"我正要去睡覺呢。但是我先要替代虞瑞斯。"

　　她拿了小酒盞，坐在床邊，起首給那個同時慚愧和高興的維尼胥吃喝。因爲她側身向着他，他覺到她身上的熱氣；她那頭髮的波紋披拂他的胸口，他感動的變成蒼白色；但是，在這種情緒的擾亂和激動裏面，他也明白在世界上，沒有一個人是這樣可以親愛的，並且他看着全世界也不算甚麼。

　　先前他不過糾纏黎基，現在他盡他的心去愛她。先前在他的那樣生活和感情裏面，他是一個盲目爲己的人；現在他也替她設想了。

　　不久他就不吃了，並且，雖然他有一種極端的快樂來看她，並且覺着她相近他，但是他説：

"這戤了,你去休息罷,我的女神。"

她回答:"你不要這樣叫我,我聽見你同我這樣説是不相宜的。"

但是她向他微笑,隨後她説她没有渴睡了,她困乏了,並且她要直到格婁穀來了以後,纔去休息。他聽她的話,好像音樂一般。他的心裏侵入了些逐漸增長的情緒,感恩和沈迷,並且他在頭腦裏搜掘,想要找出向她證明感謝的法子。

第五章

維尼胥現在同格婁穀談話的時候,他那驕傲輕得多了。他常常想到這位可憐的奴隸醫生,和老米蓮和克里畢,他們也是些人類。時候久了。他歸結很愛虞瑞斯。

維尼胥克伐自己的勝利越進步,黎基對於他越覺親密。但是,如果要把他那暴烈性質去服從基督教的規律,那個少年的保民官,不要過度的做工夫,就可以辦得到。如果要使他的思想來給那個教義表同情,他並且是很熱烈的。他也不敢疑惑基督那超絕自然界的根原,也不敢疑惑他的復活,和其他的一切靈迹。但是那個宗教要破壞一切的秩序,一切的無上權,並且把那社會一切的區別要全行掃除。那麼羅馬人的統治,同他的威權,將來要怎麼樣了?

黎基猜到他心中所經過的事情。她也看出來他的盡力,也看出來他的本性對於這個教義的鑿枘,她因爲這個就愁悶的要死。但是他對於基督所表示的無言的崇敬,喚起她的惻隱心、憐憫心和酬報心，並且引她近這個少年。

一天她坐在他的旁邊，説在基督教義以外，生命絕不存在。至於他，他起首有了氣力，撐起來他那隻健壯的胳膊，以後忽然把他的頭顱放在少女的兩膝上。

他説："生命就是你！"

那個時候黎基胸口的呼吸就停止了。她用手捧着他的兩鬢，盡力的要掀起他來，但是當這個盡力的時候，她傾斜在他的上面，以至於她的嘴脣接着維尼胥的頭髮。有一個時候他們對於自己，並且對於推進這個靠近那個的那種愛情去爭鬥。歸結黎基起來，並且跑了。

維尼胥不疑惑他應該用甚麼代價來償這個貴重的幸福……黎基明白了她自己現在需要幫助。第二天，很早的她出了卧室，把哥里畢叫到花園裏面。並且在那個被長春藤同乾旋花蓋着的寢籠底下，她把她的靈魂全開給他説，並且請他允許她離開米蓮的房子：因爲她不能信用她自己，並且在她的心裏，不能戰勝她對於維尼胥的愛情。

哥里畢贊成她離開的計畫，但是他對於這個愛情沒有一個可憐的字。在那愛情裏面，他只看見是一種罪孽。

他帶着憂鬱的神氣給她説："你去罷，並且祈禱上帝饒恕你的過失。在那惡鬼迷惑你，和引你到全體墮落以前，並且在你不承認那位救世主以前，你逃走罷。上天高興你是死了！……"

他猛然停着，看見他們並不是獨自兩個。

隔着些乾旋花和稚嫩的長春藤，他看見兩個人：一個是聖徒彼得。起初他不能認識第二個人，因爲這個人面孔的一部分被外衣遮住，並且有一個時候，他覺着是那個希臘人。

在哥里畢響亮説話的時候，他們進在藤架裏，坐在一個凳子上面。當那個聖徒的同伴讓人看見他那苦行的面孔，和他那禿頂的頭顱的時候，在這個帶紅眼皮和短鼻子的頭顱上面——但是好像有神助的一般，哥里畢認得他是達斯的保羅。

黎基跪下，並且把她那帶哭泣的小面容，藏在那個聖徒的外衣摺叠裏面，很静默的。

彼得説：

"希望和平在你們的靈魂裏面！"

他把他那起皺紋的手放在黎基的頭上，以後舉起眼睛對住老教士。

"哥里畢，你没聽説過我們的主人，當在加納的婚禮的時候，曾爲夫婦的愛情祝福麽？哥里畢，你想基督，他能允許瑪達拉的媽利，在他的跟前作娼妓，並且饒恕那個造罪孽的女人，他能對於這個清潔同田中的百合一般的孩子，反倒轉過臉去麽？至於你，黎基，一直到你所親愛的人的眼睛，對於真理的光輝還没放開的時候，你總要躲起他來，爲的使他不至於把你引到罪孽裏面，但是你應該爲他祈禱，並且曉得你的愛情，並不是可誅的。"

他把他的兩手放在黎基的髮上，並且給他祝福。他的面容發出一種慈善的祥光。

第六章

維尼胥病全愈了。回到家裏，關住門生活。他除了時時見格婁縠醫生,另外不見一個人。他對於他那些拜訪是很親熱的,因爲那麼他可以談起黎基。格婁縠不曉得她藏匿在甚麼地方。但是他保證那些長老注意照拂她。

一天,他對於維尼胥的愁悶很爲感動,他,就告訴他說,聖徒彼得曾責備哥里畢,因爲他譴責黎基那地上的愛情。那個少年的貴族,感動的顏色變成蒼白。他時常想着黎基對於他,不是一點情沒有,但是他常常疑惑,不敢確定。現在是第一次他聽見說他的志願和希望有了擔保,從一個外國人的口裏,並且這個外國人是一個基督教徒!

他也覺得,如果黎基愛他,一切的障礙,從這個愛情,都沒有了,因爲他已經預備好了頂禮基督。

那麼在這個機會,基隆沒有被呼喚自己來了。

他飢餓並且襤褸的來進見。但是因爲那些奴隸原先受過命令任他白天和夜裏,一切鐘點,隨時可以進見,現在他們不敢在路上攔阻他。他直進到過廳,並且坐在維尼胥面前,向他說:

"希望那些神祇給你長生,並且同你分據世界上的帝國!"

起初維尼胥想把他趕出門外。但是那個希臘人在黎基身上或者知道些東西,於是好奇的心就勝了厭惡的心。

"你來找甚麼,並且你帶來些甚麼?"

"我切願你的幫助,巴阿譯者注:Baal 是 Phenycie 人的最上神。我給你帶來:我的苦困,我的眼淚,我的愛情。並且也有我由於我對你的關切,所采集的新聞。我知道那個神聖的黎基住在甚麼地方,我要指給你,貴人,那個小街和那所房子。……"

"在那裏?"

"在黎努斯家裏，他是那些基督教士的長老。她伴着虞瑞斯在那裏。他像從前一樣，在一個磨房家裏。同她的執事人用一樣的名字，達瑪斯……是的，達瑪斯，就是這樣叫……虞瑞斯夜間作工；歸結説，如果夜間有人去圍着他的房子，在那裏是不能遇着他的……黎努斯老了……並且除他以外，止有兩個老婦人。貴人！貴人！這件事隨便你一個人。就是今天晚晌，一個豁達的王后可以到這裏來。"

血液上到維尼胥的頭上。那個誘惑搖動了他的全身。但是那麼他想起來那一天，他同哥叟東鑽進她的居所，他想起來虞瑞斯的拳頭在他的頭顱上面舉起和一切隨後的事情。他看見她歪在他的床上面，穿的好像一個奴隸，美麗的好像一個慈善的女神。他的兩眼睛不由的轉向那個皇室的旗幟 Labarinm，和當她離開他的時候，給他留的那個小十字架。至於他，他現在是不是要再用一種危迫來酬償這一切？並且他猛然覺着把她弄在他家裏，還不足用。如果她是很願意的進來，這個住所就降福了，這個時候就降福了，這個生命就降福了！但是用强力把她搶來，那就永遠把這種幸福殺死了，並且同時把在生存上最可寶重最有價值的東西毀棄了，並且使這種東西惹人厭惡起來。

現在這樣一想，就使他發恨。他看那基隆，他正在望着他，把他的手放進他那些鶉衣裏面，因爲心中不安，就在那裏搔癢。維尼胥看見這種情形，感受一種説不出來的討嫌，並且想脚蹋他從前的同謀人好像脚蹋毒蛇一般。因爲他不能守着一點量度，他任着他那羅馬人可怕的素性的衝動，轉過來向着基隆。

"我不照着你給我所出的主意做，但是爲的不要使你没受應得的報酬就走,我要叫人在地牢裏面打你三百鞭子。"

基隆變成很蒼白的顏色。維尼胥那美麗的面容上面刊刻了一種冷酷的暴怒。

那個希臘人跪下了,並且,摺叠起來,用一種斷續的聲音來叫苦。

"怎麼樣?波斯國王!……爲甚麼?……恩惠的金字塔!慈悲的大像!爲甚麼?……我老了,餓了,窮苦的……我伺候過你……你這樣報答我麼?"

維尼胥又說:"像你報答那些基督教徒的樣子。"

他叫那管事人。

基隆拘攣着,扳着維尼胥的兩膝,並且,面孔上蓋着一種要死的蒼白色。

"貴人,貴人……我是老了!五十下罷,不要三百下……五十下就很彀了!……一百下,不要三百下……可憐我!可憐我!"

維尼胥推他過去,並且發了命令。轉瞬間兩個日爾曼人,捉着基隆所剩的那一點頭髮,用他自己的破衣裹着他的頭,把他拉在地牢裏面。

基隆從廊下的門前大叫:"由基督的名義!"

維尼胥現在剩下獨自一個。剛才他所給的命令把他激動並感發起來。現在他竭力的來聚集並且整理他那些散亂的意思。他覺着得了一種安慰。並且他克伐自己的勝利使他充足了勇氣,他覺得他向着黎基走近了一大步,並且他將來要得一種任何的酬報。但是他自己問自己:黎基是否認可他對基隆的行爲。她所講授的教義,不是命令寬恕人麼?那些基督教徒,寬恕了那個窮人,並且他們很有更嚴重的理由來報復他。那麼單止這一聲:"由基督的名義。"響到他的靈魂裏面。他想起來這很像基隆在黎基人的手裏叫出那一聲,他決意赦宥他所剩下的責罰。

他有這樣的旨趣,就要使人叫那管事人,那個時候,這個人自己來了,說:

"貴人,那個老人失了知覺了,並且他或者死了。我應該接續着教人鞭他麼?"

"使人把他叫過來,並且把他引到這裏來。"

那個過廳的首領到那廊子後面就不見了,但是要使那個希臘人重活潑起來是彀難的了。維尼胥起首不耐煩起來,當那個時候,那些奴隸把基隆引進來,並且看見一種記號,就退出去。

基隆白的像白布一樣,血綫順着他的兩腿一直流到過廳的花磚上面。他跪下:

"多謝,貴人,你很慈悲,並且偉大。"

維尼胥說:"狗,你要曉得我寬恕你是因爲基督的緣故,對於他,我自己也該着我的生命。"

"貴人! 我將來伺候他,伺候他,並且也伺候你。"

"你聽着,你將來同我來。並且把黎基所住的房子指給我說。"

"貴人,我實在餓的很;我去,貴人,我去! 但是我沒有氣力。至少你叫人把你那狗的碟裏邊所剩的東西給我,並且我去! ……"

維尼胥叫人給他東西吃,並且賞他一個金幣和一身外衣。但是因爲鞭子和飢餓就衰弱的基隆,雖然他怕維尼胥疑惑他那衰弱不過是一種抵拒的法子,但是吃了飯,還走不過。

他震擊着牙又説:"但只希望那酒能暖我過來。並且立時我就能走,我要一直走到大希臘。"譯者注:大希臘是意大利的南部。

當他恢復了他的氣力,他們出去。路是很長的。黎努斯同大半的基督教徒一樣,住在唐德衛,離米蓮的房子不遠。歸結基隆把一個孤獨的居所指給維尼胥,這個居所的圍墙,是由長春藤全蓋着的。

"就是那裏,貴人。"

維尼胥説:"好,現在你去罷。但是起首你聽着這句話:你要忘了你曾經伺候我;忘了米蓮、彼得和格婁穀住在甚麼地方;也忘了這所房子和一切的基督教徒。你將來每月來見我那已解放的奴隸德瑪斯,他要給你兩個金幣。但是如果你接續着偵探那些基督教徒,我要叫人鞭你至死,或者我把你交給城知事。"

基隆鞠躬並且説:

"我要忘了。"

但是當維尼胥過了小街的拐角,看不見的時候,他照着他的方向伸着拳頭,大叫着説:

"對着阿德,並且對着一切的菲里,譯者注:Ate 是命運神名字。Furies,地獄裏面施刑的女神。我發誓不能忘它!"以後他又失了知覺。

第七章

維尼胥直向米蓮所住的房子走去。

在那住宅裏面,除了米蓮和她的兒子納塞爾以外,他見着彼得、格婁穀、哥里畢和達斯的保羅,這末一位是新從萊日拉來的。

看見維尼肯，大家的面容上面全帶着驚訝的神氣。

"我拿你所崇敬的基督的名義來給你們致敬。"

"希望他的名字在一切的世紀全受榮譽！"

"我曉得了你們的德性，並且我感受了你們的慈善：所以我因友誼來到這裏。"

彼得回答："我們要接待你和一個朋友一樣。你坐下，貴人，並且分吃①我們的飯，你是我們的客。"

"我就分吃你們的飯；但是在這以前，聽我説，你，彼得，並且你，達斯的保羅，我要你們有我的誠實的證據：我知道黎基在甚麼地方；我剛才在黎努斯的房子前面，離這裏很近。我在她身上，有該撒特許過的權利；並且在我的各種房子裏面，我有差不多五百個奴隸；那樣我可以叫人圍着她的隱遁所，奪占了她，但是我不作那樣事，並且我將來也不作那樣事。"

彼得説："因爲這件事，那位貴人的降福要普及到你身上，你的心要變潔白了。"

"從先當我在你們的中間以前，我一定要搶她，並且用强力守着她；但是你們的德性，你們的教義，我雖説不宣傳它，它在我的靈魂裏面，換了些東西，並且我以後不敢再求暴力的幫助了。那麼我向着你説，你代着黎基的父親的地位，我給你説：你把她給我作爲妻室罷。我向着你們發誓，不但我將來不禁止她向基督懺悔，並且我也要來研究他的教義。"

他仰着頭，用一種堅決的聲音説；但是他很感動，並且他的兩

---

①編者注："吃"，原誤作"與"，據初版改。

腿在他那用腰帶捆着的外衣底下亂顫；一種寂靜接着了他的話；
他好像要預防一個不幸的答詞，又説：

"我曉得那個障礙物是甚麼，但是我愛她好像我兩眼的瞳
孔。雖然我還不是基督教徒，我也不是你們的仇敵，也不是基督
的仇敵。一個別的人或者向你們説："給我行洗禮罷！"至於我，
我再對你們説："你們使我明白罷！"想起黎基，潔白的好像山中
的雪，我更覺得愛她；當我想着這是因爲你們的教義她才能這樣
的時候，我就愛這個教義，並且要曉得他！人家對我説，你們的宗
教也不留神那生命，也不留神那些人事的快樂和幸福，也不留神
那些法律和羅馬的威力。真是這個樣麼？告訴我罷，你們帶來些
甚麼？愛，感受快樂和要求幸福，是不是一種罪孽。你們是不是
生命的仇敵？我是否應該拋棄了黎基？你們的真理是甚麼？人
家還對我説：希臘産出智慧和美麗，羅馬産出威力，但是他們，他
們帶來些甚麼？那麼把這個告訴我説：你們帶來些甚麼？如果在
你們那門後面有光明，請你們給我開開！"

彼得説：

"我們帶來愛情。"

達斯的保羅加一句説：

"如果我，就是能説那些人類和天仙的一切語言，但是没有
愛情，我不過是好像那響銅一樣。"

那個老聖徒的心，對於這個正受困苦的靈魂，——他彷彿像
一個入籠的鳥，向着太陽飛一般。——很爲感動；他向着維尼肓
伸着他的兩手：

"你敲罷，人家將來就給你開開。那位貴人的慈惠是在你身

上;那麼我用救世主的名義爲你祝福,你,和你的靈魂,和你的愛情。"

維尼肙聽見這些祝福的話,向着彼得突進,並且這個基里特的後裔,新近還不願意承認一個外國人也是人,現在捉着老加里萊人的雙手,並且帶着感謝的意思,用嘴唇來迫接他的手。

彼得很喜歡,曉得他的魚網剛纔又多引得一個靈魂,並且在坐的人由一個單一的聲音喊叫:

"在天上那位貴人的光榮!"

以後那位聖徒打發米蓮去找黎基,告訴她不要説誰在他們那裏。

那個距離很短。不久那些在坐的人在小園子裏常緑草的中間,看見米蓮引着黎基的手來了。

維尼肙要跑去迎接她,但是看見這個愛到那步田地的面孔,那幸福把他的氣力消滅了。他停着不動,心跳的要破裂。比當他第一次聽見巴特的箭,在他耳朵裏面響的時候,感動的更加百倍。

現在她在那裏,面色變紅變白,在她那含有疑問的眼睛裏面,帶着驚訝和害怕的神情。

她只看見些發亮並慈善充滿的眼光。聖徒彼得走近了她,並且説:

"黎基你總是愛他麼?"

有一個時候的寂静。她的嘴唇發顫,好像要哭的小孩子的嘴唇。她好像有了罪不得已就自行承認她的過失。

那個聖徒執意的問她:"你回答罷。"

那麼她跪到彼得的脚前用一種卑下和害怕的聲音,低聲的説：

　　"是的。"

　　維尼胥已經跪在她的旁邊。彼得把兩手放在他們的頭上説：

　　"你們要對着我們的貴人並且爲他的榮譽，互相戀愛，因爲在你們的愛情裏面，是絶没有罪孽的。"

第八章

　　在那個小園子裏面，維尼胥用那從心裏發出的字，把他剛纔對於那些聖徒所自認的話，告訴那個少女；他那靈魂的擾亂，他所受的變化，並且歸結説從他離了米蓮的住宅以後，這種無邊的愁苦使他那生活變成了黑暗的：……希望這種神感向着他來的時候得受贊美，因爲他現在是在她的跟前，並且她以後再不離開他了。

　　黎基説："我所躲的並不是你。"

　　"那麽你爲甚麽躲開呢？"

　　她對着他抬起來她那蒼白簾膜的眼睛，隨後低了頭回答：

　　"你知道那個……"

　　維尼胥過於高興，出不來氣，不能明白向她表示他所感受的。並且他自己也不明白那個。但是他覺得同她在一塊兒，有一種新的美麗，表現在世界上面，不止是一個雕像，並且是一個靈魂。

　　以後他捉着她的手，很静默的；他看着她，帶着一種入了幻想的神氣，並且他反覆説她的名字，好像要靠準他又找着她，他在她的旁邊一樣。

　　"黎基！黎基！"

他歸結去問她，在她的靈魂裏面所經過的。她自認當她在歐呂斯家裏的時候，她已經愛他。並且如果他從巴拉丹把她引回到他們家裏，她要使他知道她的愛情，並且要試着去平復他們的怒氣。

維尼胥説："當達斯的保羅，把你們的真理教訓了我的時候，我要請他給我行洗禮。並且我要回羅馬。當歐呂斯回到城裏的那一天，我要再得他的友誼。以後就沒有障礙物了。在那個時候，我要去取你，並且我要把你安頓在我的家裏，呵很親愛的！很親愛的！"

黎基抬起她那放光的眼睛，並且回答：

"在那個時候，我要説：'你，加于斯，你，將來在甚麼地方，我，加亞，也在那裏。'"譯者注：Caïus 是維尼胥的名字。Caï 是 Caïus 的陰類。羅馬的人婦從夫名，所以她這樣説。

他們站在一棵側柏樹下，在那個房門前面，黎基靠着樹身，至於維尼胥用一種發顫的聲音説：

"你派虞瑞斯去到歐呂斯的家裏，找着你的器具和你的那些玩具，搬到我的家裏。"

她的面孔紅的好像玫瑰花，或者好像朝霞，回答説：

"習慣上不是那樣作的……"

"我知道，平常是那個婚禮伴娘在新娘的後面，帶着這些。但是你爲我這樣辦罷。我要把這些東西搬到我那昂霄的別墅裏邊，並且這些東西要同我説起你來。"

他合起手來，再説：

"朋波尼亞有一天要回來，爲我這樣辦罷，女神，這樣辦罷，很親愛的！"

黎基分辯説："希望朋波尼亞照她的意見去辦。"她想着婚禮的伴娘,她的面色更發紅了。

但是米蓮在門前現出來,並且請他們去吃飯。他們坐在那些聖徒的中間。至於那位聖徒看着他們想入迷幻,從他們的身上,看作當他自己死後,繼續散播他們教義種子的一輩新人。

彼得撕開麵包,並爲它祝福;在一切的面孔上面,都顯出端穆的神氣。一種無限的幸福滿布了房子裏面。

保羅歸結轉過來向維尼胥説:"那麼你看,我們是不是生命和快樂的仇敵……"

維尼胥回答:

"我從來沒有過在你們中間的高興。"

就是這一晚晌,維尼胥回了家,到他的藏書室裏邊,寫信給黎基。

"我要當你睜開你那美麗的眼睛的時候,我的女神,你在這封信裏面得着一個晨安。所以,雖是明天我應該見你,今天晚上我給你寫這封信。該撒在兩天之後,要到昂霄去,並且我,哎呀!我没法將也要跟着他去。我已經對你説過,違命要把我的生命當成兒戲的,並且現在我没去死的勇氣。但是如果你不要我去,你回我一個單獨的字,我就不去了:那麼把在我的危險繞過去,就是俾東的事情了。在這個快樂的日子,我散些恩賞給我所有的奴隸,並且這些伺候我二十年的人,明天要去見法官,去受解放。你,我的至愛,你①應該稱讚我這件事,因爲我覺得這件事與你所

───────────

①編者注:"你",原誤作"至",據初版改。

宣傳的教義相合;因爲你,我纔這樣作去的。我要告訴他們説,他們的自由是你給他們的,好教他們贊揚你的名字。

"轉過來説,我自己,我要變成幸福的奴隸,並且是你的奴隸,並且我禱祝永遠不要受解放。昂霄是該挨罵的,黄銅鬍子的旅行是該挨罵的! 三四倍的更高興,是没有俾東那樣的博學:因爲那麼我或者没法子還要到阿改去。但是想起了你,就把分離的時候變成甘美了。每逢我將來能閑着的時候,我就跳上馬,一直跑到羅馬。爲的是要看見你,使我的眼睛歡樂,拿你的温柔聲音,使我的耳朵痛快。當我不能轂來的時候,我要派一個奴隸,帶給你一封信,並且差他打聽你的新事。

"我向你致敬,我的女神,我投身向你的脚前。你不要惱怒我叫你作我的女神:如果你禁止我這樣叫,我就服從你;但是今天我還不能不這樣的説。我從你將來的住所的門限上面向你致敬,我盡我的靈魂的全體,向你致敬。"

第九章

在羅馬城内,大家知道該撒要從俄第過,就去游覽,並且從這裏由海濱,去到昂霄。命令是前幾天下來的:所以從那天早晨起,在俄第門附近,好奇心就把大衆聚起來,那裏面有羅馬的賤民和全世界各國的人樣子。

該撒在旅行時間,習慣了携帶所有他愛在裏面生活的物品,並且在最短的停留期間,他可以把那些雕像和嵌花石叫人照家常的樣子裝飾起來。所以他那巡幸的時候,在護衛聯隊,隨從騎士和步兵團以外，他還要他僕人的全隊跟隨着他。

從黎明的時候，那些岡巴尼的牧人，引着五百隻牝驢，爲的是在明天裏白到昂霄的時候，她可以用它們的乳去洗她那按日的澡。那些賤民在那渦轉的塵土裏面，很高興的去看那成千的大耳朶，慢慢的搖動，去聽那些鞭子的響聲，和那些牧人的野蠻叫聲。

那些牝驢過了以後，一群年輕的僕人在大路上撒水，爲的好打掃，並且撒布些花和些松針。晨光越加前進，大衆越變稠密了。

護衛軍裏面呂密底的騎士過去了；他們的黑色面容被他們的頭盔的反光照成金色，他們的矛尖好像些火焰放光。……並且隊伍就起首過。

開頭前進的，是些車子。所帶的是些紅色、紫色、白色的帳篷，東方的地毯，器具，厨房的家伙，帶鳥的籠子，——這些鳥的腦髓和舌頭是應該在皇家筵席上面用的，——酒瓶，果籃。但是在這些車上容易碰壞的物品，是些步行的人帶着的：有一隊的擔夫拿着彀蘭特的紫銅作成的些小雕象，別的一隊拿着厄土里的盆子，別的一隊拿着希臘的盆子，別的一隊拿着金銀作的盆子，或是些亞歷山大城的玻璃所作成的盆子。護衛軍、步兵和騎兵的小隊把擔夫的那些群衆分開，並且在每一群的裏邊，有些看管人帶着鉛條和鐵條作的鞭子，監察着他們。這些奴隸的鹵薄很小心的帶着這些寶貴的物品，很像宗教裏面莊嚴的頌歌巡行。當衆人看見那些音樂的器具——三角琴，希臘的琵琶，希伯來或埃及的琵琶，五絃琴，頸帶小琴，十絃琴，笛子，喇叭，鐃鈸——更要覺得相似了。

那些獅子和老虎，已經被敏捷的豢養人弄成了家畜。當奈龍想要摹仿丟尼索的時候，譯者注：Diouysos 是希臘人的酒神。他用它們當作負重的牲畜。現在關在隨後的車上。那些<u>印度</u>人和<u>亞刺伯</u>人用些有花朵包着的鐵繮繩，牽着它們。至於這些野獸，用它們那困乏的海水色眼睛四面來看。有幾次抬起它們的大腦袋①，吸收從這些人民發出的一種臭氣。

還有些皇帝家的車子、轎子，唯一的由<u>意大利</u>志願兵組成的保衛隊的一小隊，一群的漂亮奴隸和些少年童子，並且不久<u>該撒</u>也到了。

聖徒<u>彼得</u>想看<u>奈龍</u>，在人群裏面，同着那個用厚紗蒙面的<u>黎基</u>和<u>虞瑞斯</u>。這個人的臂力對於這個少女貢獻一種確實的保護。這個<u>黎基</u>人取了一個建築<u>色奈斯</u>神壇用的石塊，給那位<u>聖徒</u>拿來，請他站在上面，更容易看見那些隊伍。_{譯者注：Céris 是<u>希臘</u>人的稼穡之神。}

大衆起先低聲議論，反對<u>虞瑞斯</u>，因為他好像一隻船，衝破了他們的波浪；但是他一個人提起這塊石頭，是在這一群人裏面最有力的四個人儘他們的全力也不能搖動的。當那個時候，大家又鼓掌稱讚他。

在那六隻<u>伊杜麥</u>的駿馬所拉的敞車上面，没有一個別的人，只有兩個怪狀的矮人，在他的脚下，這就是<u>該撒</u>了。

他穿着一件白色披衫，和一件把他那面容映成藍色的紫色外衣。從他離開了<u>那布</u>以後，很顯著的長肥了。一個雙層的下頷，把他的面容變寬，甚至於他那嘴唇本來是太近鼻子的，現在好像開在鼻孔下面。他那粗大的脖項，在絹布裏面藏着，時時用他那

————————
①編者注："袋"，原誤作"裂"。

肥脹的手,去整理它。他的手上有紅黃色的毛,把他的手腕作成像血色的瘢紋,他不叫人拔他那手上的毛,因爲人家告訴他説,結果是手指顫動,要妨害他彈琵琶。一種不可計量的虛榮心,同一種困倦和煩悶,鎸刻在他的面容上面。他這個人的全體,同時是可怕,又可笑的。

"大家叫喊:敬禮,神聖! 敬禮,戰勝人! 敬禮,不可比擬的! 阿鮑龍譯者注:Apallon 是希臘人的太陽神。的兒子阿波隆敬禮!"他就微笑。但是有些人,並不知道他們的笑話能成了預言,常常的用一種:"黃銅鬍子! ……黃銅鬍子! 你把你那像火焰的鬍子拿到那裏去了? 你怕它燒了羅馬城麽?"截斷全體的喝采。

該撒對於這些呼唤不很惱恨,因爲他現在没有留着鬍子。他已經把它獻給加彼度的茹比德了。譯者注:羅馬人在羅馬城內 Capitolin 小山上建築一座炮臺並茹比德廟,叫它作 Captole。但是還有些不認識的人,在那些石頭堆的後面,在那些廟臺子的後面,嗥叫起來:"弑母的人! 俄來特! 阿克蒙!"别的人還叫:"歐克達維在那裏? 把你的紅色外衣歸還了罷!"奈龍的靈敏耳朵,也聽見了這些辱罵。他就把他那磨光了的碧玉眼鏡拿近眼睛,好像要尋找,並且記着那些辱罵的人。那樣他看見那位聖徒站在石塊上面。

這兩個人的眼光,在這茫昧的一分鐘,互相交注。兩個全世界的主人面對面了,這一個好像一個帶血的夢,就要磨滅下去,至於那一個,那個穿着粗羊毛衣服的老人,他將要領有全世界和這個城直到無限的世紀。

該撒過去了。在他的後面,立時現出來八個非洲人,抬起一個精美的轎子,裏頭坐着人民憎惡的袞白。她也像奈龍,穿着紫

衣,敷了脂粉,沈思的和不動的。跟隨她的有全宮廷的兩性奴僕
和一行的車子,運載她那些衣服,同妝飾她那些美貌的器具。

　　該撒親信人的行列來了的時候,太陽離了天頂已經多時了;
隨從騎士的鹵簿展開了,好像變光的蛇。當俾東的轎子走過的時
候,公衆很美意的微笑;第節蘭時從他的車子站起來,並且伸開頭
項,看該撒是不是有一種記號來呼喚他。大衆在那裏致敬。在這
人群裏,有不少空腹的可憐人;但是這種觀覽物,只能鼓舞起來他
們的貪望:它也把那個威力的,和全世界所崇敬之羅馬的——不
能傷犯的——驕傲情感給與他們。

　　維尼胥在鹵簿的末尾。他先看見了那①位聖徒和他那不期
而至的黎基,就從他的車上跳起來:

　　"你來了? 我不知道怎麼樣的謝你,哦黎基! 上帝不能給我更
好的預兆了。希望你受福。我要向你説憑神降福。但是還等一小
會兒。在我的路上,我要安上巴特馬的驛報,並且我每次有閑暇的
日子,就到你的跟前,一直到得了允許回來的時候。再見!"

　　黎基回答:"再見,馬舉,希望基督引導你,並且對於保羅聖
徒的話,啟發你的靈魂。"

　　"我的寶庫,希望就照你所説的辦! 保羅更喜歡在我們這些
人裏面行走;但是他同我在一塊兒,他將來作我的師長,並我的朋
友。你掀開你的面網罷,你,我惟一的快樂,爲的是我在啟行以
前,還可以瞻仰你。你爲甚麼這樣的藏着?"

　　她掀開了她的面網,現出來她那發光的面孔和可贊美的兩眼

———————————

①編者注:"那",原誤作"他",據初版改。

的光輝,她問:

"這不好麼?"

她的微笑帶着一點小女孩子輕佻的神氣。<u>維尼胥</u>看着她,入了迷幻的境地,並且回答:

"這對於我的眼睛是不好,他要只看着你,一直到死的時候。"

並且在那些賤民驚駭的底下,那個有名的隨從騎士,把他的嘴唇放在那個卑下的少女的兩手上。

"憑神降福……"

他迅速的過去,因爲<u>該撒</u>的護衛已經前進了。聖徒<u>彼得</u>用一個看不出來的十字記號替他祝福。

第十章

<u>虞瑞斯</u>在那個雨水儲蓄所裏面吸水,一面拔那繫在繩上的雙餅,一面微聲唱一個<u>黎基</u>的歌曲。他那因爲快活就發光的雙眼,瞻仰着<u>黎基</u>和<u>維尼胥</u>的影像,在<u>黎努斯</u>的花園的那些側柏中間。一種金色和百合色的燦爛慢慢的布滿天上。在那個晚晌的蕭靜中間,他們互拉着手談話。

<u>黎基</u>問道:"<u>馬舉</u>,你離了<u>昂霄</u>,<u>該撒</u>並不知道,你不至於遇着一點討嫌的事情麼?"

<u>維尼胥</u>回答:"一點不至於,我的愛情,<u>該撒</u>已經通知他要同<u>德卜諾</u>在屋子裏面關兩天,作些新歌曲。再説當我在你的跟前並且看着你的時候,<u>該撒</u>對於我有甚麼重要,我所崇拜的人,我的寶庫?"

"我早知道你要來。有兩次<u>虞瑞斯</u>,因爲我的祈求,跑到<u>加</u>

林打聽你的新聞。黎努斯嘲笑我,虞瑞斯也跟着嘲笑。"

果然很可以看出來她等着他的,因爲她不像平常的時候穿着暗色的衣服,她現在穿一件細布的白衫子,她的肩臂和頭顱在那衫子頂上浮出來好像雪裏面的蓮馨花。幾朵玫瑰色的白頭翁花妝飾着她的頭髮。

維尼胥用他的嘴唇,緊靠着他所摯愛人的手;他們坐在一根石頭凳子上面,在開花的野薔薇中間。

維尼胥低聲的説:"甚麼樣的肅静,並且世界是怎麼樣的美麗!我覺着快樂好像在我這一生從來所没有的。你對我説,黎基,這些是從那裏來的?"

她把她那嬌嫩的面孔,倚在那個少年的肩臂上面:

"我所摯愛的馬舉。"

她不能再多説了。快樂,感激,和現在她有權利愛他的確證,使她的雙眼裏面填滿了泪珠。維尼胥緊抱着她靠住他自己。

她低聲的説:

"我所愛的馬舉。"

他們重新的静默起來。那個花園由初出的月光照着,起首變成銀色。維尼胥歸結説:

"我知道。……當我剛進來,剛用嘴接你那親愛的雙手的時候,我在你的眼睛裏面看見了這個問題:'我所宣揚的教義滲入你的心中了麼?你受了洗禮麼?'我還没有受洗禮,但是你看因爲甚麼,我的花:這是因爲保羅曾對我説:'我使你相信了上帝曾來到地上,並且爲人類的幸福任人把他釘在十字架上,但是在恩惠的源泉地方使你清潔,那是彼得的事,因爲他是給你祝福的第一個人。'並且以前我要你,我的寶庫,當我受洗禮的時候,你在那裏。並且<u>朋波尼亞</u>當我的母親。所以我雖然信仰我們的<u>救世主</u>和他那温和的教義,我還沒有受洗禮。"

<u>黎基</u>把她那藍色的眼睛沈没到他的眼睛裏面,她的眼睛在那個月光底下,好像些神秘的和露濕的花。

在一個静默的時候以後,<u>維尼胥</u>用一種氣被堵塞和發顫的聲音説道:"你將來是我的靈魂的靈魂,並且是我頂寶貴的東西。我們的心由合一的聲音跳躍。你説一句話,並且我們要離開<u>羅馬</u>,住到遠方。"

她的頭倚在她那未婚夫的臂上,回答:

"好,<u>馬舉</u>,你給我説過<u>西昔里島</u>。那些<u>歐吕斯</u>,也想在<u>西昔里島</u>過他們的暮年。"

"是的,我所心愛的人。我們的地方互相接聯着。這是一個美妙的海濱,在那裏,氣候比在<u>羅馬</u>更温和些,夜間比在<u>羅馬</u>更安静……在那裏,生活和幸福簡直變成一個了。"

他們兩個看着將來全很静默的。他摟抱着她,愈抱愈緊。在那個可憐的作工人衆所住的區域裏面,一切都睡着了。

"我將要見<u>朋波尼亞</u>麽?"

"是的,我的摯愛。我們將來請他們到我們的别墅裏面,或者我們到他們家裏去。你願意我們找着<u>彼得</u>聖徒同我們在一塊兒麽? 他是被那年紀和那些困乏壓倒了。<u>保羅</u>也要來看我們。他將使<u>歐吕斯·卜勞胥斯</u>改教,並且好像些兵,我們將要建立一個殖民地——一個<u>基督</u>教徒的殖民地。"

<u>黎基</u>説:"我愛你。"

他把他的嘴唇倚在那個少女的手上。一會兒,他們祇聽見他們心中的跳動。也沒有微風;那些側柏不動,也不響。

這個寂靜,忽然由一種很深並且好像從地底下出來底吼聲擾亂。黎基駭得戰栗起來。

維尼胥說:"這是些獅子在那些畜獸場 Vivavia 裏面吼叫。"

他們側着耳朵去聽。對於第一吼聲,答覆着第二聲、第三聲、第十聲……在城裏面有時候有幾千的獅子在各細砂場的囚籠裏面,並且常是夜間,它們來把它們那愁慘的鼻端靠在欄子上面。這是它們對於沙漠和自由的歸思病,現在使它們發出這樣動作。那些聲音在那個靜默的夜間互相應答着,把那個城填滿了吼聲。黎基聽見這些聲音,她的心由一種無理由的恐懼緊束着。

維尼胥用他的兩臂圍繞着她:

"一點不要害怕,摯愛。那些馬戲期近了,所以一切的畜獸場全填滿了。"

他們由那些獸類越來越可怕的聲音伴着,進到黎努斯那個小屋裏面。

第十一章

在昂霄,俾東差不多每天戰勝同他爭該撒的寵幸的那些隨從騎士。第節蘭的勢力全被他推倒了。在羅馬,如果要斬除好像有危險的人,搶奪他們的財產,商議政治的事情,陰謀些提案,或者滿足該撒怪異的縱恣,當那些時候,第節蘭是個少不了的人物。但是在昂霄,該撒用希臘的生活去生活。從早晨到晚上,大家念些詩句。並且大家討論他們的作法,大家忙着音樂、戲曲,希臘的天才所發明出來使人生更加美麗一切事物。在這些條件裏面,俾東比起第節蘭和別的隨從騎士是無從比擬的有學問,有急智,有辨才,富有巧妙思想,是應該有無上勢力的。該撒尋他來作伴,對於他的意見很挂慮的;向他領教,並且向他證明出來一種活潑的友誼。所有親近的人都覺得他的權勢是固定了。

俾東帶着他所習慣的懶慢神氣,好像一點也不重視他的重要地位;他總是有急智並懷疑的;那些人常覺得他嘲笑他們,嘲笑他自己,嘲笑該撒,嘲笑全世界。有幾次他敢當面評論該撒,並且當人家斷定他是已經失敗了的時候,他忽然把他的評論調理好了,以至於這個評論反轉過來對於他有利益,並且他的幸運更加鞏固起來……

該撒把他那突瓦戰詩的一段念給他的親近們。當他念完和他們狂喜的聲響動起來的時候,俾東因爲該撒拿眼光問他,就説:

"頂好是拋在火裏,這些詩句……"

聽衆都嚇得變成石像了。

人人覺得他自己的心驚懼的緊束起來了。果然奈龍永遠没有從無論何人的口裏,聽見過這種判定。第節蘭歡喜非常。維尼脣變成了蒼白色,想着俾東從來没有醉過,這一次却喝的太多了。

該撒用一種甜蜜的聲音,因爲他的自愛心受了傷,他的懷恨就在那聲音裏面顫動起來:

奈龍説:"你在這個裏面找出來些甚麼壞處?"

那麼俾東指着那些親近説:

"不要相信他們,他們甚麼全没有聽着。你問我在這些詩句

裏面的壞處,如果你要真話,就是這樣:這些詩如果是威爾繼 Vir-
gile 的,那是好的,是俄維得 Ovide 的,也是好的,以至於是荷馬
Homere 的,也是好的,但是在你就不是好的了。你没有權利來做
這些詩。你所描寫的這個大火是光焰不足的,你的火燃燒的不强
烈。不要去聽吕干的諂諛。像這樣的詩,如果是他作的,我要承
認他的天才;在你却是不然,因爲你比他們是更偉大的。大家有
權利向那位全受了諸神福佑的人,要求更好的東西。但是你對着
懶惰就讓了步。午飯以後,當你應該不間斷用功的時候,你又睡
午覺了。對着你這個能産生一個著作把一切全壓倒的人,我就當
面對你説:'去做些更好的詩。'"

　　他説着好像不重視他的話,嘲弄和譴責全都合在一處,但是
該撒的眼睛喜歡的變濕了。

　　"諸神給了我些技能,但是他們所給我的比我現在所有的還
要多些:一個真識者,並且是一個朋友,衹有他一人,當面會説
真話。"

　　該撒説着這些話,就伸出他那有紅黄色毛的手,向着一個金
燭臺——從德爾斐劫掠所得的——來燒他的那些詩句。

　　但是在火焰觸接着蘆紙以前,俾東向他扯了過來。

　　他説:"不,不,對你縱然不配,這些詩句是留於人類全體的。
把這些給我留下。"

　　"那麽你要允許我把這些送給你,放在一個我自己出的樣子
所作成的小箱裏面。"該撒回答着,並且摟抱俾東向他的胸前。
並且他再説:

　　"是的,你説的有理。我的突瓦是一種没有力量的火燒着了

的。原來我却想着，如果我能和<u>荷馬</u>一樣也就觳了。但是你開了我的眼睛。並且你知道你所責備我的，是從甚麼地方來的麼？當一個雕刻師要創造一個神像，他總要尋找，並且找出一個樣子，至於我，我沒有樣子：我從來沒看見點着火的城。"

有一個時候的寂静，歸結<u>第節蘭</u>用這些話把他攪亂：

"我已經給你説過這個，<u>該撒</u>——你就發命令，我就把<u>昂霄</u>點起。或者如果你愛惜這些別墅和這座離宫，我可以把在<u>歐底</u>的那些船隻燒起來；或者我教人在<u>亞爾版</u>山上，建築一個木城，你將來自己在那裏放起火來。你願意麼？"

<u>奈龍</u>用一種蔑視和沈重的眼光看他。

"我，我看些冒烟的木屋子！你的小腦變成角質了，<u>第節蘭</u>。並且另外我看出來你不大敬重我的技能和我的<u>突瓦</u>戰詩，因爲你判定這些不配有更大的犧牲。"

<u>第節蘭</u>的顔面變成蒼白色。<u>奈龍</u>好像要换談論，又説：

"你看是夏天了。<u>羅馬</u>現在的氣味，應該很壞……但是因爲那些夏季的游戲，總需要回到那裏去。"

<u>第節蘭</u>突然説：

"<u>該撒</u>，當你將來打發過了那些侍從的時候，你要允許我獨自一個留下一時同你在一塊兒。"

一點鐘以後，<u>維尼胥</u>同着<u>俾東</u>從那個皇家別墅裏面回來。

他説："你教我有一會兒很害怕。我那時候想你醉了，並且失敗的没希望了。你不要忘了你拿死作游戲。"

<u>俾東</u>很懶慢的回答："那裏就是我的細沙場。並且我很高興看出我是一個好劍師。我的勢力今天晚晌更長大了。如果我一

定來做，我能把第節蘭打下臺來，並且取他那護衛軍總督的位置。那麼我可以把黃銅鬍子自己拿在我的手中。但是那就要有太多的勞慮，我還是高興我所過的生活，——就是需要聽該撒的那些詩句也沒有甚麼。”

第十二章

奈龍要頌美西布爾島的皇后，_{譯者注：Cypre 的皇后就是 Venus。}演奏並詠唱一首神歌。這首神歌的詩和音樂是用他的作法做成的。那一天他出了許多的聲音，他覺得他的音樂可以引聽衆入了迷幻；這種確信在他的歌唱上面加了這樣的氣力，並且這樣痛快的搖蕩他的靈魂：以至於他好像有神附體一般。到末了，因爲一種誠實的情緒，他就變成蒼白色。無疑的這是頭一次他不願意聽那些聽衆的頌美。有一會兒他總在坐着，兩手扶在那個十絃琴的上面，頭顱斜倚着，嗣後他忽然起來，並且說：

“我困乏了，並且我需要空氣。希望你們調理那個十絃琴。”

他用絲製的絹布圍起頸來。轉身向着坐在那個廳內一隅的俾東和維尼胥說：“同我來，你，維尼胥，把胳膊給我，因爲我缺乏了氣力；至於俾東，他將同我談論音樂。”

現在他們坐在那離宮的鋪着白石和塗飾薩佛朗 Safran 粉的臺上。

奈龍說：“這裏呼吸的較好一點，我的靈魂是攪亂了，並且憂鬱，縱然我覺得拿我用試演的名義給你們唱的東西，我可以在大衆面前露布出來，並且這要是羅馬人從來沒得過的勝利。”

俾東回答："你很可以在這裏，在羅馬，和在<u>亞改露布</u>出來。我用了我的心的全體和靈魂的全體來讚賞你，神聖。"

"我知道這個，你太懶了，不肯禁制着你的讚美。並且你很誠實，好像<u>突呂·塞奈松</u>；但是你在這頂上認識自己比他強些。"

他們不說話了，並且有一會兒，他們那散步的寂靜止有在他們的步下那<u>薩佛朗</u>的微音來攪亂它。

<u>奈龍</u>歸結說："至於我，你聽見了麼？我全體是一個美術家，並且因爲那音樂能在那無邊的地方，給我開些不能言傳的遠景，我對於群神有探求這個無邊地方的義務。那麼要想得群神的允許，踐踏<u>歐林坡</u>的地方，我不應該作些驚奇的可以贖罪的事情麼？人家說我瘋了。不對，我並不瘋，我找尋……"

他把他的嘴唇接近<u>俾東</u>的耳朵，並且聲音很低，使<u>維尼胥</u>聽不着：

"在那個不認識的世界的門前，我曾要作一個人所能作的頂大的犧牲……我的母親我的妻室……他們就是因爲這個夭折……但是我的犧牲還不夠。想要蒼穹的那些門半開起來，應該有更尊嚴的犧牲。希望那些神言的意思能作出來！"

"你的計畫是甚麼呢？"

"你將來就看到，你將來就看到，並且比你所想的還要早。在這個空兒，你總要知道有兩個<u>奈龍</u>：一個是眾人所認識的，至於那一個，美術家，只有你一個認識，他殺戮就像那個<u>死神</u>，並且有些回就同<u>巴居斯</u>一樣的發狂。譯者注：Bacchus是羅馬人的酒神。——但是因爲他討厭那些應行鏟滅的東西，他們的污賤和傲慢。阿！當我消滅了的時候，那生活要怎麼樣的無味……頂高的權柄和天才,屬於一個人,是甚麼樣的重擔子!"

"我的心的全體對於你的困苦,起些同感,該撒,並且就是那個地球,就是那些海水也要起同感,——不必算維尼胥,他在他那靈魂的深微地方,對於你有一種的像宗教一般的崇敬。"

奈龍說:"他也總是我所很親愛的,雖然他伺候那個瑪爾斯,並不伺候那些米斯。譯者注:Mars 是羅馬人的戰神,Muses 是他們的文藝神。

俾東分辯說:"最重要的他是阿弗婁底特的僕人。譯者注:Aphrodite 就是 Venus 的希臘文名字。

他猛然決定安排他那外甥的事情。

他說:"他是戀愛的人,就好像突意侶戀愛哥來西達一樣,你允許他,貴人,回羅馬去罷;如其不然,在這裏他在我的眼睛底下要消瘦起來。你曉得你所給我那個黎基的抵押品又被找着了麼?我以後沒對你說這件事情,因爲你正作你的神歌,那是比一切都要緊的事。維尼胥被她的德性誘惑着了,並且想娶那個美女。她是屬於王室的統系;那麼他將來並不算墮落。但是他很有軍人的性質,嘆息,愁倦,叫苦,並且等着他那皇帝的允許。"

"皇帝並不選擇他那些兵士的妻室。他需要我甚麼樣的允許?"

"我曾對你說了這個,貴人,他專心事你好像宗教的崇敬一般。"

"那樣! 我允許他! 這是一個美麗的女子,但是兩胯太窄了。"

他轉過來面向着維尼胥:

"你愛她就像俾東所說的麼?"

"是的,我愛她,貴人。"

"那樣! 我命令你從明天起去到羅馬,娶了她,並且直到帶了結婚的指環以後,再來我的面前。"

"多謝,貴人:從我的心坎和靈魂的深處多謝!"

該撒說:"使人家有幸福是怎麼樣舒服的事情! 我很想沒有其他的職務。"

俾東說:"你再給我們一種恩惠罷,神聖,並且在那中宫的面前表示你的意志。維尼胥不敢娶一個中宫對她有仇怨的女人;但是你,貴人,宣布你命令這樣作,你一句話就要解釋了一切的成見。"

該撒說:"我甚麼也不能拒絕你們,也不能拒絕你,也不能拒絕維尼胥。"

對着這些事,他回到那個別墅裏面,他們跟隨着他,心中對於這樣成功是很痛快的。

在過廳裏面,那個年輕的迺瓦和①突吕·塞奈松用他們的多話娛悦那位中宫。

德卜諾和底杜爾調理那些十絃琴。該撒進來坐在嵌貝飾的一個坐位上面,並且對着一個年輕的希臘小臣的耳朵上低聲説了幾句話,以後他就等着。

那個小臣不久就回來,帶着一個金製的小箱。奈龍在那裏面選出一件大猫眼石製成的頸圈。

他説:"你看對於今天晚晌很相稱的珍寶。"

袁白斷定那個頸圈是要給她的,就贊成説:"這些珍寶的彩色變換,好像那黎明的使者。"

有一會兒,該撒拿着那些發虹光的石頭玩。

---

①編者注:"和",原誤作"初",據初版改。

他又説："維尼胥，你將來用我的名義，把這個頸圈獻給我命令你所娶的那個黎基的公主。"

袤白的眼光，帶着憤怒和驚駭的神氣，從該撒身上轉到維尼胥身上；歸結注到俾東的身上。但是俾東很懶的歪着，用手去摩一個三角琴的木質，好像他要細心的研究那個曲折一樣。

維尼胥表示他對於那個頸圈的感謝以後，走近俾東：

"從你今天對我所作的事情，我的感恩怎麼樣給你表示出來？"

"希望那命運神對你們總是優待的！但是等一等：你看該撒又拿起那個頸帶小琴來了。停止你呼吸，聽着，並且露出些哭泣來。"

奈龍果然站起來，手裏拿着那個頸帶小琴，眼望着天。在那個大廳裏面，談話止着了；一切的聽衆總是不動，好像變成石頭一樣。祇有德卜諾和底杜爾兩個應該隨着該撒，他們時而這個向着那個轉頭，時而向着該撒，等着那個歌的頭一節調子。

忽然在那廊下，大家聽着一陣喧嘩，和些喊叫；那個門帳掀起來了，並且看見皇帝已解放的奴隸法翁，執政黎西努在他的後面。

奈龍皺皺他的眉毛。

法翁用一種帶着喘息的聲音説："饒恕，神聖的皇帝，羅馬燒起來了。那個城的最大部分是在火焰裏面了……"

在坐的人全猛然站起來。奈龍放下那個頸帶小琴，並且大叫：

"群神！……那麼我要看見一座然着火焰的城，並且我要把我的突瓦戰詩作完。"

以後他轉過頭來向着那個執政。

"立時動身，我到的時候還可以看見那個大火麼？"

那個總理蒼白的好像一塊白布，回答："貴人，那個城止算一個火焰的大洋，那烟氣教那些居民出不來氣，他們氣閉跌倒或者瘋了跑到火裏面去。羅馬是喪失了，貴人！"

有一種的寂靜，維尼胥的呼聲把它攪亂。

"我的不幸，不幸！"

並且那個少年扔上他的外衣，跳出離宮外面。

奈龍舉起他的胳膊向着天，並且大叫：

"你的不幸，普里研的神聖都市！……"^{譯者注}：Priana 就是 Troie 的國王，他的都城被希臘人用火燒掉。

第三篇

第一章

維尼胥命令幾個奴隸跟隨着他，立時就跳上馬，在那些黑暗的中間，穿過昂霄那些荒凉的街道，照着婁朗德的方向飛跑。他那沒帶帽子的頭顱躺到馬頸上；他只穿一件被衫前去，也不看他的面前，也不留神那些障礙物。

伊杜麥的牡馬，好像一隻箭的飛奔。馬蹄在鋪石上的聲音，這裏和那裏，把些狗喚醒。他們用他們的吠聲，來送那個像鬼魅的表現，以後就在月下狂嗥。那些跟着維尼胥後面奔馳的奴隸，在那些比較慢得多的馬上就隔離開了。他一個人穿過睡着的婁朗德，繞過阿爾德的旁邊，在那裏，在阿里西，在鮑畢拉，和在烏里諾，同樣的他曾安置的有驛馬。

在阿爾德那邊，他覺得北方印着紅色。這也或者是曉光，因

爲夜已完了。——這是七月。但是維尼胥不能自禁,發一個絕望
和發狂的呼聲,因爲他想着這要是大火的光焰。他總記着黎西努
的話:"那個城止算一個火焰的大洋。"並且有一會兒他覺着要發
瘋,因爲他救黎基一切的希望全失掉了,並且在羅馬變成灰燼以
前到了城門的希望也都失掉。他的想像好像一種不祥的黑鳥群
飛到他的前面去了。他不知道火在那個區域起來的,但是他擬想
那唐德衛同它那些密接的房子,木材的堆集,和賣奴隷的輕脆屋
子,應該起頭就被火焰所吞食。

　　好像一個電光,維尼胥忽然記憶起來虞瑞斯和他的偉大氣力,
但是對於大火的破壞勢力,一個人或一個"長狄"能怎麼樣呢? 從
有些年起,人家傳説成千成百的奴隷,夢想斯巴達舉的時代,譯者注:
Spartaene 是些背叛奴隷的首領,爲帥二年,於紀元七十二年被殺。並且只要等着
機會,就拿起兵器來反對他們的壓迫人和城市。眼看着這個機會
到了。那個大火的光焰或者就照着殺戮和內亂。

　　維尼胥更猛烈的鞭擊他的馬;阿里西的白墻垣,當羅馬的半
路上,趁着月光,在他的面前閃爍。

　　過了阿里西路,從一個斗坡上去,地平綫全隱住了。但是維
尼胥知道到了頂巔,——阿爾巴諾在那後面,——他不但要看着
鮑畢拉和烏里諾,在那裏有馬等着,他也可以看着羅馬:在阿爾巴
諾那邊,順着阿卞納路的旁邊,就是剛巴尼的平野。

　　他想着:"從那頂上我要看着火焰了。"並且重新鞭那個馬。

　　那個時候,黑夜對於曉日讓步了,並且在周圍一切的高處,有
些玫瑰色和金色的反射,這是清晨初放的光明,人也可以把它當
作大火的光輝。維尼胥趕緊到了頂巔……那個時候,他看見了。

　　那個山谷由惟一的雲塊蓋着；在這塊低伏的雲彩肚裏，那些城、水道、房子、樹木，看不見了；甚麼全没有，止有一種灰色和不動的烟，平闊漫布。在那烟的盡頭，那個城坐在它的些小山上面燃燒。

　　但是那個大火，不像當一個建築物單獨燃燒的時候，成了一個火柱子的樣子。這寧可以説它像一種長寬的火帶。在那頂上，有一層像城垣的烟氣：這裏是黑的，那裏是染着玫瑰色或血色，叢集，腫脹，濃厚，並且自行卷舒。這個火的寬邊子，同這個烟氣的城垣，把地平綫封着，好像一個樹木的圍帶。人也看不着那些小松山了。

　　在阿爾巴諾，差不多一切的人民，全在那些房頂上和樹上，去望羅馬。維尼肓過了那裏，又鎮静了精神。在虞瑞斯和黎努斯以外，還有聖徒彼得照拂黎基。自從彼得爲他的愛情祝福，並且把黎基許他的時候，這個女人不能死亡到火焰裏邊。在到烏里諾以前，因爲路上有了阻礙，他不得已的慢一點跑。在那些步行的並且在背上負着衣服的人的旁邊，他看見些裝行李的馬、騾、小車、轎子。在這種喧噪的中間，很難得一種消息。維尼肓所問的人，一言不答，或者向着他舉起那驚駭瘋了的眼睛，説那個城是要完了，並且那世界也要同完了。從羅馬時時匯集些男人、女人、小孩子的新群，把那種混亂和擾攘，更加甚起來。

　　各種國籍的奴隸和劍師，已經起首搶劫人家，並且和那些保護居民的兵士衝突。

第二章

　　烏里諾，和它那一切的亂雜，對於在那坐城裏面所經過的事情,只可以給一個不明了的小影。

甚麼東西,全不算了:也不計那法律的尊嚴,也不計那些公家職務的威信,也不計那家庭的約束,也不計那些階級的區別。有些奴隸毆擊公民;成群的劍師在昂鮑廖姆偷出些酒,喝醉了,在那些十字路口上威嚇人,推擠那些基里特人,踐踏他們,剝掠他們。很多要被賣的野蠻人從他們的木屋子裏面逃走。他們覺得那個城的大火,表明奴隸制度的終了和報復的時期;並且當那些有定居的人民,很失望的伸着胳膊向諸神乞救的時候,他們就去攻擊他們,把他們的囊囊搶空。這些由亞洲人、斐洲人、希臘人、突拉斯人、日耳曼人和布來達尼人所組成的民眾報復這許多年的奴視,並且用全世界的土話來發泄他們的怒氣。

維尼胥曉得現在應該照着烏里諾的方向轉回,離開阿卞諾路,在那個城的下流過河,並且到了海口路,就可以一直到唐德衛去。這也不是一件容易的事情。手裏需要拿着劍來開路,至於維尼胥沒有兵器。

但是在水星泉附近,他看見一個百夫長領着幾十個禁衛軍,守衛着那個廟的圍墻過路。維尼胥就命令這個軍官來跟着他。這個百夫長認識他是保民官和隨從騎士,不敢拒絕他。

在許多喧諍以後,並且跳過些板箱、木桶、貴重器皿、厨房傢俱、床屬、小車、手車的柵子,維尼胥和他那些禁衛軍才把那些喧噪離開了。從些逃人的口中,他聽説唐德衛地方只有幾道小街,被火闖進,但是無疑義的無論甚麼不能逃脱那個暴烈的大火,因爲有些人故意來蔓延它,並且不許人家弄滅它,説這是照着命令辦的。那個少年的保民官此後對於該撒命人焚毀羅馬的一件事情，沒有一點疑惑了。

　　那樣他就順着海口路，直到唐德衛去。

　　唐德衛充滿了烟氣和群衆，在那裏面開一條路是更艱難的，因爲那些人有的時候比較多一點，他們就要拿去並救出來更多的東西。跟隨維尼胥的那些禁衛軍，留到後面去了。在這種混亂裏面，他的馬，頭上被錘子打了一下子，受了傷，前足立起，不聽號令。人家從他那富麗的被衫認識他是一個隨從騎士，立時喊聲大振："治死了奈龍和他那些放火人！"幾百條胳膊全向着維尼胥伸起，來脅迫他。但是他那害怕的馬，踐踏開這些攻擊人，把他①駞到更遠的地方。維尼胥看着不能同他的馬過去，就下到地面上。他跑。他溜着墙根，並且有幾次等那成群的逃人過到他前面去。他想着他這種盡力是迷幻的。黎基或者不在那坐城裏面逃出去了；在大海邊上找着一根針比在這種亂雜裏面找着那個少女還容易些。但是就是拼命他也要到黎努斯的房子那裏。他時時停着並且揉他的眼睛；他撕開他那被衫的下垂，蓋着他的鼻子和嘴，重往前跑。他愈近那個河邊，熱氣愈覺得可怕。

　　維尼胥想起來黎努斯房子的外面有一個花園圍着，在那花園後面，底布河邊上，有一塊不很大的空地，沒有建築物。想到這裏，他又有了勇氣。那些火焰可以在那空地前面止住。帶着這種希望，雖然每一陣風不但帶來烟氣，並且有成千火星，可以把火帶到小街的那頭，並且可以截斷他的歸路，他還是向前跑。

　　縱然如此，他歸結穿過一層烟幕，看見了黎努斯那花園的側

————————

①編者注：原於"他"後衍一"們"字，據初版刪。

柏。在那塊亂地後面的那些房子，已經起了焰，好像一堆木頭，但是黎努斯的小孤島還沒動着。維尼胥的目光對着上天感謝，並且，雖然那空氣也起頭來燒他，他向着那門跳去。那門是半開的：他把它推開，跑進裏面去。

在那個小園裏面，沒有生活的人類，並且那個房子好像全荒凉起來。

"黎基！黎基！"

一種寂靜。在這種寂寥裏面，只聽着那個大火遠遠的吼聲。

"黎基！"

維尼胥跑進那屋子裏面。那個小内院很荒凉。他用手來找那個通着寢室的門。瞧見一盞燈動搖的微焰，並且走進去看見那家神的房子裏面，有一個十字架來代那些神：在這個十字架底下，點着一支蠟燭。一個思想帶着電火的速度，從那個少年新基督教徒的腦筋經過：那個十字架送給他這個光明，可以幫助他找着黎基。那麼他拿着那個蠟燭，跑到那些寢室。在頭一間裏面，他打開戶帳，並且用蠟燭照着細看。

那裏也沒有一個人。但是維尼胥確信他找着黎基的寢室了，因爲在墙上插的那些釘子上面，掛着她的那些衣裳，並且在床上放着裏肚和婦人所穿的可體衫子。維尼胥拿起那個裏肚，把他的嘴唇放在那頂上，並且把它扔在他的臂上，接着向更遠的地方找尋。那所房子很小，很快的看遍一切的房間，以至於那些地窖子。到處沒一個人。黎基、黎努斯和虞瑞斯應該同那個區域的居民一樣，從奔逃上找他們的安寧。維尼胥想着："應該在該個人群裏面，在那些城門外面來找他們。"

　　那最後的時候到了。他不得已來想他自己的安寧。因爲火焰的波浪,從那個島上來逼近了,並且烟氣的漩渦差不多全塞着那個小街了。一個氣流吹滅了他在那所房子裏面所用的蠟燭。維尼胥趕緊到街上,並且開始盡他的氣力向那海口路,照着他來的方向跑。那些火焰彷彿要追他,時而用烟雲來圍繞着他,時而用墜在他那頭髮上、頸項上、衣裳上的火星覆蓋着他。他的被衫有好幾處慢慢的燃燒起來,但是他並不留神那個,並且恐怕呼吸被閉,接續着跑。在他的嘴裏面,有了烟和烟煤的氣味;他的咽喉和肺葉好像燃着。血在他的頭顱上面交注,以至於有時候他覺得甚麼東西全是紅的,就那烟也是紅的。那麼他想:"這火是犇馳的,不如隨便跌倒和死了罷!"那種犇馳使他疲乏了。他的頭顱、頸項和胳膊漲溢了汗,這汗彷彿滾水一般來燒他。如果沒有黎基的名字在思想裏面反復念維,如果沒有他用蓋嘴的那個裹肚,他要跌倒了。他認不出來他在那一條小街上。

　　他跑的好像一個醉漢,從街這邊蹣跚到那邊……

　　一塊雲彩罩着那條街的出路。他想:"如果這是烟氣,我要過不去了。"他儘着他所剩下的氣力飛跑。在路上他扔掉起頭燒他的被衫,赤身的跑,在他的頭上,嘴上,只剩下黎基的裹肚。到了較近的地方,他認出來他剛纔當作烟氣的是像雲彩的塵土。有些人類的聲音和喊叫從那裏面出來。

　　他想:"劣等的人民劫掠那些人家。"

　　但是他還照着那些聲音的方向跑。無論怎麼説在那裏總算有人,他們可以來救他。帶着這種希望,他盡他所有的氣力來喊叫。但是這就是他最後的用力:那個紅幔子在他的眼前更紅了,他的肺葉裏面沒有空氣了。他就跌倒。

　　縱然這樣，人家聽見他了，或者更可以説看見他了。有兩個人帶着些成葫蘆的水，跑過來。維尼胥用兩手捉着一個，喝了一半。

　　他説："多謝，你們把我扶起來，我要獨自一個往更遠處去。"

　　別的一個作工人在他的頭上洒些水，並且他兩個把他向他們的同伴抬去。大家圍着他，問他受了太重的傷沒有。這樣的小心使維尼胥驚駭。

　　他問："那麼你們是誰呢?"

　　一個作工人回答："我們毀那些房子，使那火焰不至於到海口路。"

　　"你們救出我了。我多謝你們。"

　　有些聲音分辯説：人都應該幫助他附近的人。

　　那麼維尼胥從早晨只看着些酷暴的人群毆擊和劫掠，現在他小心的看那些周圍他的面孔，並且説：

　　"你們應該被……基督的酬報。"

　　一切的聲音像合唱一般的喊叫：對於他那名字的榮光!

　　"黎努斯呢?……"

　　但是他聽不着答辭，因爲他的氣力衰耗盡了，失了知覺。當他甦醒過來的時候，他是在穀德當田中一個花園裏面，由些女人和男人圍起。他頭些句所能問的話就是：

　　"黎努斯在甚麼地方呢?"

　　起首沒有答辭；以後維尼胥所認識的一個聲音説：

　　"他在諾莽旦門外，他到歐里亞諾去……有兩天了……希望你得和平,波斯的國王。"

維尼胥起來,以後再坐下,很驚駭的看見基隆。

他問:"你看見他們了麼?"

"我看見他們了,貴人!……如果我能用一種好新聞來報答你那些恩惠,基督和一切的神都應當感謝的。但是神聖的歐西里,我要拿給那些相當的來報答你。我對着燒城的這些火焰起誓。"

在外面,晚色到了;但是在那個圍子裏面,天還亮,因爲那場大火還在加勁。這好像並不是那些單獨的區域燃燒,這是那全城,儘它的長並且儘它的寬燃燒起來。天是一望無際的紅,並且那夜間的陰影也紅。

第三章

人家把維尼胥抬到織工馬撒的房子裏面,他就洗濯他,給他些衣服,並且使他吃點東西。那個少年的保民官恢復了他的氣力,宣言他立刻要去尋找黎努斯。馬撒是一個基督教徒,保證基隆的話,說黎努斯同那高等教士克來曼已經到歐里亞諾去了。在那個地方,彼得要給那一群信徒施行洗禮。那一區的基督教徒知道黎努斯把他的房子託給一個加于斯看守,已經有兩天了。

基隆出主意從范地康田地,一直到弗拉米年門。他們將來從那裏過河,並且繼續着從城墻外面前進,在阿西昌斯園子的後面向着薩拉里亞門走去。維尼胥沈吟了一會兒,允許了這條路綫。

馬撒,應該看守房子,給他們找了兩隻騾子,將來黎基的旅行可以用得着它們。

一會兒工夫，維尼胥和基隆上了路，從惹尼犖小山向着凱旋路去。

過了色定門，他們順着河和多米霞的美麗園子，在那些無邊的側柏樹裏面行走。那個大火的反光，好像一個落日，照着它們。

那路上是比較的自由了；大家對着那些匯向城裏的鄉下人的倒流，只有很稀少的爭鬥。維尼胥用腳後跟拍那匹牝騾。基隆很近的跟着他，自言自語。

維尼胥催他説："那麼往前走！你在那裏作甚麼呢？"

基隆回答説："我哭羅馬城，貴人。一個這樣像歐林坡的城！"

"當那大火起的時候你在那裏？"

"我走到我的朋友哀里胥的家裏，貴人，他在大馬戲場附近，有一個鋪子，並且我，恰好在那裏細想基督的教義，當那個時候，人家起首喊叫着救火。當那些火烟布滿了全馬戲場並且當它們起首蔓延的時候，我很應當想着救我的肉皮。"

"你看見些人在房子裏邊抛擲火把麼？"

"甚麼我没有看見，愛逎的孫子！我看見些人用劍在那個喧嚷裏面開出一條過道，我看見些戰鬥，並看見些人類的腸子在石路上面被腳踩碎。如果你看見了這個，你要想起那些野蠻人的攻城和屠殺。圍繞着我的那些人，失望的噪叫。但是我也看見些人高興的狂叫；因爲世界上總有許多可惡的人，貴人，他們不能看出來你們那樣寬恕統治的價值，和那些公正的法律，按着那些法律，你們向一切的人，把一切的東西，都拿了來，你們自己要！那些人簡直不知道服從神們的意旨。"

維尼胥沈溺到反想裏面太深了，不能明白這些話的嘲弄。雖然他已經問了基隆所有他能覯看見的東西，他還轉身向着他。

"你曾從你的親眼看見他們在歐里亞諾麼？"

"我看見他們，維努斯的兒子；我曾看見那個處女，那個良善的黎基人，聖黎努斯和那聖徒彼得。"

"在大火以前麼？"

"在大火以前，哦米塔。"_{譯者注}：Mithra 是太陽教裏面的一個神名。

他們現在過了范地康的小山，在大火的微光裏面全是紅的。他們在諾馬西的後面，向右轉灣，因爲他們要在范地康田地以後，走近河邊，過了那河，並且向着弗拉米年門走去。基隆忽然停止了他的牝騾。

"貴人，有一個意思！"

維尼胥說："你說。"

"並沒有諭旨反對那些基督教徒，但是那些猶太人在城知事的面前告發他們搦死小孩子，供奉一隻驢，宣傳元老院沒有承認的一種教義。他們威嚇他們，並且用石子攻擊他們的房子，激烈到這步田地：那些基督教徒對着他們藏匿起來。"

"說到事情上來。"

"就是這樣：那些猶太教的教堂，在唐德衛是公然存在的，但是那些基督教徒却被强迫去秘密的祈禱；他們聚會到城外破壞的柵子裏面，或是在些細砂場裏面。哦！這些唐德衛的人恰好選擇着那些石坑，——在裏面的石塊，就是用來建築奈龍的馬戲場的。——和那些順着河邊在惹尼舉和范地康中間的房子。城是燃燒着了，基督的那些信徒一定是正在祈禱。我們在地窖裏面，將要找着許多人。我勸你進裏面去,並且這是在我們路上的。"

維尼胥不耐煩的叫喊:"但是你曾對我説黎努斯在歐里亞諾!"

"我到一切有機會找着那個少女的地方尋找她。我們將要在那個地窖裏面找着他們正在祈禱;在那最不利的時候,人家將要拿關於他們的事告訴我們。"

那個保民官下命令:"你就引我去。"

基隆沒有疑惑,就向左轉,過了那個馬戲場,他們進在一個窄狹的過道裏面,在那裏是完全黑暗的了。但是在這個黑暗裏面,維尼胥分辨出來些烟爍提燈的群衆。

基隆説:"他們就在那裏!"

維尼胥説:"這是真的! 我聽見歌唱了。"

果然,一個聖歌的聲音從一個黑暗的凹凸裏面流布出來,並且這些提燈,一個一個的看不見了。但是從那些側面的過道裏面又繼續着走出些人影。維尼胥和基隆不久就被人群環繞着了。基隆隨便的從他的牝騾溜下來,並且用一個記號叫住一個走近他們的幼童。

"我是基督的一個教士,並且是一個主教,小心着看我們的牝騾,你將要得我們的祝福,並且你的罪孽就贖回了。"

一會兒工夫,他們到了地窖裏面,並且隨着那些提燈的不定光綫,從一個過道前進,一直到了一個寬闊的空窟。在那裏比着過道較明亮了,因爲,在提燈和燭心以外有些火把在那裏燒着。維尼胥看見一群跪着的人,正在祈禱,但是也沒有黎基,也沒有聖徒彼得,也沒有黎努斯。那些面容反射出來一種等待,驚慌,或是

希望的神氣。光綫在那些仰着望天的白眼裏面照出來。在那些
像石灰的蒼白色額上有汗流着。有些人唱些神歌；有些人熱誠的
反覆重念耶穌的名字；有些人搥自己的胸脯。全體等待一件立刻
的和超越人類的事情。

那個窟洞裏面忽然反射出來一種微弱的聲響，不久接着個第
二聲，第三聲……在那個發焰的城裏面，有些街上滿街石灰作的房
子倒塌了。那些大多數的基督教徒，覺得這種聲音，就是那個可怕
的末日裁判一個確定的記號。那麼那個聚會被神聖的憑怒震駭着
了，有多數的聲音反覆的說：“裁判的日子！果然的，這就是了！”

一個更強大的聲音使那個窟室顫動；全體跌倒面向着地，胳
膊作成十字，要用這個記號去防禦那些惡鬼。

在那個寂靜裏面，人家只聽見害怕人的喘氣：“耶穌！耶穌！
耶穌！”這裏和那裏，有些小孩子哭起來。忽然一個安靜的聲揚
高起來說：

“和平同你們在一塊兒！”

這是聖徒彼得，他來到窟洞裏面有一會兒工夫。

驚駭全消散了，好像牧人顯出來的時候羊群的驚駭都消散了
一樣。大家重新起來；最靠近的人，向他的兩膝親吻，好像在保護
的兩翅下面尋找一個藏避處所。至於他，他在這個憂心的人群上
面伸着兩手。

彼得的言語，是群衆的一個止痛劑。那個神聖的愛情，代替
了神聖的憑怒，管領了這些靈魂。

大家從各方面叫喊：“我們是你的小羊。”許多人跪在他的脚
前，說：“在災害的日子你千萬不要放棄了我們。”

維尼胥抓住那位聖徒的外套衣邊，並且低着頭哀懇他：

"你救我罷，貴人，我在大火裏面和亂嚷裏面尋找過她。那裏我也沒有找着她，但是我確信你能把她還了我……"

彼得拿手安放在維尼胥的頭上。並且說：

"你應該有信仰！並且來罷。"

第四章

那大火逼近了巴拉丹，第節蘭聚集起來禁衛軍的全力，一趟一趟的送信人去催促奈龍，爲的是報告他說那景象的壯麗，他將來一點全丟不了，因爲那大火還在增加。但是奈龍上了路，夜裏才願意到，因爲更可以使他的眼睛嘆賞的入了沈幻。

歸結到半夜的光景，他看見城墻。他由他那無限的侍從跟隨着：侍臣、元老、隨從騎士、已解放的奴隸、婦人和小孩子。一萬六千禁衛軍，順着大路排列成戰綫，看視他進城的安寧。至於人民看見那些鹵簿，發出些咒罵，噪叫並吹哨，但是不敢有一點狂暴的舉動。並且有些地方爆發出來些歡呼，那些人原來甚麼全沒有，所以甚麼全沒喪失，並且預料着麥油、衣服、銀錢的分給，比平素更要慷慨。但是那些怒聲、吹哨和歡呼，忽然被第節蘭所命吹的螺旋喇叭、喇叭等軍樂蓋着了。奈龍過了歐顛門，停住一會兒，並且高聲說道：

"沒有屋頂的人民，有沒有住所的元首，那麼夜裏我要把我的不幸的頭顱放在甚麼地方呢？"

他以後過了德爾斐坡，從一個特別收拾的臺塔，上到阿卞水道的頂上;那些隨從騎士和那合奏的歌人,帶着些十絃琴和胡琴也上去了。

在一切人的胸口,呼吸都停住,等着奈龍所宣告的威嚴的言語。但是他,威重,靜默,停在那裏,大紅的外衣披在他的肩上,目光看着大火的狂怒。當德卜諾把胡琴遞給他的時候,他抬起眼睛向着帶火光的天,等着神來附體。

那些人民從遠處指着他們的皇帝,至於他,他被那由像血色的輝光沐浴着。在遠的地方,像長蛇的火焰吹噓和爆烈着,並且那些經歷世紀和神聖的遺物也發了光焰,愛汪德所建造的赫畢的廟然着了。並有茹比德·斯達多的廟,_{譯者注:Stator 是勒茹比德的綽號。}並有目神的廟,——它是塞維·達侶以前的建築,——並有努馬·綳比侶的宮室,並有維達的神殿,同那些羅馬民族的家廟……穿過像鬣毛的火焰,人家有幾次瞥見那加彼度……羅馬的過去然着了……至於他,該撒,手裏拿一個胡琴,帶着悲劇家的面容,在那裏停着。他的思想簡直想不到那頹壞的祖國。他所想的不過是那做工和説白。這些就可以把那偉大的灾禍,全恢復了。

該撒舉起他的兩手,並且拍着絃子,説出普里研的話來:

"我的那些祖先的窩巢,我的這樣親愛的搖床!……"

在大氣裏面,在那大火的爆發和那群衆的吼聲以後,他的聲音好像很奇怪的輕微,並且那些胡琴的制音機叮噹的好像蟲類的嗡鳴。但是那些元老、官吏和隨從騎士低着頭,啞静的聽得入幻。他唱了很久的時候,並且他的聲音漸漸的帶起悲慘。當他停唱轉換呼吸的時候,那些歌人合唱那末了的詩句;以後奈龍用阿里突呂所教給他的一種動作,把那悲苦的長袍扔在他的肩上,調和聲音並且歌唱起來。

　　那個神歌完了，他起首來"即席賦詩"，在那個在他面前展舒的圖畫中間，找些偉大的比喻。他的面孔漸漸的換了形色。他所生長的城的破壞，一點不能感動他；但是他對於他自己的語言，沈酣激動，到這步田地：他的兩眼裏面充滿了淚珠。那時候他捨了胡琴，任它在他的脚前叮噹，並且拿着長袍自行包裹，好像變成石頭，同緣飾巴拉丹庭院的紐比得中的一個石像彷彿。譯者注：Niobè 是 Chbees 的王后，有七個兒子七個女兒。因爲她的孩子多，她就嘲笑 Latone 止有兩個兒子 Spollon、Diane。這兩個孩子要替他們的母親報仇，就把 Niobè 的孩子殺完。後人把她和她的十四個孩子刻成雕像叫作 Niobides。

　　一種像怒風雨的擊掌攪亂了那個静默。但是那些群衆的野蠻吼聲從遠處來回答它。那裏對於奈龍使人焚燒城市，爲的是作出劇幕，並且唱些神歌這件事情，現在没一個人有疑惑了。在這幾十萬人所發的喊聲中間，奈龍轉過身來，向住那些隨從騎士，帶着憂慘和忍耐的微笑，好像人家對於他有不公平和可恨的事情一樣。

　　他說："你們看，那些基里特人怎麼樣估量我，我，並且怎麼樣咀嚼那詩歌！"

　　瓦底努回答："那些混蛋！貴人，命禁衛軍攻擊他們罷。"

　　奈龍轉身向着第節蘭：

　　"我能靠着那些兵士的忠誠麼？"

　　那個總督分辯說："是的，神聖。"

　　但是俾東高聳他的兩肩：

　　"靠着他們的忠誠，但是不能靠着他們的數目。停到你現在所處的地方罷,因爲這是較安寧的;但是無論用甚麼價錢,總應該安撫着這些人民。"

色奈克也有同樣的意見,執政黎西努也是一樣。

但是在下面的騷動變成了攻擊的形勢。那些人民拿着石頭,帷幕的橛子,從小車上拉下的版子和各種的鐵器作兵器。步兵的幾個長官來宣言那些禁衛軍受群衆的擁擠,想不亂他們所排成的戰綫,感受一種極端的困難;他們没受攻擊的命令,不曉得應該怎麼樣作。

奈龍説:"不死的群神! 甚麼夜! 這一邊是大火,那一邊是那些賤民不受鎖拘的狂浪!"

他接續着找些話,爲的是可以很壯麗的表明現時的危險;但是看見那些蒼白的面容和憂慮的眼睛周圍着他,他也害怕起來。

他命令説:"我那暗色的外衣,和一個風帽! 這歸結真要有一場大戰麼?"

第節蘭帶着不很果敢的聲音説:"貴人,我把在我的權力以內的事情全作了,但那危險是急迫了……你給他們説,貴人,給你的人民説,並且不要吝嗇那些賞賜!"

"該撒同那些平民説話? 希望别的一個人拿我的名義去説。誰告奮勇?"俾東很安靖的回答:"我。"

"你去,我的朋友! 在一切的困難事情你是最忠誠的……你去,並且不要吝嗇那些賞賜。"

俾東向着隨從騎士轉過來他那無掛慮和含譏嘲的面孔。

他説:"在此地的元老,要跟着我……畢松、塞奈松和迺瓦,也來跟着。"

他慢慢的下了那水道的臺堦。他所指定的人猶疑起來，以後看見他的神色安靖，也壯起膽來，跟隨着他。

俾東到穹窿的根下停住，使人牽來一匹白馬，跨上去，並且由他那些同伴跟隨着，穿過那些禁衞軍的深厚的行列，向着那黑色的人衆走去：他們正在狂吼。他沒帶兵器，在他手裏只有他平素所拿的那個輕脆的象牙杖；並且當他對着一切人的時候，他使他的馬鑽到那些群衆裏面。

那些喊叫的人還在張狂，並且發出一片非人類的吼聲；那些橛子、叉子、劍，在俾東頭頂上交叉。有些狂怒的手，向着他那馬的銜勒並且向着他伸來。但是他帶着温和、傲慢的神氣，接續着往前進。

有幾次，他用他的手杖打那些頂膽大的，好像他在一個平時的喧嚷裏面開一條路；他的沈靜態度，使那些平民駭異。

歸結大家認識了他，並且有些衆多的聲音高聲喊叫：

“俾東！丰儀的盟主！”

各方面全來重説：“俾東！”

隨住他的名字傳布的程度，那些面容的蠻橫也就輕減了，像獸類的噪叫也就較低下了。

俾東脱掉他那帶真紅邊的白外衣，把它揚到空氣裏面，並且使它旋轉，表明他要説話。

人家在群衆裏面喊叫：“肅静！肅静！”

立時就肅静了。那時候他站到他的馬上，用一種很響亮的聲音説：

“公民！希望聽見我説的人向他們的鄰居複述我的話，並且希望大家行事總要像人,不要像在細砂場裏面的野獸。”

“是的,是的!”

“你們聽着! 那個城市要重新建築起來。呂舉侶、默塞納、該撒和阿哥里賓的園子,全要給你們開放起來。明天,就要起首分散麥、酒和油,使每人可以從他的肚子填滿到咽喉裏邊。以後該撒還要給你們些世界上從來沒見過的游戲;儘那游戲的日子,他要賞給你們些宴會,並且對你們作些施與。你們將要比在大火以前還要富些!”

一種低聲的哄動來回答他。這種哄動,好像當人家在水裏面扔一塊石頭的時候,那些水紋的展開一樣。頂近的人向那些在遠處的人複述他那些話。剛纔在這裏那裏所揚起的奮怒和贊成的喊叫,不久就鎔成一個無邊的全體同意的呼聲:

“Panem et circenses!”(麵包和游戲!)

俾東伸開手使大家肅静,大聲叫喊:

“我預許你們麵包同游戲。”

他説過了,回轉他的馬頭,並且對於那些當着他的人向他們的頭上或臉上輕輕的拍幾下,他向着禁衛軍的行列轉回來。還帶着他那没苦痛的神氣。

在那水道頂上,大家全聽不明白那個呼聲:“Panem et circenses!”他們覺得又是一個暴怒的炸裂。他們並且不覺得俾東能回來。當奈龍看見他的時候,跑到臺堦的前面:

“怎麼樣? 那邊經過些甚麼事? 他們打起來了麼?”

俾東用着他的全肺葉呼吸。

他説:“對着鮑吕斯,這真能使人出汗,並且發些汗氣:希望誰給我一個 epilimma 罷！我要斷氣了！"

他以後轉身向着該撒。

"我預許了他們些麥、油、游戲和花園的游逛,他們重新拿你當作神像供,並且用他們那裂紋的嘴唇,嘷叫着頌揚你。不死的群神,這些平民有怎麼樣一種討人嫌的臭氣！"

第節蘭大聲的喊叫:"那些禁衛軍是預備好了,並且如果你不把那些喧鬧按下去,那就要永遠肅静了。甚麼樣的損失,皇帝,你怎麼樣不允許我用武力呢？"

倖東看他一會兒,高聳他的兩肩,並且説:

"甚麼全没喪失。或者明天你就有機會來用着它。"

該撒抗議説:"不,不！我要使人把那些花園給他們開放,我使人把麥分給他們。多謝,倖東。我將要給他們些游戲。至於今天晚晌我給你們唱的神歌,我將要對着大眾唱它。"

正説着這些,他把他的手放在倖東的肩上,静默了一會兒,以後他問道:

"你總要説真話:你到底覺得我怎麼樣呢？"

倖東分辯説:"你對於那個情景很相稱,同這個情景對於你也很相稱一樣。"

以後他轉身向着大火:

"我們再來瞻仰它一番,並且對於古代的羅馬説聲憑神降福罷。"

第五章

那位聖徒的話在那些基督教徒的靈魂裏面,把信仰重新建樹起來。他們一個一個的離開那些地窟，回了他們那臨時的住所。有幾個並且向唐德衛走去，因爲大家傳着說，風現在向着河邊吹，火已經不蔓延了。

彼得由維尼胥和基隆伴着，也離了地室。有些人來同那位聖徒的手和衣邊接吻；有些母親把他們的小孩伸手給他；有些跪在那黑過道裏面，向着他舉起他們的燈來，懇求他的祝福；有些唱着跟隨他。他們到了一個自由的空場。從那裏大家已經可以看見發焰的城市，那個聖徒向着羅馬城作三次十字的記號，轉身，向着維尼胥說：

"你不要害怕。那掘石工人的陋室離這裏很近。我們在那裏將要找着黎基同黎努斯，並且同他那忠實的僕人。基督既把她委托給你，也就爲你把她救出來了。"

維尼胥被這樣的衰弱侵入：來溜倒在那位聖徒的脚前，並且同他的膝蓋接吻，以後就那樣的停着，不會動，不能說出一句話來。

那位聖徒要拒絕他的感謝和頌揚。

"不要對着我，要對着基督！"

以後他們對着那些小山坡，向右轉去，正走着路，維尼胥懇求彼得：

"主人，請你在那洗禮的水裏面洗洗我，好教我可以說是一個基督真正的信徒，因爲我用我的靈魂全體的氣力去愛他。你趕緊給我行洗禮罷，因爲我的心是已經預備好了。他將來所命令我的一切事情，我全要照着做；至於你，把我將來所還能作的事情對我說罷。"

那位聖徒回答："愛人類同些兄弟一樣,因爲你只能用那愛情去伺候他。"

那掘石工人的陋室,是一種在岩石的靠壁上所埋的洞,並且一邊由土墙和蘆草封閉着。那門是關住的。但是穿過那當窗户的口子,人家可以分辨出來由竈火照着的裏面。一個大漢的影子遇着纏來的人就站起來,問道:

"你們是誰?"

彼得回答:"基督的僕人,希望和平同你在一塊兒,虞爾本。"

虞瑞斯俯身到那位聖徒的脚間,以後認清維尼胥捉着他的手腕,並且把它舉到他的唇邊。

"你也來了,貴人! 對着加利娜所要有的幸福,那羔羊的名字應該受頌揚了!"譯者注:羔羊指基督説。

他開了門,他們進去。黎努斯病了,躺在一個草製的床上,面容衰瘦,額頭黄的好像象牙。黎基在那竈的附近坐着,在她手裏,有一小串小魚,是備晚飯用的。

她正在給它們穿綫,確信這是虞瑞斯進來,簡直没動。維尼胥走近,伸着胳膊叫她。她很活潑的站起來,一種驚異和歡喜的光輝在她的面上過,並且没一句話,好像一個小孩子,在好些天的驚恐以後,又找着他的父親和母親一樣。她趕快跑到那個少年的胳膊裏面。他狂熱的把她緊束在他的胸前。以後他把她的兩腮,捧在他的兩手裏面,並且撫摩她的顏額和眼睛。

歸結他説他在昂霄的起身,他的走到,並且怎麽樣在那些墙底下和在黎努斯的房子裏面找她,並且在那位聖徒把她的藏蔽所指給他以前,他怎麽樣的受苦痛。

他説："但是現在我找着你了，我將要不把你留在這裏。我要救出來你，我要救出來你們一切的人。我的親愛！你們願意同我到昂霄去麼？從那裏我們可以上了船到西昔里去。我的土地就是你們的土地，我的房子就是你們的房子。在西昔里，我們要再見着那些歐呂斯，我要把你還給朋波尼亞，並且嗣後我要從她手裏接收你。很親愛的，你不是現在不怕我了麼？我還沒有被那洗禮的水來洗，但是你可以問彼得我求他給我行洗禮沒有。你要信任我，你們大家，也全要信任我。"

黎基聽着，面色發了光輝。到安靖的西昔里去，在他們的生命裏面是開一種新紀元。如果維尼胥只建議領她，她大約要拒絕那個誘惑，不願意離開那位聖徒和黎努斯。但是維尼胥説了："你們同我來；我的土地就是你們的土地，我的房子就是你們的房子！"

黎基向他側着，要同他的手接吻，並且低聲的説：

"你的家室將來就是我的家室。"

以後，她很羞慚説出了那已經出嫁的話，臉上變紅的很，並且在那竈火的光明裏面停着不動。維尼胥轉身向着彼得：

他認定説："羅馬是由該撒的命令燒起來的，誰曉得他將來不使他的軍隊搦死那些居民？誰曉得在大火以後，不來些別的灾害——内亂，饑饉，宣告死刑，暗殺？"

那位聖徒説："那方法是足分了，那些灾害，將來好像大海，是不能測度的，沒有制限的……"

以後向着維尼胥，並且指定黎基：

"取了上帝所托給你這個女孩子把她救出；黎努斯病了，他和<u>虞瑞斯</u>將要跟着你們。"

　　但是<u>維尼胥</u>已經起首用他那猛烈靈魂的全力來愛那位<u>聖徒</u>，大叫：

　　"我給你發誓，主人，我將來不留你在這裏，任你死亡！"

　　<u>彼得</u>回答："那位<u>貴人</u>對於你的意趣要給你降福；但是不曉得<u>基督</u>在<u>第伯亞湖</u>邊三次對我説'飼養我的牝羊！'麽？那麽如果你，並沒有一個人把我托給你，你還不要留我在這裏，任我死亡，你怎麽樣要我，在這危險的日子，我把我的羊群放棄了呢？"

　　<u>黎努斯</u>抬起他那枯瘦的面孔：

　　"那位<u>貴人</u>的代理者，我怎麽樣能不隨你的模範呢？"

　　<u>維尼胥</u>用手摸着他的額頭，同他的思想爭鬥；忽然他捉住<u>黎基</u>的手，用一種聲音，在這種聲音裏面，兵士的勇氣顫動着：

　　"你們聽我説，<u>彼得</u>，<u>黎努斯</u>，和你，<u>黎基</u>！我剛纔説的是人類的理性所勸告我的。是的！我原來沒有明白；是的，我錯了——因爲那些舊殼子還沒有從我的眼上落下；我原來的性質在我心裏還沒有全死。但是我愛<u>基督</u>，並且我願意當他的僕人；雖然這裏關係着比我自己的生存更寶貴的東西，我跪在你們的面前，發誓説，我，我也要從那愛情的指揮。並且將來在那灾害的日子，絕不放棄我們的兄弟！"

　　正説着，他跪下了，伸着胳膊，用一種激發的語言：

　　"呵，<u>基督</u>！我歸結是不是明白了你？我是不是不愧對你？"

　　他的兩手發顫；他的兩眼由泪珠發光；他的身體因爲愛情和信仰，就戰栗起來……<u>彼得</u>拿起一個水瀝石的缽子，走近，很威重的説：

"我用聖父、聖子和聖神的名義給你行洗禮！阿門！"_{譯者注:}Amen 是一個希伯來字,它的意思是"那樣"。

那個時候那宗教的迷幻,左右了他們一切的人。那個陋室,在他們看着,發出了一種靈光;他們聽見些天上的音樂;那窟穴的巖石在他們的頭頂上開了;一群仙人向着他們從天上飛下來……並且那頂上,在空中,他們看見了一個十字架,和兩隻穿透的手來降福。

在外面,反應了些失望的喊叫,和些倒在火焰裏面的屋子的吼聲。

第六章

那些人民在多米霞和阿哥里賓的很壯麗的園子裏面,在瑪爾斯地,和在緬拜、薩侶斯特、默塞納的那些園子裏面,露宿住。糧食從歐底來了那樣多的數目:從底布河的這邊到那邊,人可以在那些筏子和船上游玩,好像在橋上一樣。人家徵發了酒、油和栗子的無限儲藏。從那山上每天來些成群的牛羊。

該撒的慷慨施與,止不住那些誹謗。止有那些成群的夜盜、小偷和流氓,因爲他們可以儘肚子的吃喝,並且無禁阻的劫掠,倒很滿意;至於別的,有親人的人,儘他們所有全消滅的人,無論那些園子的開放,無論麥糧的分給,無論游戲和施與的期望,全不能止住他們的攻擊。

奈龍就是有他那宮庭的詔諛,就是有第節蘭的扯謊,但是想着在對那元老院和那些貴族的絕不客氣的暗鬥,那些人民的幫助將來要失掉，却是很害怕的。

那些隨從騎士也不能比他安心一點。第節蘭想着從小亞細亞叫回幾個聯隊；瓦底努從前能在耳瓜子底下笑，也喪失了他的好脾氣；維特侶吃不下去飯。

第節蘭聽了多米胥・阿非的以至於他所恨的色奈克的勸告。哀白想到奈龍的傾覆，就是她那死刑的判决，詢問她那些親近和希伯來人的教士。（人家通常曉得，從數年以來，她宣揚耶和華的宗教。）至於奈龍，説出他所發明的詭計，通常是很可怕的，但是更通常是很荒謬的。

大家在那大火燒剩下的第伯的宮裏面會議。俾東想把那些倦厭留在那裏，到希臘去，以後到埃及和小亞細亞。這樣的旅行，從很長的時候就計畫出來了；爲甚麼還要延期呢？……這個建議立時誘惑住該撒。但是色奈克持些異議：

"出去是容易，回來就没那樣容易了。"

俾東分辯説："對着赫舉勒説，如果需要，你將來帶着亞細亞的那些聯隊回來。"

奈龍大聲説："我將來就這樣作！"

俾東還要有一次成了適應時勢的人物。

第節蘭攙加説："你聽我説，該撒！那個主意是很糟的。在你到歐底以前，那内亂就要爆發，並且你曉得没有一個神聖奧古斯德的遠裔使人宣布他是皇帝麽？"

奈龍怒聲説："那樣！我們要使奧古斯德的後裔在市場裏找不出來。還活着的也很少，很容易把他們毁掉。"

"果然很容易；但是别的人也能成了危險；我的兵士在那群

衆裏面聽人家説,宣告像德拉薩那樣一個人作皇帝。"譯者注：
Chraseas 是羅馬的一個元老,謀害奈龍,爲奈龍所殺。

奈龍咬着他自己的嘴唇。

"無饜和負義的人民！他們有縠用的麥子和熱灰來煮他們
的糕餅了；他們還需要甚麼呢？"

第節蘭分辯説："報復。"

一切人全不説話。奈龍忽然再站起來,舉起手,並且唱道：

"那些心要報復的好像飢餓,並且那個報復飢餓了。

對於那些犧牲……"

嗣後他甚麼全忘了,大聲呼號,面色發光。

"把我那些牌子和一個尖筆遞給我,我要記下來這些詩句！
呂干永遠没做出來這樣好的句子,你們留神到我轉瞬之間就作出
來這些詩句麼？"

有些聲音認定説："不能比擬的詩人！"

奈龍把那些詩句記下來,並且在那些在坐人的身上逍遥他的
眼光：

"是的,報復要有些犧牲！如果我們傳出新聞説是瓦底努燒
底城,——並且對於那人民的憤怒把他犧牲了呢？"

瓦底努大叫着説："那麼我是個甚麼東西呢,神聖！"

"這是真的：需要一個更重要的人……那麼維特侶呢？"

維特侶的顔色變成淡黄色,但是笑起來。

他持異議的説："我的油,要使一個火災再爆發起來。"

那個時候奈龍要找一個實在能饜人民憤怒的人來犧牲：找出
來了。

他説："第節蘭,這是你燒了羅馬!"

那些在坐的人戰栗起來,他們曉得該撒不是説戲話了。並且那一秒鐘要發生不少的事變。

第節蘭的臉緊皺起來,彷彿一個狗嘴預備着咬的神氣。

他抵抗説："我燒了羅馬……那是由你的命令。"

他們就這樣的停着,這個定着看那個。人家在那個過廳裏面,能聽見蠅子的嗡聲。

奈龍咬清聲音説："第節蘭,你愛我麼?"

"你知道這個,貴人。"

"你可以爲我犧牲自己。"

第節蘭分辨説："神聖的該撒,你爲甚麽送我那甘美的飲料,當我不能把它拿到我的嘴脣邊的時候呢? 那些人民哄動,並且叛亂了,你想教那些禁衛軍,也暴動麽?"

第節蘭是禁衛軍的總督,他那些話帶着一種威嚇。

奈龍明白了,他的面孔變成鉛色。

同時該撒的一個已解放的奴隸,愛巴佛底進來。他來告訴第節蘭説神聖的中宮要見他:她有些人在那邊,總督需要聽聽他們的話。

第節蘭在該撒面前鞠躬,並且很鎮定的出去。當人家要觸着他的時候,他就把他的牙露出來。至於該撒是很怯懦的。

奈龍起首一言不發,以後看見他的周圍全在等着,就説:

"我在我的胸間暖一條蛇。"

俾東高聳他的兩肩,要表明想拉掉這個蛇的腦袋也不是很艱難的意思。

奈龍要求説：“快點説出一個主意！我只對於你一個人有信用，因爲你比他們全體合起來更有道理，並且你愛我。”

俾東回答：

“我勸你動身到希臘去。”

奈龍很失望的大叫：“呵！我對你等着比這樣較好的話。如果我動身，誰能替我保證那恨我的元老院不宣布別的一個人作皇帝呢？那些人民原來是很忠於我的；現在他們要反對我了……由阿德斯底名義，譯者注：Hadés 是 Pluton 的希臘名字。如果這個元老院和這些人民止有一個頭顱……”

俾東微笑的説：“你要允許我對你説，神聖，如果你想保存羅馬，應該保存幾個羅馬人。”

但是奈龍嘆息：

“羅馬和羅馬人對於我有甚麼重要！在希臘德，譯者注：Hellade 是希臘的古名。人家可以聽我！這裏周圍着我的只有些叛逆！全體放棄了我，就是你們也預備着叛逆我了！我知道這些，我知道這些！……你們也想不到將來的人對於你們的譴責：放棄我這樣的一個美術家！”

同時袞白同着第節蘭進來。第節蘭，——並且從來上到加彼度上面的戰勝人也没有帶着他面容上面反射出來的那樣驕傲，——他植立在該撒面前，用一種緩慢和清楚的聲音説，但是好像鐵器軋軋的聲音：

“你聽我説，該撒，因爲我找着了！……那些人民要報復和一個犧牲。我説甚麼，一個犧牲？成百，成千的……你聽説過繃司·畢拉特所釘在十字架上的那個人，基督是誰麼？你知道那些基督教徒是誰麼？我不是給你説過他們的罪惡和他們那可羞的禮儀麼？並且按着他們的預言，世界將來由火毀壞了麼？那些人民恨他們並且已經疑惑他們。從來沒有一個人看見他們到那些廟裏面，因爲他們説我們的神是些惡鬼；人家沒看見他們在競走場，因爲他們看不起那些競走。從來沒有一個基督教徒的手擊掌頌揚過你。他們從來沒有一個人承認你是神的苗裔。他們是人類的仇敵，那座城的仇敵，你的仇敵！那些人民低聲的反對你；但是絶不是你，該撒，命令我燒羅馬城，也不是我燒了它……那些人民渴望報復，他們就要有喝的。那些人民要求些游戲和些血；他們就要有這些！那些人民疑惑你……他們的那些疑惑要轉方向了。”

當第節蘭説的時候，那該撒的面容改換神色，輪流着反射出來憤怒、悲慘、憐憫和譴責的神氣。該撒忽然站起來，扔了他的外衣，向着天舉起他的兩手，並且那樣停着，一句話不説。歸結他用一種悲劇家的聲音：

“載斯，阿鮑龍，赫拉，阿德奈，伯色圭，譯者注：Hera 是婚姻的神，Athene 是思想的神，Persephone 是地獄的神。和不死的群神，你們的全體爲甚麼絶不救助我們呢？這個不幸的城市對於這樣魔鬼，作了甚麼事，至於使他們來焚燒它呢？”

裒白説：“他們是人類和你的仇敵。”

那個時候全體説：

“執行裁判罷！罰譴那些放火的人罷！”

奈龍坐下，低着頭，不説話，好像有一種可嫌惡的情景，把他消滅了。他搖動他的兩手，並且大叫：

“甚麼責罰和甚麼拷問才同這個罪惡相稱呢？但是神們將要幫助我，並且用地獄的威力幫助，我要給我那可憐的人民這樣一個戲幕：將來有不少的世紀，那些羅馬人說起我來就很要感激的。”

俾東想起黎基，他所愛的維尼胥和這一切人——他不信他們的教義，但是他知道他們沒罪。——所要犯的危險。

他還像當他評論或嘲弄該撒的或隨從騎士的謬妄發明的時候，帶着他那習慣的不注意和無掛念的神氣說：

“你們很可以把那些基督教徒交給那些人民，處他們的死刑，但是你們總要有勇氣給你們自家說：這並不是他們燒了羅馬！……由神聖的哥榴譯者注：Clio 是文藝神之一，管理歷史。的名義，奈龍，世界的主人，奈龍神燒了羅馬，因爲他在地球上是同載斯在歐林坡山上一樣可怕的。奈龍詩人愛詩歌愛到這步田地：他把他的祖國犧牲給它！沒甚麼要緊來曉得羅馬的火災是一件好的事情或壞的事情！這總是一件偉大的事情，並且一件不習見的事情，小心着些，該撒，你不配作的事，因爲你所可怕的只有那後世，他們可以說：‘奈龍燒了羅馬。’但是他是怯懦的該撒，也是怯懦的詩人，不承認他那偉大的事業，並且很怯懦的把那個罪過推到那些無罪人的身上！”

俾東用這樣無希望的法子，對於他自己失敗以後所要引出來的結果，並沒看錯。但是他常常覺得那運氣和適遇的游戲是很好玩的。

降下來一種寂静。奈龍撅起他的嘴唇，近着鼻孔，這就是他猶豫的撅嘴。

　　第節蘭大叫："貴人,你允許我出去罷! 人家要激你把你的身體冒些頂大的危險,並且人家把你當作怯懦的該撒,怯懦的詩人,放火的人,唱喜劇的人;我的兩個耳朵不能再多聽了。"

　　俾東想着："我是失敗了。"

　　但是他轉過身來向着第節蘭,並且用目光估量他。在那目光裏邊,可以看出來他蔑視那個混蛋的神氣。

　　他說："第節蘭,我所當作唱喜劇的人就是你,因爲就在現在,你還是一個。"

　　"因爲我不願意聽你的辱罵麼?"

　　"因爲你裝出來對於該撒有一種無限的愛情,並且剛才你還用禁衛軍威嚇他,我們一切的人都明白——並且他也明白。"

　　第節蘭沒有等着俾東敢把這樣果決的骰子扔在棹上,面孔變成淡黃,並且停住好像啞叭一樣。但是這應該是丰儀的盟主對於他那敵人最末次的戰勝了,因爲同時衷白大叫:

　　"貴人,你怎麼樣能允許這樣的思想到無論誰的心裏面,並且儘少也不能允許他們敢在你的面前表示出來!"

　　維特侶說："你罰那個辱罵的人罷。"

　　奈龍重新撅起他的長嘴,並且把他那像玻璃的眼睛轉向俾東說:

　　"你就是這樣,要報答我常常對於你的交情麼?"

　　俾東說："如果我錯了,請你把我的錯處證明出來。但是你總要知道我對你所說的話全是我對你的愛情所命令我說的話。"

　　維特侶重說："你罰那個辱罵的人罷!"

　　全體都說:

“是的,罰他罷!”

大家離遠倖東。以至於他在宮庭裏面的老同伴突呂・塞奈松和那年輕的迺瓦——他直到現在,給他表出頂活潑的友誼,——全離遠了。丰儀的盟主,在那個過廳左邊的一部分,止剩了他一個人。他的嘴唇帶着微笑,並且用那冷淡的手整理他那外衣的摺疊,等着該撒所要説或要做的。

該撒説:

“你們要我罰他,但是這是我的同伴和我的朋友。雖説他傷了我的心,我却要他知道這個心對於他那些朋友只有寬恕。”

倖東想着:“我失敗了……並且我完全失敗了。”

那個時候該撒起來;會議也閉了。

第七章

倖東回到家裏去,至於奈龍和第節蘭到衷白的過廳裏面去,那個總督已經見過的人們在那裏等着。

在那裏有兩個唐德衛的猶太教士,穿着裝飾的長袍,帶着僧正的頭巾,還有一個當書記的法律注解人和基隆。那些教士,看見該撒,感動的變成蒼白色,並且把手抬到兩肩那樣高,把額頭沈埋到手心裏面。

該撒説:“你們告發那些基督教徒燒了羅馬麼?”

“我們,貴人,只告發他們是人類的仇敵,羅馬和你的仇敵,並且從很長的時候,拿火威嚇那座城和世界。剩下的將來有這個人給你講明,他的嘴唇絕没有説過一句慌言,因爲在他母親的血管裏面流着由神選擇的民族的血液。"

奈龍轉過身向着<u>基隆</u>：

"你是誰呢?"

"你的忠僕,神聖的<u>歐西里</u>,並且是一個可憐的<u>斯多噶派</u>學者。"

<u>奈龍</u>説:"我憎惡那些<u>斯多噶派</u>學者,我憎惡<u>德拉薩</u>,我憎惡<u>米叟努</u>和<u>彀努突</u>,他們的語言和他們對於美術的蔑視,使我討厭。他們自願的困苦和他們的腌臟也使我討厭。"

"貴人,我因爲窮乏成了<u>斯多噶派</u>學者。但是你把我的<u>斯多噶學派</u>蓋住罷,呵,光輝,用一個玫瑰花冠把它蓋住,並且把一個酒瓶放在它前面,——我的<u>斯多噶學派</u>,將要謳歌<u>阿那克龍</u>,譯者注:Anacreon 是<u>希臘</u>的一個詩人,他的詩多吟娛樂和游戲。使那些<u>伊壁鳩魯派</u>的學者全不能再説話。"

<u>奈龍</u>對於"光輝"的尊號很滿意,帶着一種微笑。

"你教我很高興!"

<u>第節蘭</u>大叫:"這個人所值的金子,同他一般重。"

<u>基隆</u>説:"你把你的惠施,貴人,加在我自己的重量上面罷,如其不然,風要把那恩賜吹去了。"

<u>該撒</u>説:"果然你沒有維持侶那樣重。"

"噯阿! 神聖的射手,我的知能絕不是鉛做的。"

"我覺得你的法律不禁止你叫我作一尊神。"

"不死的! 我的法律,就是你;那些<u>基督</u>教徒誹謗這個法律,我就因爲這個恨他們。"

"關於那些<u>基督</u>教徒,你知道些甚麼?"

“我的凶星所引我接近的第一個基督教徒是在那布的一個醫生，叫作格婁穀。從他那裏，我漸漸曉得他們供奉一個基督，這個基督預許了他們把人類的全體都鏖滅，並且如果他們幫助他那毀滅的事業就單留着他們生活。基督被釘在十字架上，但是他預許他們，當那羅馬城毀壞的日子，他就要回到地球上面，並且要把世界的王國給了他們。”

第節蘭截斷他的話說：“現在人民要明白羅馬爲甚麼被燒掉了。”

基隆又說：“不少的人已經明白了那個，貴人，因爲我跑遍了那些園子和瑪爾斯地並且宣講，但是如果你願意聽我說到頭，你就曉得我有甚麼理由去報復。格婁穀起頭絕沒有對我說他們的教義命令仇恨人類。反過來，他向我重複的說，基督是一個善良的神靈，並且他那教義的基礎，就是愛情。我的心是容易感動的，就不能拒絕這樣的宣講：我就愛格婁穀並且信他。每一塊麵包，每一枚貨幣，我全要同他分。你曉得，貴人，轉過來我怎麼樣受報答麼？在那布同羅馬中間，他砍了我一刀，並且把我的妻室，我的那樣美麗的白來尼斯，賣給了一個商人。如果叟佛哥爾譯者注：Sophocle是希臘的一個大悲劇家。曾知道我的歷史……但是我說些甚麼？現在聽我說話的人比叟佛哥爾還要偉大。”

袞白說：“可憐的人。”

“到了羅馬，我盡力鑽進他們的長老跟前，想教他們對於格婁穀伸明正義。我想人家要強迫他還我的妻室。就是這樣，我認識了他們的高級教士；我認識了一個保羅，他曾在過此地監獄裏面，以後人家把他放了；我認識了載白德的兒子，和黎努斯和克里都,還有其他的許多人。我知道在大火以前,他們住在甚麼地方;我知道他們在甚麼地方聚會;我可以指出那范地康小山上的一個地窖和諾莽旦門後面的一個墟墓,他們在那裏舉行他們那可耻的儀式。在那裏我曾看見聖徒彼得,我在那裏曾看見格婁穀搤死些小孩子,爲的是教那個聖徒用他們的血澆在那些信徒的頭上。並且我曾聽見黎基説,——她是朋波尼亞・克雷西娜所抱養的女兒,——因爲她不能拿來些小孩的血,她就自誇着説,儘少她曾蠱害了那個小中宮,你的女兒,神聖的歐西里,並且也是她的,呵,歐西!"

哀白説:"該撒,他聽見了罷!"

奈龍大叫:"能殼這樣麼?"

基隆接着説:"我可以寬恕對於我自己的咒罵,但是聽見這個,我就要刺殺她。不幸我被那個尊貴的維尼胥擋住:因爲他很愛她。"

"維尼胥?但是她逃脱的更早比……"

"她逃脱了,但是他曾尋找她,他沒有她就不能生活。我得一種可憐的工錢,曾在他尋找的時候幫助了他。我很忠實的伺候他;他順着格婁穀醫生的意思,教人打我一頓鞭子,當作報酬,也不管我是老了,並且那時候我是病了和餓着。我對着阿德設了誓説我永遠忘不了他。貴人,你在他們的身上給我報復他們對我所作的一切損害罷,我把聖徒彼得,和黎努斯,和克里都,和格婁穀,和哥里畢,他們的長老,和黎基,和虞瑞斯交付給你,我將來給你們成千成百的指出來,我將來給你們指出來他們那祈禱的房子,他們的墟墓……你們那些監獄,將來要不殼盛他們……一直到現在,在我不幸的時候,我只能在那哲學裏面找我的安慰。你們使我將要降在我頭上的榮幸裏面找着安慰罷……我是老了,我還沒曉得生活;你們教我可以休息罷!"

哀白懇求説:"貴人,你給我們的孩子報仇罷!"

基隆大叫:"你們趕緊! 你們趕緊! 如是不然,維尼胥要有時候把她藏起來。我就要指出他們在那大火以後所安歇的房子。"

第節蘭看了奈龍一眼。

"神聖,同時使那個舅舅和他的外甥全完了賬不很好麼,神聖?"

奈龍回想:

"不好;不是現在。人家永遠不能信是俾東、維尼胥或是朋波尼亞·克雷西娜燒了羅馬城。他們的房子太美麗了……現在需要別的犧牲,將來再輪着他們。"

基隆哀求道:"貴人,你給我些兵來保護我罷。"

"第節蘭就要招呼這些。"

那位總督説:"在這等着的時候,你就住在我家裏。"

基隆的面色喜歡的發了光。

他用一種喘涸的聲音喊叫:"我將要把他們全體交付給你們! 但是,你們趕緊! 你們趕緊!"

第八章

俾東離了該撒,教人把他抬到加林的房子去,那所房子,因爲園子圍着它三面的墻,並且塞西里的小佛隆在他前面,所以能在那個大火裏面逃出。

他仔細考查他自己的地位。他很鋭敏,曉得那危險並不是立時的。奈龍不肯放掉了這個機會來對於友誼和寬恕説出幾句美麗和華貴的宣言,——他的兩手現在就好像被縛着了。他將來總要找出一種託辭。在他發明這種託辭以前,還有時候。

從那個時候起,俾東止想着維尼胥,決計要救他出來。維尼胥的房子被燒掉了,現在住在他舅舅家裏,並且那個時候幸而在家。

俾東開始就問他:“今天你在黎基家裏了麽?”

“我剛纔離開她。”

“你聽着我要告訴你所説的,並且你立時就遠行。今天在該撒那裏,大家已經決定把羅馬火灾的罪名加到那些基督教徒的身上。將來要有些虐待和拷掠。甚麽時候全可以起頭搜捕。你帶着黎基,你們立時逃到亞爾伯山的那一邊,或者到斐洲。並且你要趕緊,因爲巴拉丹離唐德衞比離我的房子更近。”

維尼胥是太像軍人了,不肯拿無益的疑問,去失掉他的時候。他皺着眉頭聽話,但是並不驚慌。在這種性質裏面,第一個感覺就是願意奮鬥。

他説:“我就到那裏去。”

“還有一句話:你拿去一個裝金子的口袋,帶些軍器和一小群的基督教徒。如果在必要的時候,你用强力去帶領他們!”

維尼胥已經到了過廳的門限上面。

俾東還叫着説:“你派一個奴隸送些消息給我。”

剩下自己一個人，他就在過廳裏面順着柱子走來走去，細想將來的境遇。

但是當吃飯的時候，那個伺候過廳的奴隸進到大廳裏面。

他用一種因爲不安就顫動的聲音説：“主人，在大門的前面有一個百夫長和一隊的兵士，並且他由該撒的命令要同你説話。”

那些歌聲和那三角琴的聲音，全不響了。坐客都有不安的神情。祇有俾東一個人並没有表示出來一點感動並且好像厭煩了那些接連不斷的請宴，他就説：

“他很可以讓我安静的吃一頓飯。也罷，叫他進來！”

那個奴隸在帷幔的後面就不見了：遲一會兒，大家聽見了一個沈重和齊整的步聲，並且在那個大廳裏面，俾東所認識的百夫長阿白帶着鐵製兵器和鐵盔進來。

他報告説：“尊重的貴人，你看這是該撒的一封信。”

俾東懶漫的伸出他的白手，接着那些牌子，隨便看了一眼，很安静的把那些牌子交給哀尼斯。

哀尼斯説：“該撒給你寫，貴人：‘如果你願意你就來。’你要去麽？”

俾東分辯説：“我高興的很，我覺得就是聽他的詩也好，况且維尼胥不能去，那麼我是更要去的。”

他吃完了飯，任着那理髮人和那些整理外衣褶紋的女人去收拾，一點鐘以後，美麗的好像一個天神，他叫人抬他到巴拉丹。

昨天的那些朋友，看見他被延請，雖然很驚怪，却是離他很遠；但是他向他們裏面走去，名貴，懶散，並且有那樣的果敢：好像他是管理運命的人一樣。有些人因爲冷淡待他太早了，心中就不安起來。

但是,該撒假裝着沒有看見他,很活潑的談論並且不還他的敬禮。

在這個夜會的末了,在俾東告假的時候,奈龍的眼睛裏面,帶着一種惡意的喜悦,忽然問他:

"還有維尼胥呢,他爲甚麽不來?"

"你的請宴,神聖,在家裏没有找着他。"

奈龍分辯説:"你告訴維尼胥説,我高興見他,並且你用我的名義,命令他,不要耽誤了那些游戲,在那些游戲裏面,一切的基督教徒都是要參預的。"

俾東對於這些話有點不安,他覺得這些話直接的關係着黎基。他上在他的轎子裏面,命令大家趕緊走去。在那遠處有些呼聲響應着,俾東起初聽不明白,這些呼聲漸漸的張大起來,暴烈成一種野蠻的喊叫:

"把那些基督教徒扔給那些獅子!"

從那些火後的街市裏面,從新跑出來好幾群人。那個新聞口口相傳,説從正午以前已經起首搜檢,並且已經捉着許多放火的人,並且在全城裏面,那些叫聲吼怒並哄動,——並且在那些小山上面,並且在那些園子裏面,——漸漸的激鬧起來。

"把那些基督教徒扔給那些獅子!"

俾東回到他家就問:"尊貴的維尼胥回來了麽?"

那個奴隸回答:"他回來有一會了。"

俾東想:"這樣,他没有把她救出來。"

他抛開他的外衣,跑到那個過廳。維尼胥坐在三足凳上面,頭在他的兩手裏面，兩肘靠着兩膝。他聽見鋪石上面的步聲，就抬起面孔來，在他的面上只有兩隻眼睛是活着的。

俾東問："你到的太晚了麼？"

"是的，在正午以前，人家已經把她拉去了。"

有一會兒的靜默。

"你看見她了麼？"

"是的。"

"她在那裏呢。"

"在那個馬買丁監獄裏面。"

俾東顫動起來，並且用審判官的眼光看了維尼胥一眼。維尼胥也明白了。

他説："不是，人家没有把她關在地監 Cullianum 裏面，著書人自注：Cullianum 是監獄在地下面的一部分，只開了一個口在房頂上。茹舉里亞就是在那裏面餓死的。也没有在那個真正的監獄裏面。看守人收了一大宗款項，把自己的房子讓給她。虞瑞斯橫睡在她的門口來照料她。"

"爲甚麼虞瑞斯不防衛她呢？"

"人家派來五十名禁衛軍，並且黎努斯不允許他。"

"黎努斯呢？"

"黎努斯快要死了。人家没有把他拉去和別人一樣。"

"你打算怎麼樣辦呢？"

"救她，或是同她一塊兒死。我，我也是基督教徒。"

維尼胥説話好像是安静的，但是在他的聲音裏面顫動出來這樣刺心的苦痛：俾東的心也收束緊了。

他説："我明白你，但是你打算怎麼樣救她呢？"

“我給了那些看守人很多的錢,防備他們凌辱她,隨後爲的是叫他們不要阻攔她逃走。”

“在甚麽時候逃走呢?”

“他們回答我説他們不能把黎基立刻交給我,因爲恐怕負責任。但是當那監獄填滿了人的時候,並且當那人數計算不清的時候,他們將要把她交給我。這是一種極端的法子。但是你已經要救我們兩個人,你是該撒的朋友。他自己曾經把她給我。你去罷,並且救我罷!”

俾東没有回答,呼來一個奴隸,並且使他拿來兩件暗色的外套和兩口劍。

遲一會兒工夫,他們到在街中心了。

俾東説:“現在,你聽着,我是失恩幸了。我的生命也只有一綫繫着。那麽我在該撒面前,甚麽也不能作了。並且比這樣更壞:我相信他要反背我的請求去作事。如果不是這樣,我要勸你同黎基逃去或者用强力解救了她。你知道如果你的逃走成了功,該撒的威怒要轉過來反對我的。現在他寧可給你作點事情,也不給我作,但是你不要算計這些,這是無益的! 使她從那個監裏逃出來,並且你們逃去罷! 如果這樣不能成功,還有使別種方法的時候。”

弗隆離加林不遠;他們走到了。黑夜起頭變成蒼白色,並且那個堡砦的墙垣,從黑影裏出來,變清楚了。俾東忽然站住:

“禁衛軍! ……太晚了!”

馬買丁監獄有兩重軍隊圍着。太陽初出的光綫把那些頭盔和那些矛尖的鐵照成銀色。

維尼胥説:“我們前進。”

　　他們到了行列前面。俾東的記憶力是異常的;他不但是認識那些軍官,並且差不多所有的禁衛軍士也全認得。他就向第一個步隊的官長作一個記號:

　　"這是甚麼事呢,尼該? 人家叫你們圍繞那個監獄去看守麼?"

　　"果然的,尊貴的俾東。那位總督恐怕有人要解救那些放火的人。"

　　維尼胥問:"你們有命令不讓一個人進去麼?"

　　"沒有,貴人。他們的朋友將要來看他們,並且這樣我們還可以把些基督教徒捉在陷阱裏面。"

　　維尼胥說:"那麼你放我進去。"

　　在這個時候,從厚牆的中間並且從地窖的裏面揚起來一種歌唱的聲音,歌聲起先還聽不真,以後漸漸的能聽明白了。男人、女人、小孩子用一種諧音去歌唱,這個時候,曉光初生,四圍安靜,全監獄好像一個三角琴,歌唱起來。這並不是些憂悶和失望的聲音:在裏面顫動着歡悅和勝利……那些兵士面面相覷,精神恍惚。

　　曉光已經染了玫瑰花的顏色;天已經染了金色。

第九章

　　雖然那樣說,一天接着一天過去。那些劇場的圍坐是預備好了。人家對於那些早晨的游戲,開始分散入場券。

　　但是,這一次因爲有從來沒聽說過的多量的犧牲,那些早晨的游戲應該延長到好些日子,好些星期,並且好些月。人家已經不曉得往甚麼地方關閉那些基督教徒了。在那些太滿的監獄裏面,熱病就爲害起來。人家恐怕病在城裏面傳染,決定趕緊舉辦。

　　這一切的新聞全到了維尼胥那裏,把他那希望最末的微光也
奪去了。那種驚愕的神情好像石頭一樣刻在他的面容上邊;他的
面色變黑了,好像那些緣飾家神龕的蠟製面容一樣。當人家給他
説話的時候,他好像機械扶着自己的頭,用兩隻痴鈍的眼睛,看着
他的對語人。他同虞瑞斯在黎基那小屋的門跟前過些夜。及至
回到俾東家裏,他就在過廳裏面橫豎的走,直到早晨。那些奴隸
常常看見他跪着,兩手伸着,或者倒下,臉對着地,哀懇基督,因爲
基督是他最後的希望。

　　他心裏還算清楚,曉得彼得的祈禱比他的更有效驗。彼得把
黎基預許了他,彼得給他行了洗體,彼得作些靈迹:希望彼得來幫
助他,並且救濟他!

　　他去到那個掘石工人的家裏,並且從那個人曉得在彀奈侶·
布儃的葡萄地裏面,薩拉里門的後面,要聚一個基督教徒的會議。
那麼他們等夜定以後出去,越過那些墙垣,並且穿過了生蘆葦的
乾河以後,就到布儃的圍地。

　　彼得跪在釘到城垣上面的一個十字架底下祈禱。維尼胥從
遠處看見他那白色的頭髮和他那伸着的手。他去穿過那些大衆,
跪到那個聖徒的脚前並且喊叫"救人罷!"但是那個祈禱的尊嚴,
和他那氣力的衰弱使他屈膝;他在進口的地方停住,呻吟着:"基
督,你可憐我罷!"

　　他周圍的一切東西在他們①的靈魂裏面,釀了這樣的幻夢:

---

①編者注:"們",原誤作"門",據文意改。

基督就要出現，他要把惡事壓迫下去，他要把奈龍推到深淵裏面，並且君臨宇宙。

維尼胥用他自己的手掩着臉，並且歪倒。

他的周圍忽然寂靜起來，好像驚懼在一切人的咽喉裏面止住那些聲音一樣。

彼得站起來，轉過身向着那個聚集。

他説：“我的兄弟們，把你們的心向着救世主高舉起來，並且把你們的眼泪獻給他。”

他舉起那個手，好像給一個命令。他們覺得在他們的血管裏面有了一種新血液；在他的骨髓裏面有了一種戰栗。因爲在他們的前面，並不是一個衰頹的老翁，是一個可畏的人。他把他們的靈魂從塵土裏面，並且從駭懼裏面拉出來，送到遠處去。

他又説：

“你們在那些眼泪裏面播種，好教在那個歡娛裏面收穫。在那個惡的威力前面，爲甚麼戰栗呢？”

“那位貴人進攻這個罪孽、壓迫、驕傲的城市，你們就是他的軍隊！也就像他用他所受的苦痛和他的血贖那個世界的罪孽，他，他要你們所受的苦痛和你們的血贖這個不公平的窩巢。並且從我的嘴裏，他把這些告訴你們！”

那位聖徒伸開他的胳膊，向着天舉起他的眼睛，並且停住不動。他的臉孔發光。他看的入了沈幻，以後他説：

“我給你們祝福，我的兒子們，對着那些苦痛，那個死和那個永久！”

但是他們圍繞着他哀求。

“我們是預備好了，主人；但是你，你救你那神聖的頭顱罷，因爲你是那位貴人的代理人！”

並且他們緊拉着他的衣服，至於他，他把兩手放在他們的上面，一個一個替他們祝福，好像父親在一個遠行的時候替他的孩子們祝福一樣。

那位聖徒由布儋的僕人奈盧引出。他引他穿過那塊葡萄地，從一條秘密的小路，向着他的居室走去。在那夜光裏邊，維尼胥跟着他們，並且當他們到奈盧的陋室的時候，他跪到那位聖徒的脚前。

彼得認識他，就問他：

“我要甚麼呢，我的兒子？”

但是維尼胥，從他在那會集裏面聽過以後，甚麼全不敢要。他給那位聖徒的脚接吻，把額頭靠在那個脚頂上大哭；用他的静默懇求人家可憐他。

“我知道。人家把你所親愛的處女拉走了。你替她祈禱罷。”

維尼胥用力緊抱那位聖徒的脚哀號：“貴人，貴人，我只是一個微眇的小蟲子。但是你，你認識那位基督；你，你替她哀求他罷。”

彼得對於這種痛苦很感動。

維尼胥從那時穿過天上的電光，瞻仰着彼得的嘴唇，小心聽着生或死的判决。在那個静默裏面，有些鵪鶉從那葡萄地裏面喧叫，並且人家聽見薩拉里路的磨聲隱隱響動。

那位聖徒説：“維尼胥，你有信仰麼？”

“貴人，如果沒有，我是不是能來到這裏？”

“那麼，你一直信仰到頭，因爲信仰可以把些山移開。並且以至於你看見這個女孩在劊子手的劍下，或是在獅子的嘴裏的時候，還要有信仰，因爲基督能救她。要有信仰並且哀求他，我要同你在一塊兒哀求他！"

以後他的面孔向天仰起，並且用一種很高的聲音：

"慈悲的基督，你看看這個痛苦的心，並且安慰他罷！慈悲的基督，你曾祈禱你的父親把那個苦味的神餐杯從你那裏轉過去，你把那個杯子從你那僕人的嘴唇邊轉過去罷！阿門！"

至於維尼脅，兩手向着那些星宿悲呼：

"基督！我是你的人，把我拿去代她罷！"

在東方，那天色起首變蒼白了。

第十章

維尼脅離了那位聖徒以後，就回到馬買丁監獄。

在那裏更番的禁衛軍已經全認識他，並且平常總讓他進去，沒有一點困難。但是這一次那些行列在他面前絕不躲開，一個百夫長走近：

"你饒恕我罷，尊貴的保民官。今天我們得着命令不放一個人過去。

維尼脅的面色成了蒼白，重複着說："命令？"

那個軍士帶着一種不忍的神氣看着他，並且說：

"是的，是該撒的，貴人。在那監獄裏面有很多的病人，人家或者恐怕那些看訪人把傳染病傳到城裏面去。"

"但是你並沒有說那個命令止關係着今天一天！"

"在正午的時候，人家使我們更番。"

維尼胥不説話，並且把頭揭開。因爲他覺得在他頭上的那個黎基式的帽子好像一個鉛鞘子捆着他。但是那個兵士走近，並且低聲的説：

"不要害怕，貴人。那些看守人同虞瑞斯在她的跟前。"

他説着就側過身子，用他那高盧的長劍很快的在一塊石頭上面畫一個魚形。

維尼胥用一種推究人的眼光看他：

"……並且你是禁衛軍？……"

那個兵指着那個監獄説："一直到我將來在那裏的日子。"

"我，我也崇拜那位基督！"

"希望他的姓名受贊揚！貴人，我知道……我不能放你進去；但是，如果你給我一封信，我可以從那些看守人送到他方。"

"我多謝你，兄弟。"

他回來碰着俾東，俾東對於他那"拿黑夜當白晝"的習慣守的很篤實。他纔回來，但是已經洗了澡並且擦過在睡覺以前要擦的油。

維尼胥問：

"人家没説那些早晨游戲起頭的日子麼？"

"這要再遲十天。但是人家起首在別的監獄裏面出人。一切還没有絕望。同黄銅鬍子，一句合時的話就可以救或毀一個人。無論怎麼樣，我們總要遷延時日。"

他們互相離開；但是維尼胥走到圖書室裏面，給①黎基寫信。

---

①編者注："給"，原誤作"給"。

他自己把他的信帶給那個基督教徒的百夫長。這個人進到監獄裏面去。不久維尼胥又看着他。

他給他說："黎基,給你致敬。至於她的答辭,我今天就給你送去。"

維尼胥不願意回住宅。他坐在一個界石上面,等那封信。太陽已經在天上升的很高了,並且從銀坡一方面,那個佛隆已經滿了。

近於那個保民官所坐的地方,忽然有一種騷動鬧起來。那個街道是亂嚷嚷的;兩個穿黃色被衫的小使喊叫着用他們的蘆條趕開衆人,使他們給一位很華麗的轎子躲開。這個轎子由四個高大的埃及奴隸抬着。

那個轎子裏面,是一個穿白衣服的人。大家分不清楚他的面孔,因爲他的眼看着一卷蘆紙,好像很小心着念些東西。

那些小使喊叫:"給尊貴的隨從騎士讓開地方!"

但是那條街充塞到這步田地:那個轎子不能停一時。那麼那個隨從騎士不耐煩,任他的書卷落下,並且側着頭顧。

"給我把這些無了的人趕過去! 並且快一點。"

他忽然瞧見維尼胥,趕緊把那卷書舉起同他的兩眼一般高。

維尼胥用手摩着他自己的額頭,覺着他還在作夢。

在那個轎子裏面巍然高坐着基隆。

那些小使打開了路,那些埃及人就要走他們的路,當那個時候,那個少年保民官轉瞬之間,才明白了許多的事情。昨天他還覺得那些事情是不可解的。他就走近那座轎子。

他說:"給你致敬,基隆。"

　　那個希臘人帶着尊嚴和驕傲的神氣，——他盡力使他的面孔帶着一種安靜的氣象，在他的靈魂裏面却不安靜。——他分辨說："少年，少年，我給你致敬，但是你不要拉着我，因爲我要趕緊到我的朋友尊貴的第節蘭家裏去。"

　　維尼胥靠着那個轎子的凸緣，向基隆歪着，眼睛直對着他看。用一種打顫的聲音說：

　　"你賣了黎基。"

　　那一位帶着驚駭的神氣爭辯說：……"忙農的大像！"譯者注：據希臘神話，Memnon 是曉光夫人的兒子，被 Schille 所殺，後人在 Thebés 附近給他立一個大像。

　　但是在維尼胥的眼睛裏面絕沒有威嚇，那個老希臘人的恐懼，立時也就消滅了。他想着他在第節蘭和該撒自己的保護之下，——這就是在他們前面無論甚麼人都要戰栗的兩個威力，——由好體格的奴隸圍繞着，並且維尼胥在那裏沒有兵器，面容瘦損，身子因爲憂鬱的灣曲起來。

　　想到這裏，他又沈下他那厚臉。他用他那圍着血色的眼睛釘着維尼胥，並且低聲答應：

　　"但是你，當我要餓死的時候，你教人家鞭我。"

　　他們靜默着一會兒；以後維尼胥用那氣被堵塞的聲音憤怒的說：

　　"我原來是不公平。基隆……"

　　那個希臘人仰起頭顱，打他那些手指作聲，表示輕蔑的意思，很高聲的分辯說，教大家都能聽見：

　　"朋友，如果你問我要些東西，你早晨來到我那愛幾蘭的房子裏面;因爲那個時候,我洗罷澡,招待我的客人。"

他作了一個記號,那些埃及人舉起轎子,至於那些小使旋轉着他們的蘆杖:

"給尊貴的基隆·基羅尼德的轎子讓開地方! 地方! 地方!"

第十一章

那些早晨的游戲應該開幕的那一天,很多的少見多怪的人從黎明就等着開門,聽着那些獅子的吼聲,豹子的涸喘,狗的狂嗥,非常的高興。那些獸從兩天絕没吃東西;人家使在他們那檻子的前面過些帶血的肉,激動他們的憤怒和食欲。那些野獸時時嗥叫,爆烈成一種這樣可怕的騷動:站在馬戲場前面的那些人彼此聽不見説話。

從太陽高起來的時候,就在那馬戲場圍墻裏面,揚起來些和音和安靖的神歌;人家很驚愕的聽着,反覆説道:"基督教徒! 基督教徒!"果然在夜裏他們成大堆的運到戲場的圍坐。早晨劍師的小隊,由他們的老師引着,那些角抵的人起首在那戲場的圍坐匯集起來。他們不願意在正時候以前就困乏,行走着並没帶兵器,常常全體赤裸着,帶着花製的帽子,手内拿着綠枝,年紀很輕,在那個清晨的光明裏面很美麗,生命滿足。他們的身體油擦的放光,可驚駭的,並且很像些花崗石,容易使那些人民——形態的大贊賞家——入了迷幻。那些賤民知道他們的名字,喊叫:"致敬,佛努斯! 致敬,來歐! 致敬,馬西某! 致敬,底買得!"以後他們到那些門後面就看不見了,從那裏不只一個不能再出來。

　　在一切的時候,總有些新奇的景像引起群衆的注意。執鞭人在那些劍師後面前進,他們的職務就是鞭打和激動那些對敵的人。後面過些騾子向着那劍師脫衣處拉些成列的車,車上架着些棺木。那些人民看見這些很高興,因爲從那些棺木的數目可以結論到劇幕的異常。以後來些專管殺死受傷的人,全扮演成沙龍和麥古爾的樣子;歸結就是那些禁衛軍,每一個皇帝在戲場的圍坐裏面常有些軍隊屬他調度。人家把平民的進門開開,那些人民汹涌進去。但是群衆這樣的多:延長幾點鐘,他們"源源不絕"的往裏面流。那些獸類嗅着人氣就狂吼起來。在那門開的時候,吼聲更加增長;那些人民在那馬戲場裏面得了地位,好像那些波浪在激動的海水裏面吼叫。

　　歸結羅馬的知事同他那些更夫到了,以後就是那些元老、參政、法官、管理公衆建築的官吏、宮庭的官吏、禁衛軍的官長、貴族和佳麗的婦人。

　　大家只等該撒來到就開演。至於奈龍,也不願意過於使那些人民耐性等他,並且想着諸事小心,得他們的親善,不久就同着裒白和些隨從騎士出來。俾東和維尼胥在那裏面坐着同一的轎子。

　　那些看守人和戲場圍坐的僕從全得了維尼胥的賞賜。並且説好:那些格鬥猛獸的人把黎基藏到地窖的黑隅,直到夜靜以後,他們就把她交給那個保民官的一個佃户,這個佃户同她立時往阿板山去。人家把機密告訴俾東,他就勸維尼胥同他公然到戲場圍坐去,以後趁着喧囂,就逃出來:可以趕緊進到地窖裏面要避免一個可能的錯誤,他可以自己把黎基指給那些看守人。

　　那些看守人使他從一個事務的小門過去,他們裏面的一個叫作西侶斯，立時引他到那些基督教徒的跟前。

　　他們進在一個廣漠的低廳裏面，很黑暗的，因爲光綫只能從對着細砂場並帶着格子的開口穿過來。起頭，維尼胥甚麽也分辨不出來；他祇聽見在那廳裏面有些低聲的亂嚷，和從戲場圍坐所來的人民喊叫。遲一會兒，他的眼睛，同黑暗習慣了，看見些成群的古怪東西，好像些狼和熊……這就是那些基督教徒，人家把他們縫在野獸的皮裏面。有些站着，有些跪着祈禱。

　　維尼胥在西侶斯一邊走，細看那些面孔，找尋，詢問；他有幾次碰在那些因爲悶氣暈倒的人的身體上面。他想起來無論甚麽時候，人家全可以開那些格子，他就來高聲叫黎基和虞瑞斯，希望就是遇不着他們，有一個認識他們的人來答應他。

　　果然有一個穿熊皮的人拉他的外衣，並且說：

　　“貴人，他們還留在監獄裏面。人家使我最後出來，我看見她在她的臥床上病着。”

　　維尼胥問：“你是誰？”

　　“掘石的工人，在我的陋室裏面那位聖徒給你行了洗禮，貴人。人家把我下在監獄裏面三天了，並且今天我就要死。”

　　維尼胥從那個地窖裏面出去到戲場圍坐，坐到俾東旁邊，在那些侍從裏面。

　　俾東問：“她在那裏麽？”

　　“没有，她還留在監獄裏面。”

　　“你聽着我忽然想起的意思；但是聽的時候，你可以看見尼基牙那邊。比方說，使人家相信我們說她的髮飾……第節蘭和基隆視察我們……你使人夜裏把黎基放在一個棺木裏面，並且好像她是死了,教人把她抬出去罷。並且你有點疑惑。"

維尼胥回答:"是的。"

平常開幕總是搏擊猛獸,各種北方和南方的蠻人在這種游戲是很出色的。但是這一次開幕就是那些瞎打劍師:有些劍師帶着盔胄,眼前也没有開口,他們要瞎打起來。

有十二個瞎打劍師,同時在那細砂場上面出現。起首他們用劍搏擊空中,至於那些執鞭人用些非常大的叉子把這些向那些驅逐。那閑都的眾人很安靖的瞻望這種實在可蔑視的戲幕。有些人已經對敵起來,並且那個爭鬥開始帶血。在那些敵手中間,頂奮激的扔掉他們的盾,並且用他們左手緊鎖起來,用他們的右手死力爭鬥。跌倒的舉起指頭,哀求大家的憐憫;但是在那戲幕的開始,那些人民平常總要那些受傷人死的,頂利害的就是關係着那些瞎打劍師的時候,他們的面孔全遮蔽着,那些觀戲人總覺得這是些不認識的人。

現在爭鬥更劇烈了,不但激起平民的興味,並且激起那些閑都的人的興味,——在那爭鬥的時候,那些少年貴族時常作些異常的賭賽,至於把他們那最末的錢輸掉。

當那些喇叭的銳音揚起來的時候,戲場圍坐裏面有一種沈悶的肅靜。成千的眼睛釘着那個異常大的門:一個衣裝沙龍的人走近,在大眾肅靜的中間,用縋把那門叩三下子,好像徵集在那後面藏着的人到死處去,以後那兩扇門慢慢的開,顯出一個暗黑的口子。從那裏面,那些劍師不久蜂聚到發光的細砂場上面。

那些奮擊人伸起他們的右手,並且抬起頭顱和眼睛向着該撒,用一種悠長的聲音抑揚吟誦:

"Ave,caesar imperator"（敬禮,該撒皇帝）

"Norituri te salutant"（就死的人給你致敬）

轉瞬之間,他們散開,並且分開坐到那細砂場周圍。他們應該全隊互相毆擊。在這種爭鬥的時候,那些人民的靈魂,心神,眼睛,全要與聞;他們噪叫,狂吼,吹哨,拍手,歡笑,激動那些奮擊人,並且歡喜的發瘋。在細砂場的上面,那些劍師分兩班,用一種像野獸的奮激來爭鬥:胸抵着胸,身體盡死命的互相束迫,可懼的肢體,在他們的骨節裏面軋軋的響,劍陷沒到胸膛和肚子裏面,變成淡黃的嘴唇像注射的噴血。有幾個新手,到未了,驚駭的這樣強烈:從亂擾裏面逃出,跑着敗下來;但是那些執鞭人用他們那鉛尾的鞭子,立時把他們趕到那個混亂的中間。那沙現出斑紋。在一切的時候,有些赤裸着並穿着銅甲的身體,來把那些膨脹的好像藥束的行列加厚。

歸結那些敗的差不多全躺下死了;止剩幾個受傷的人,搖蕩着跪在那細砂場中間,並且向着觀戲人伸着手請求赦宥。人家把些獎金、花冠、橄欖的枝,分給戰勝人。以後有一會兒的休息。由萬能的該撒的命令,這個休息換成一種宴會。人家把那些焚香爐點起。那些蒸發器在眾人裏面降下一種薩佛朗和紫金花的細霧。獻上些清凉品、烤肉、甘美的點心、橄欖和果子。那些人民吞食,饒舌,給該撒喝采,想教他更慷慨的施與。

戲幕的第一部完了。大家離了坐位,去到過道裏面,和解他那酸困的腿,並且談話。那些隨從騎士拿基隆來解悶,嘲弄他那希臘的性質和他個人的怯懦,因爲他不能忍受這一類的戲幕。

喇叭的聲音表明休息時間的終了。在那細砂場上出來些僕從,在這裏,或那裏,用他們的鈀子打碎那些還由血粘着的小砂堆。

現在輪到那些基督教徒了。

那個總督作一個記號,還是那一個老人,穿着沙龍的衣裳,在那細砂場上出來,慢慢的穿過去,並且在那肅靜中間,用他的縋子把門叩三下。

在那戲場圍坐裏面,大家高聲喧噪起來:

"基督教徒! 基督教徒! ……"

那些鐵欄子軋軋的響,在那些黑暗的過道裏面,執鞭人用着他們那習見的喊聲吼怒起來:"到沙頂上!"並且轉瞬之間,那細砂場上好像蕃殖了一個林居的獸群。

一切人全用急激的速率快跑,並且到了中心,這些靠着那些跪下,舉起手來。

那些人民決定他們要哀求他們的憐憫,對於這樣的怯懦很憤怒的:大家起首踹脚,吹哨,把些空的盛水器,囓過的骨頭,扔到細砂場裏面,並且憤怒的喊叫:"野獸! 放開野獸! ……"

但是一種没等着的事情忽然經過。從那毛豎的人群中間,顯出些歌唱的聲音;並且響動着神歌,這是羅馬的馬戲場第一次聽着的:

"Christus regnat!… "(希望基督統治! ……)

那些人發了怔。那些罪人唱歌,眼睛抬起向着戲棚。他們的面色是蒼白的,但是像有神附體一樣。大家全明白他們並不求赦宥,並且他們也没看見馬戲場,也没看見那些人民,也没看見元老和該撒。

　　但是人家又開了一個欄子；在那細砂場中間，有些全群的狗，狂跑亂竄：伯婁鮑奈的大黃獵犬，畢來奈的斑紋犬，夷伯尼的長毛犬，像狼一樣。這一切的狗預先餓起來，肋部陷入，眼睛帶着血色。那個戲場圍坐被它們的噑叫和哼鳴全填滿了：那些基督教徒，唱完他們的神歌，還在跪着不動，並且好像化石，合音的悲號："Pro Christus! Pro Christus!"（爲着基督！爲着基督！）

　　那些狗嗅着在野獸皮底下的人氣，對於他們的不動很覺奇怪，不敢立時跳在他們的身上。有些想攀登那些獸圈的圍壁，有些周圍着細砂場小跑胡噑，它們好像要追一種不可見的獵獲品。那些人民生了氣。成千的聲音怒呼起來：有些看戲人，效那些野獸的狂吼；有些人狂吠着好像狗；還有些人用各種的語言來激怒那些野獸。戲場圍坐裏面喊聲雷動。那些狗也憤怒起來，向那些跪着的人跳去，以後又退回來，震轢兩腮，軋軋的響。歸結有一個獵犬把它的長牙扎到跪在人前面的一個女人的胳膊裏面，並且用它的身量把她壓毀。

　　那個時候，成打的狗好像穿過一個缺口，就在那人堆裏面，蹂躪起來，那群衆要小心着瞧，不狂吼了。在那些噑叫和喘涸裏面，還揚起些男人和女人的哀音："Pro Christus! Pro Christus!"血從那些粉碎的身體流出，好像急流一樣。那些狗互奪那些血污的肢體。那些血和破裂臟腑的腥味把那些阿拉伯香料的氣味遮掉，並且把全馬戲場填滿。

　　歸結人家這裏那裏，還看見些跪着的人，不久這些人也沈沒到群噑裏面。

　　在這個時候，人家重新把些成群和裝到獸皮裏面的犧牲趕到細砂場裏面。他們也像那頭幾群，立時跪下。但是那些狗氣力完了，不要來撕他們。只有幾個跳在頂近的<u>基督教徒</u>的身上；別的躺下，仰着嘴，乾那些血。並且開首很粗的喘氣，它們那喘息的肋骨在那裏伸縮。

在那個時候，那些人民精神的隱微地方有點不安，但是他們對於殺戮好像迷醉了，並且被那種狂行所激動，銳音叫號起來：

"獅子！獅子！放開獅子！……"

那些獅子是留着第二天用的。但是，在戲場圍坐裏面，人民能強迫一切的人。就是<u>該撒</u>，也得從他們的意思！

<u>奈龍</u>作過記號，教人家開那個地窖，群眾立時平靖了。人家聽是欄子軋軋的聲音，獅子就在那欄子的後面。那些狗看見它們，在對面堆集起來，用堵氣和尖銳的聲音狂吠；至於獅子在那細砂場上面一個一個的跳出來，黃色，大身軀，並且帶着毛氄氄的大頭顱。<u>該撒</u>自己也轉過他那倦厭的面孔向着它們，並且把那碧玉的眼鏡拿到眼睛跟前，更精細的看它們。那些隨從騎士鼓掌給獅子致敬；衆人也用手指計算它們的數目，用一種貪婪的眼睛，偵察它們能使跪在中心的<u>基督教徒</u>起甚麼樣的感覺：至於那些教徒反覆説他們的：Pro Christus! Pro Christus! 好些人覺得這話没一點意思，全體覺得它很討嫌。

那<u>些</u>獅子雖然餓了，對於犧牲却不慌忙。那些浮在沙上的微紅反光攪亂它們的視覺，並且它們眩暈了，開闔它們的眼皮。有幾個很懶惰的伸開它們那微黃色肢體；别的幾個張開嘴，打呵欠，好像要顯出來它們的長牙一樣。但是那血腥味和堆在那細砂場上的成塊的身體漸漸影響到它們。它們的動作不久就躁烈起來，

鬣毛豎起來，鼻孔帶些聲音鼓起來。一個獅子忽然向着面孔撕破的一個女尸跳去，並且把它的前蹄放到那個身體上面，起首用它那像擦子的舌頭餂那些凝固的血塊。另外一個走近一個基督教徒，這個教徒在他的胳膊裏面，抱着一個縫到鹿皮裏面的小孩。

那個小孩大哭，狂叫，拘攣着堅持他的父親。至於他的父親，就是一會兒，也想保存他的生命，盡力從他的脖子上面來拉開他，把他遞在他後面的那些人。但是那些吼聲和盡力把那個獅子激怒；它發出一種啞而且短的吼聲，一蹄子就把小孩壓毀，並且把它所搗碎的父親的頭顱銜到嘴裏。

那個時候，一切的野獸全跳到那些基督教徒的堆裏面。有幾個婦人不覺發出些駭懼的喊聲，那些人民的喝采聲音把這些喊聲遮住，但是不久也止住了，因爲他們無論是甚麼全要看清楚。他們看見些可駭的事情，——有些頭顱完全沈沒到張開的嘴裏面，有些胸膛一長牙就穿過，有些拉出的心肺；他們並且聽見些骨頭在兩腮裏面花喇花喇的響。有些獅子從肋骨，或是從脊梁銜着他們的犧牲，狂跳着在那細砂場裏亂跑，好像要找一個黑暗地方來吞食他們；另外些個，踉躍着，互相争鬥，互相緊抱，同些奮鬥人一樣，吼聲雷動，填滿了那個戲場的圍坐。那些人從他們的坐位上起來，有幾個離了他們的地位，下到底下的幾層，要看的更清楚些，他們並且在那裏照死處互相擠壓。到歸結的時候，那發狂的群衆好像溶化到細砂場的上面，並且起首同那些獅子一樣的撕拉。

有些時候，人家聽見些非人類的喊聲；有些時候，聽見了喝采；有些時候，聽見吼聲、轟聲、長牙的花喇聲和那些狗的噪聲。並且有些時候，人家只聽見悲號……

　　該撒把他的碧玉眼鏡拿得同眼睛一樣高，很細心的瞧望。俾東的面孔表示出來厭惡和蔑視的神氣。基隆暈倒，已經被人家抬出去。

　　但是那個地窖常常在那個競走場上面，吐出來些新犧牲。

　　聖徒彼得站在那個戲場圍坐的末一層觀察他們。沒一個人瞧他，因爲一切的頭顱全向住那細砂場轉過去。他起來。並且就好像從先他在穀奈侶的葡萄田裏面替那些就要閉到監獄裏面的人，對着死和對着永存祝福，——現在也是那樣，彼得用十字架的記號替那些要死在那些野獸的牙底下的人祝福，——他替他們的血和苦痛祝福，——他替變得不成樣子的死尸和離血、沙遠飛的靈魂祝福。至於那些殉教的人，抬起他們的眼睛向着他；那個時候，他們的面孔發了光輝：他們看見在他們的頭頂上，在那頂上，那個十字架的記號，就微微的笑。

　　但是該撒忽然，因爲奮激，或者因爲要越過直到那個時候在羅馬一切所能見的事情，對着那個知事咕噥幾句話；知事就離了攔板，趕緊到那地窖裏面去。

　　至於那些群衆，當他們看見那些欄子又開的時候，也發怔了。那時候放出些頂不同的野獸：阿佛拉特的虎，努米底的豹子，熊，狼，豪狗和犿狼，那全細砂場上面好像有一種斑點或斑紋的皮像波浪一樣流動起來，——微黃的，暗褐的，或鹿子色的，亂擾擾的，人家只能看出它們那可怕的脊骨和蠢動的漩渦。那個戲幕在表面上全失了它那實在的性質。這太多了！在那些吼聲、噪聲、哼聲的中間，這裏和那裏，從觀戲人的凳子上面，發出了些婦人的尖銳和拘攣的笑聲。她們的氣力到底是竭盡了。有些人害怕了，面孔沈晦起來。很多的聲音喊叫："殼了！殼了！"

　　但是在那細砂場上趕出去那些野獸沒有放它們容易。雖說這樣,該撒要掃清那些獸迹,找出來一個法子,對於人民同時又成了一種新娛樂品。在一切的過道裏面,凳子的中間,現出來些成群的努米底的黑人,手裏拿着弓,耳朵上帶些環垂,頭髮裏面帶些羽毛。那些人民猜着他們要玩的東西,歡悅的喊叫,給他們致敬。那些努米底的人走近周圍,把些箭放到張好的弦上,來穿那些蠢動的野獸。果然這是一種新戲幕。那些像黑檀的身體,輕巧的形態,向後面仰着,不歇氣的張那些弓,並且放些鏢槍,好像下冰雹一樣。那些弓弦的嗡聲,羽箭的震動聲,同那些野獸的嗥聲,觀戲人的賞贊的喊聲結了婚姻。那些狼、豹子、熊和還活着的那些人,全互相倚靠着死亡了。這裏和那裏,一個獅子覺着它的肋上受了鏢槍的傷,用一種猛烈的動作,轉過它那因爲憤怒現出皺紋的嘴,捉着並且壓碎那木頭;還有些疼的悲號。那些小野獸,驚懼張皇,在那細砂場上面瞎跑,或者用頭碰那些欄子。但是那些箭不住的嗡嗡響,不久那活着的全倒在要死的最後震動裏面。

　　那個時候,在那爭鬥場上面,跳出來成百的奴隸,帶着些鋤、鏟子、掃帚、小車子、籃子,來把那些臟腑堆集起來,拿出去,並且帶些盛滿砂的口袋。不久那一切的獸迹由他們那急激的勤力充滿了。轉瞬之間,人家除去了那些死尸,洗去了那些血和糞,掘除,洒掃,並且用一層很厚①的乾砂把那細砂場蓋着。這些作完了,有些愛情突然進來,散布些玫瑰和百合的花瓣。大家重新點起香爐,並且把那幕撒開,因爲太陽是已經很顯著的西下了。

———————

①編者注:"厚",原誤作"層",據初版改。

那些群衆很驚怪的面面相覷，互相問詢這一天還①有些甚麼戲。

還有一齣，没有一個人預備看這一齣：該撒從有些時候，離了攔板，忽然在那花飾的細砂場上出現，穿着大紅衣服，戴着金製的帽子。十個歌師全帶着十弦琴跟隨着他。至於他，他手裏拿着一個銀製的胡琴，用一種威嚴的步伐進到中心，致敬了許多次，抬起眼睛向着天。他就那樣停了一會兒，好像等着神來附體，以後敲着那些弦子，起頭唱：

"你用你那神聖的琴聲，

把那些祈禱、喊叫、嘆聲蓋住了。

無情的斯滿特！ 譯者注：Smintheus 是 Apollon 的綽號。但是今天還有。

那眼睛，好像花上的露珠，含些眼泪，呵苦痛！

當那個時候，順着我那神歌的聲音，忽然跳出來。

從他那些古迹的悲哀的尸布裏面，

那個駭怖的日子，那個大火的日子。……

斯滿特！ ——在這一天斯滿特是在甚麼地方呢？"

奈龍的聲音啞了，並且他的眼濕起來。他的眼睫像管神燈的巫女的，有些眼泪在那上面發光；那些像啞叭的聽衆，忽然爆發出來一種不能完結的擊掌聲音，好像暴風雨一樣。

那個時候，從那些平民的進口，——是因爲換戲場圍坐的空氣開了，進來些腕車②的軋軋的聲音，人家把那些基督教徒，男

---

①編者注："還"，原誤作"檢"，據初版改。
②編者注："車"，原誤作"身"，據初版改。

人,女人,和小孩子的帶血遺骸放在那些車上面,運到些可駭的臭濠裏面去。

第十二章

那幕戲演完了。群衆離了戲場圍坐,從那些平民進口流向那座城裏去。

俾東和維尼胥一路無話。那個轎子在別墅前面停下,他們下來。一個黑暗的人影立時走近他們。

"那位尊貴的維尼胥在那裏麼?"

那個保民官說:"是的。找我作甚麼呢?"

"我是米蓮的兒子納塞爾。我從監獄裏面來給你帶些黎基的新聞。"

維尼胥扶着他的胳膊,起首由那些火把的光明,用兩眼對着看他,說不出一句話來。但是納塞爾猜着含在他嘴唇裏面的問題:

"她活着呢。虞瑞斯打發我到你跟前來,貴人,要告訴你說,她發熱的時候,祈禱上帝,並且反覆說你的名字。"

維尼胥回答:"基督的光榮! 他有權力把她還我。"

他把納塞爾引到圖書室裏面,俾東不久也到那裏會着他們。

維尼胥說:

"你告訴那些看守人說,把她放到一個棺木裏面,就好像她死了。找些人夜裏同你把她抬出去……在那些臭濠附近,將要有些人和一個轎子;你們把棺材交給他們。你從我這裏允許給那些看守人,每一個人在他的外套裏面所能拿的一切銀子。"

当他说话的时候,他那面孔失了他平常所带着的恍惚神气;他的军人性质,又像醒起来,希望把他那从前的勇气还给了他。

纳塞尔大叫着抬起手来:

"希望基督还她的健康,因为她要自由了!"

俾东问道:"你相信那些看守人能允许麽?"

维尼胥说:"是的,——那些看守人已经允许她逃走;人家把她当作一个死尸抬去,他们更容易认可了。"

纳塞尔讲明:"有一个人,用一块热铁,验视我们所抬出的身体真是死尸不是,但是给他几个钱①就赘了,可以使那块铁触不到脸上。有一枚金币,他就可以触接棺木,不触接身体。"

俾东细想着。

归结他说:"应该一切的人全相信她是死了,你在那山裹面甚麽地方没有一个你能相信的佃户麽?"

维尼胥分辩说:"是的,我有一个,在那些山裹面,赘刘拉附近,我有一个靠住的人。当我很小的时候,他把我抱在他的胳膊裹面,并且对我永远是很忠诚的。"

俾东把那些牌子递给他。

"你写字叫他明天来。我要立时打发一个跑信的去。"

又迟些时候,一个骑马的奴隶动身到赘刘拉去……第二天维尼胥的佃户尼格来见他的主人。他很慎重,把在布来达尼人中间所选出来的四个有信用的奴隶,同那些骡子和轿子留到叙比耳一个客舍裹面。

_____

①编者注:"钱",原误作"铁",据初版改。

不久俾東引着納塞爾進來。

他從遠處説："好新聞!"

那些新聞果然很好。起首雖説黎基同每天在地監裏面和在外面死了成百的人有同樣的發熱,格婁穀醫生給她的生命保險。至於那些看守人和那個用熱鐵察看死人的人,已經用錢把他們買下。還有一個人叫阿底斯也來幫助。

納塞爾説："我們在那個棺木裏面鑽了些口子。惟一的危險就是當我們在禁衛軍身邊過的時候,她悲號一聲或説一句話。格婁穀另外要給她一個安眠劑。那個棺木的蓋子將來並不釘上。你們將來很容易把她掀起。並且把那個病人抬到我們的轎子裏面,當那個時候,我們就把他一包沙放到那個棺木裏面。"

那個談話完了。尼格到那個客舍,他帶那些人的跟前去。納塞爾在他的被衫底下帶着一袋金子回到監獄裏面去。

夜深的時候,下了一陣大猛雨,因爲有一天的熱氣把些石頭燒熱,雨就在那石頭頂上化成蒸氣,以後天氣忽晴忽雨。維尼胥和俾東穿上帶雨帽的高盧外套,大雨以後街上全空了,時時有一個電光帶着腥氣的光明,把那些新蓋的房子,或人家正在蓋着的房子的墙照明。順着一個閃電的微光,歸結他們瞧見那個小丘,在小丘頂上就是黎畢丁的小廟,在小丘底下有一群騾子和馬。

維尼胥很微聲的叫："尼格。"

在那雨裏面有一個聲音回答："我在這裏,貴人。"

"一切全預備好了麽?"

"一切全預備好了,親愛的主人。但是你在那個土隄底下避避雨罷,因爲你要全濕透了。甚麽樣的暴雨! 我想要有冰雹。"

果然下了些小冰雹。温度立時降下。

他們等着,耳朵偵察着。

冰雹住了。但是立時有陣花花響的猛雨開始下起來。有時候起些風,從那些臭濠吹過來些爛尸的可駭的氣味。因爲人家把那些剛埋在地平底下。

尼格忽然説:

"穿過霧氣我看見一個微明……又一個……還有一個……這是些火把。"

他向那些人轉過身來:

"照拂着你們的騾子。小心!"

俾東説:"他們來了。"

那些光更清楚了。人家可以分辨出來那些火把的焰子,在風裏面摇蕩。尼格作一個十字的記號,開始祈禱。

當那個悲慘的輜重到了那個廟前的時候,停下。

俾東、維尼胥和那個佃户靠住那個小丘不説話的緊集着,心裏很不安寧。但是那些抬夫只停住一小會兒。用一塊布蓋着臉和嘴,避過在那乾肉附近的非常討嫌的臭氣;不久他們又取住那些舁床,接續走他們的路。只有一個棺木停到那小廟的面前。

維尼胥突然前進,俾東、尼格和兩個布來達尼的奴隸同那個轎子跟着他。

但是納塞爾的聲音很苦痛的,在那夜裏高揚起來:

"貴人,人家把她和虞瑞斯轉到那愛給林監獄裏面……我們抬的是别一個軀體!人家在半夜以前把她引走了!"

第十三章

那一天開幕就應該是那些基督教徒自相爭鬥。因爲這種目的，人家給他們穿上劍師的衣服，並且給他們攻擊和備禦的軍器，同些職業劍師一樣。但是算盤打錯了。那些基督教徒把那些網叉、矛劍扔到沙上，並且互相抱持，互相鼓勵着聽天任命的忍耐。該撒下一個命令，使些真正劍師到他們裏面，轉瞬之間就把那些跪着的人群殺戮了。

那個時候，人家把細砂場刈掃了，並且在那裏掏些洞，那最末的一行離該撒的擱板只有幾步。那些地室忽然開了。從一切的口子，在那細砂場上面，放出來些成群的基督教徒，全體赤裸，並且在他們的肩膀上面，負着些十字架。

那砂上充滿了人。有些老人跪着往前進，大木把他們壓的灣着腰；在他們的一邊，來些正在壯年的人，有些女人頭髮披散着，盡力用她們的頭髮掩蔽她們的赤裸。還有些成年的人和些小孩子。那些犧牲和那些十字架，大半戴着花冠。馬戲場的僕從用鞭子來打那樣不幸的人，强迫他們把他們的十字架照着已經掘成的窟窿放好，並且站到一邊。——遊戲的第一天所還沒有交給那些狗和猛獸的人就要死了。

有些黑奴捉住那些基督教徒，並且把他們伸開放到那些十字架上，以後把他們的手釘到橫木上面，戲場圍坐裏面全反應着鎚子的響聲。

忽然從近那細砂場的凳子裏面有一個聲音揚起來，一個安靜和威嚴的聲音説：

“……憐憫的日子到了,幸福和安樂的日子;我對你們説,基督今天要把你們聚到他的周圍,安慰你們,並且叫你們坐在他右邊。你們總要有信仰,因爲你們看那上天給你們開了。”

聽見這些話,一切的眼光全向那些凳子轉過來;那些已經在十字架上面的人抬起來些蒼白色和受苦的頭顱並且看那個説話的人。

他前進到限住那競鬥場的隔子附近,來用十字架的記號給他們祝福。

這就是聖徒保羅。

那些僕從非常驚怪;人家所還没釘到十字架上的一切人全跪下了。達斯的保羅給那些殉教的人祝福。

一個看守人走近那個聖徒,問道：

“你是誰,你給犯罪的人説話?”

保羅很安静的分辯説：“羅馬的一個市民。”

以後他轉身向着那些犧牲：

“你們要有信用,因爲這日子,就是憐憫的日子,並且和平的死罷,上帝的僕人!”

現在那馬戲場好像一個樹林子,在每棵樹上,懸着一個釘着的人。那些十字架的橫木和殉教人的頭顱由日光明朗照着;那細砂場由濃厚的陰影蓋着;這些陰影好像由一種格木編成的絆網,這裏和那裏表出來些金色的沙所成的斜方形。這一幕的快樂全在看那些犧牲慢慢的斷氣。那個林子到稠密這樣:那些僕從剛能從樹裏面過去。那周圍是特別的由些女人妝飾着。

在那些殉教人的中間還沒有一個人斷氣,但是有幾個開頭被釘上的人失了感覺。沒有一個人悲號,沒有一個人求憐憫。有些人的頭顱歪到肩臂上面,或者低在胸上面,就像瞌睡了;有些人好像深思;歸結還有些人眼向着天,很微弱的動他們的嘴唇。在這可怕的十字架的林子,這些展開的身體,這樣瀕死的靜默前面,那些人民快樂的叫聲忽然靜默了。哥里畢在那些被釘的人裏面,他的十字架立在皇帝的廂房前面。

在這個時候,他睜開眼睛,看見奈龍。他的面孔帶着一種這樣不可犯的神氣,他的眼睛發光可怕的到這步田地:那些隨從騎士來用手指住他互相咕噥着談話,該撒也向他注意,很沈重的把那碧玉的眼鏡拿近他的眼睛。有一種絕對的靜默。一切的眼光全錠在哥里畢身上,他用力想要把他的右手從十字架上拉下來。

以後那個被釘人的胸脯臌起來,兩肋上的突起也顯出來,他叫:

“你的不幸! 弑母的人!”

對着這樣在他的全體人民前面發出來的辱罵,該撒打顫,那碧玉也就隨手掉下。哥里畢的聲音,越來越可怕,在那全戲場圍坐裏面響起來:

“你的不幸,你那母親和兄弟的凶手! 你們不幸,邪教主唱者! 那深淵在你脚底下開了口,那死伸開胳膊求捉你,那墳墓偵伺你! 你的不幸,活着的死尸,因爲你要死到那駭懼裏面,並且永久的受罪……”

他很凶惡的伸開,好像一個活髑髏。他在皇帝的擱板上面,搖動他的白鬍子,把他所帶的玫瑰花瓣攪亂起來。——“你的不幸！凶手！你的鐘點快到了！"

這就是他最後的用力：遲一會兒，他好像要把他那被釘的手解放開，並且向着該撒揮去。但是忽然他的胳膊更伸長了；他的全體陷落起來；他的頭顱又墜到胸脯上面，死了。

在那些十字架上的林子裏面，那些頂衰弱的殉教人一個一個的長眠了。

第十四章

維尼胥知道納塞爾當一個背死尸的人，無論怎麼樣，總能到地監裏面去。他決定去試用這同樣的詐術。他出了一大宗錢，那個臭濠的看守人歸結把他放到他每天夜間所打發到監獄裏面找死尸的僕人裏面。夜間的黑暗，他那奴隸的衣服，他那包頭的浸樹脂的布，那監獄裏面可憐的燈光，——一切情景全使人家不能認識他。

當那個百夫長察罷他們那看濠的籤的時候，愛給林監獄的大鐵門在他們的面前開了，維尼胥看見一個寬的小地窖。從那裏人家可以過到很多的地窖裏面。有些燈心照着盛滿囚人的地室：有些人順着墙躺着，熟睡，他們或者死了；有些人圍着一個盛清水的中心水漕喝水；有些人坐在地上，兩肘倚着膝，兩手抱着頭；這裏同那裏，有些小孩子緊靠着他的母親休息。人家聽見病人的打噎聲，號哭聲，祈禱的微聲，用半音哼的神歌聲，還有那些看守人的冒瀆神明聲。

維尼胥的腿動搖起來。想着黎基在這個地獄裏面，他的頭髮豎起來,喉嚨緊起來。那戲場圍坐,那些猛虎的長牙,那些十字架——一切還比這些可怕和發尸臭的地室強一點……

那個守濠的問:"有多少死人,今天?"

那守監獄的人回答:"總有一打,但是從現在到早晨,要有更多的;已經有幾個在那邊墻跟前涸喘呢。"

那個時候,維尼胥沒法找着黎基並且他想着他不能活着再見她了。

幸而那個守濠的人來幫助他:

他説:"應該把死的立時全運出去,如果你們同那些囚犯不願意全死。"

那個看監人説:"我們十個人管一切的地窖,並且總得教人家睡覺。"

"那麼我要把我的人給你留下四個;使他們去周巡地窖看看有死的沒有。"

"如果你這樣辦,我明天要請你喝一壺。但是每一個人身體總要送驗;有命令教穿他們的脖子;以後扔到濠裏!"

"好! 但是你總要給我出酒錢。……"

那個看濠的指出來四個人,維尼胥就在裏面,來同別人把那些死尸堆到舁床上面。

維尼胥還過氣來。現在儘少他一定能找着黎基。他起首很細密的察看第一個地室,甚麼也没找着。在那第二個、第三個裏面,他那尋找一樣的没用。

維尼胥到第四個小地室裏面,比以前見的小些,舉起他的提燈。

他忽然打了一個寒戰;在一個氣眼的桶子底下,他好像看見

虞瑞斯那偉大的影子。他去時吹滅他的燈心,並且走近:

"這是你麼,虞瑞斯?"

那個大漢抬起頭來:

"你是誰?"

"你不認識我麼?"

"你吹滅了燈,教我怎麼樣認識你呢?"

但是維尼胥瞧見黎基躺在那牆跟前一個外套上面,他一句話不説,跪到她的附近。

虞瑞斯那麼認識他了,説:

"基督應該受頌揚的! 但是你不要驚醒她,貴人。"

維尼胥穿過他的眼泪細看她。

那裏雖黑暗,他却能分辨出來她的面容,好像白玉的蒼白色,和她那瘦削的肩臂。

他看見這些,心中充滿了一種愛情,這種愛情同頂激急的苦痛一樣,並且含滿了憐憫、敬禮和崇拜的情感。他跌下去,臉向着她,臉唇倚到那種少女所休息的外套邊的上面。

黎基忽然睜開眼睛,把她的熱手放在跪着的維尼胥的手上面。

她説:"我看見你了! 呵! 我已經知道你要來。"

"我來了,摰愛。希望基督保護你,並且救你,我很愛的黎基。……"

他不能多説了,他不顧意在她面前,漏出來他的苦痛。

"我病了,馬畢,並且在細砂場上或是在這裏,我總是要死了……在我的祈禱裏面,我曾懇求死以後能見着你;你來了,基督允許我了。"

他好像還不能説一句話，惟有靠近她的胸脯緊抱着她，她還説：

"我已經曉得你要來了。並且今天救世主允許了我們説句憑神降福。已經，馬舉，我已經向着他去，但是我愛你，並且我將來永遠愛你。"

她不説了，要呼吸一點空氣，以後捉着維尼胥的手舉它到她的嘴唇旁邊：

"馬舉……"

"是的，我的摯愛！"

"你不要哭。記着你將要在那上界，到我跟前。我的生命將來不很長，但是上帝要把你的靈魂給我。並且我要能對基督説，雖然我死了，雖然你看見我死了，雖然你停在那憂愁裏面，你没有咒罵他的意志。他將要把我們聚起來；我愛你，並且我要同你在一塊兒。……"

她又出不來氣了，歸結她的聲音剛能明白：

"允許我這些罷，馬舉！"

"對着你那神聖的頭顱，我就允許！"

那個時候在那憂慘的光綫裏面，他看見黎基的面孔發光。她還把維尼胥的手拿到她的嘴唇旁邊一次，並且咕嚷着説：

"你的妻室……我是你的妻室。……"

在那墙後面，那些玩 Scriptae duodecim（十二牌）的禁衛軍，揚起些吵鬧的聲音。

至於他們忘了那個監獄，那些看守人，和地球的全體，並且把他們那天堂的靈魂混在一起，祈禱起來。

第十五章

　　天還没有全黑，那頭些人群已經起首向該撒那些園子會集起來。那些人民穿着過節的衣服，戴着花子，很快活的唱着，去看一個新奇和美麗的戲幕。他們差不多全醉了。"Semaxii！Sarmenti-cii！"的呼聲！譯者注：Semaxius 或作 Semiaxius，意思是說放在一個半輪子上邊軋死。Sarmenticii 是羅馬人給基督教徒起的綽號。在德可達路上，在愛米蓮橋上，在低布河的一岸，在奈龍的馬戲場的周圍，並且一直到那邊頂上，在范地康小山上面，全用着凱旋的聲音暴鳴起來。想使那些基督教徒完了事，並且截住那從監獄漸漸分布到①城裏面的傳染病，該撒同第節蘭使人把那些地室全弄空，止留着幾打人，爲那些遊戲的末場保存着。那些群衆，當他們過了園子的欄子的時候，發起怔成啞子了。在那些重要的路徑，没到荆棘裏面的路徑，傍着草地、樹叢、池子、養魚池和種花的草地的路徑上面，豎立些橛子，塗些樹膠，人家把些基督教徒縛到頂上。

　　從那些小丘的頂上，眼光不被樹帷子當着，人家可以全望見成行列的橛子和人身體，這些人身體由花、長春藤、長青樹的葉子緣飾着。

　　那個時候天色黑暗了，那初出的星宿剛放光明。在每一個完了罪的人的一邊來些帶火把的奴隸。當那喇叭一吹，説要開演了，他們就把火把放到那些架子跟前。

----

①編者注："到"，原誤作"的"，據初版改。

浸松脂的乾草，藏在那些花底下，立時發光明的火焰，越燒越大，來把長春藤的花縅展開，並且餂那些犧牲的腳。那些人民靜默起來；那些園子反響出來由整千叫苦聲音所成的獨一無二和無限的悲號。雖然這樣，有幾個犧牲，抬起眼睛，向着散布列星的上天，歌唱基督的榮光。那些人民總是聽着。但是當從那些小椿子的頂上，有些小孩子聲音慘痛來叫"媽媽！媽媽！"的時候，就是頂堅硬的心腸，也就充滿了驚怖；並且就是喝醉的人看見這樣小頭顱，和這些無罪的面孔疼的皺着，或者被那堵塞呼吸的烟氣蓋着，也就打一個寒戰，那些園子裏面，充滿了烤肉的氣味，但是那些奴隸立時在椿子中間的香爐裏面扔些長青草和蘆薈……

還在開幕的時候，該撒在那些人民中間出來，坐在一輛馬戲場的很華美的四馬二輪車上面，這輛車套着四匹白駿馬。他穿着御人的綠色衣服，這是他的隨從或宮庭的隨從的衣色。別的些車跟着，充滿了華衣的侍臣、元老、教士；有些音樂家穿着田神和半人半羊神的衣裳，玩弄十絃琴、三角琴、小木笛和喇叭。該撒，——第節蘭和基隆在他的旁邊，他覺着基隆的驚駭很好玩的。——他按定步驟引導他的馬，看那些發焰的身體，聽那些人民的喝采。他那奇怪的胳膊，在那衡勒上面伸着，好像作一個給他的人民降福的手式。他的面孔和他那半閉的雙眼微微的笑，他並且戴着金帽子，在那些人的上面發光，好像一個太陽或者一尊神。

他到了那個十字路口的大泉源附近，停住，從他的四馬二輪車上下來，給他那些同班作個記號，並且混到群衆裏面，站着，談論那些犧牲有甚麼可注意的地方，或者嘲笑基隆，因爲他的面孔，顯出一種不可探究的神氣。

　　歸結他們到了一個很高的桅杆前面,這個桅杆有些長青草和長春藤妝飾着。微紅的炭火焰還舐着那個犧牲的膝蓋,但是人家分辨不出他的面孔,因爲那些小青枝然着火,發些烟來罩着他。忽然一陣夜間的清氣,把烟掃净,顯出來一個蒼鬚老人的頭顱。基隆看見他,自己拳曲起來,好像一條受傷的蛇,並且從他嘴裏面發出來一個叫喊,與其説它像人聲,不如説它像老鴉的叫聲。

　　"格婁穀! 格婁穀! ……"

　　格婁穀醫生從那個發焰的椿子頂上①,看他。

　　他側着他那苦痛的面孔,看那個人:他賣了他,把他的妻室和些小孩子搶去,把他引到殺人賊的埋伏裏面,並且在這些罪孽,由基督的名義全被饒恕以後,他還來一次把他交給些劊子手,格婁穀的眼睛釘住那個希臘人的面孔。大家全明白在這兩個中間有些事情,但是那些嘴唇上面帶着笑容,因爲基隆的面孔很難看:人家很可以説那些火舌頭燒着他自己的身體了,他忽然搖動,伸着胳膊,用一種可怖的劇激的聲音喊叫:

　　"格婁穀! 用基督的名義! 你饒恕我罷!"

　　周圍全没有聲響:在那裏的人打了一個寒戰,並且全抬起眼睛向着那個椿子。

　　那個殉教的頭顱微微搖動,大家聽見一個悲嘆的聲音,從那個桅杆的尖上下來:

　　"我饒恕。……"

　　基隆臉對着地倒下,像野獸一般狂噪,並且用兩手來把土堆

①編者注:"上",原誤作"子",據初版改。

到的他頭上面。那些火焰忽然射出，包住格婁穀的胸脯和面孔，把在他那頭上的長青草帽子散開，並且吞食在桅杆尖上的帶子，至於桅杆全體被一種無限的光明燃燒着。

但是基隆又起來了。面孔變化到這步田地：那些隨從騎士覺得在他們面前的是另外一個人。他的眼睛發出一種強烈的光明；他那帶皺紋的額頭發射出來入幻的精神：這種①希臘人剛才還是贏弱和怯懦的，現在就②像一個神附了體的教士，並且他要把些可怕的真話露泄出來。

——他有了甚麼了？　他瘋了……有些聲音咕噥着説。

至於他，他轉過身來，向着那些群衆，抬起右手來説，或者更可以説用一種尖鋭的聲音來道白，不但使那些隨從騎士聽見，並且使大衆全體都可以聽見：

"羅馬的人民！我對着我的死發誓説死了些無罪的人！那個放火的人，就是他！"

他指着奈龍。

有一會兒的静默。那些侍臣變成石頭的人。基隆停着不動，手打着顫③，指頭向該撒伸着。一種喧嚷爆發起來，好像大浪裏面的颶風忽然由一種陸風把它的鎖解開一樣，那些人民向着那個老人擁來，要就近一點看他。有些聲音喊叫："捉着他！"別的喊叫："我們的不幸！"一種像暴風雨的呼嘯和噑叫爆裂了："黃銅鬍子！弒母人！放火人！"那樣的混亂鬧大起來。幾個燒化的桅杆

①編者注："種"，原誤作"是"，據初版改。
②編者注："就"，原誤作"我"，據初版改。
③編者注："顫"，原誤作"顬"。

忽然倒坍下來,成了一種火星的雨。那些人群像一種盲目的激浪,把基隆拖到那個園子的深地方。

燒化的椿子到處開始倒下,橫到路上。那些過路被烟氣,火星,燃着的木頭的氣味,和人油點着的氣味充滿了。光明到處全熄了。那些園子黑暗起來。

基隆迷了,不曉得向那邊轉他的脚步。他碰着些半焦的身體。他掛着些火把,有一群取攻勢的火星來包圍他,並且他有些時候坐下,用痴鈍的眼睛來看他的周圍。歸結他從那黑影裏出來,並且被一種不可抵抗的勢力推着,照着格婁穀歸還靈魂的那個泉源走去。

一隻手觸着他的肩臂。

那個老人轉過身來,看見一個不認識的人在他面前,他就大聲喊叫:

"甚麼? 你是誰?"

"一個聖徒,達斯的保羅。"

"我是該被咒罵的人! ⋯⋯你想怎麼樣我!"

那個聖徒回答:

"我要救你。"

基隆扶着一棵樹。

他低聲的說:"我以後是不能有幸福了!"

保羅問道:"那麼你不知道上帝饒恕了那個懺悔的竊賊麼?"

"你不知道我所作的事情麼,我?"

"我看見你的苦痛,並且我聽見你給真理作證人。"

"呵! 貴人!"

"並且如果基督的僕人在他受酷毒和死的鐘點饒恕了你,基督怎麼樣能不饒恕你呢?"

基隆跪下,把他的面孔藏在他的手裏面,停住不動。保羅抬起面孔向着星宿,並且祈禱。

但是在他的脚前,忽然有一種悲嘆的叫聲高揚起來:

"基督! ……基督! ……你饒恕我罷!"

那個時候保羅走近那個泉源,在他的兩個手心裏面,吸出來些水,向着那個跪下的可憐人走回來:

"基隆! 我用聖父、聖子和聖神的名義給你行洗禮! 阿門!"

基隆抬起頭,伸着手。那明月用它那和柔的光輝照着他的白髮和他那不動的白臉。那些夜間的時候慢慢的過去;鷄聲從多米斜那些園子的大鳥類飼養所裏面,來到他們那裏。他總在跪着,好像墓門的石像一樣。

歸結他問道:

"我死以前應該作甚麽呢,貴人?"

保羅從他的深思裏面醒過來。——他想着這種無從計量的威力,就是像這個希臘人的靈魂,也不能逃出去。——他回答:

"你要有信仰,並且給真理作證人!"

他們一同出來。在那個園子的門前,那個聖徒又給老人祝一次福。他們分手了,因爲基隆自己要那樣,預先曉得該撒同第節蘭要使人捕拿他。

他並沒算錯。回去的時候,他看見他的房子被些禁衛軍圍着。他們捉着他,把他引到巴拉丹去。

該撒已經休息了,但是第節蘭等着他。他用一種沈静而且凶惡的面孔給那個不幸的希臘人致敬。

他給他説："你犯了傷害尊嚴的罪名,你將來不能逃那個責罰。但是明天如果在那戲場圍坐中間,你宣布你是喝醉了胡説,並且那些基督教徒真是那火災的主謀人,你的責罰將來止限於受鞭和遠徙。

基隆慢慢的咕噥着説："我不能,貴人。"

第節蘭慢步走近他,並且用一種堵住氣而且可駭的聲音,問道:

"怎麼樣,你不能,希臘的狗? 那麼你不是喝醉了? 那麼你没曉得等着你的東西麼? 從那裏看。"

他把那個過廳的一個角指給他看,那裏在那黑影裏面,在一個寬木凳子的旁邊,站住四個特拉斯的奴隸,手裏拿着些繩子和鉗子。

基隆回答:

"我不能,貴人!"

那憤恨在第節蘭的靈魂裏面吼怒,但是他還自己管着自己。

"你看見了那些基督教徒怎麼樣死麼? 你要一樣的死麼?"

那個老人抬起他那變成蒼白色的面孔;他的嘴唇無聲音動了一會兒,以後他説:

"並且我,我也信仰基督。……"

第節蘭發了怔看着他:

"狗! 你真成瘋子了!"

他跳到基隆的身上,兩隻手捉着他的鬍子,把他滾到地上,並且踐踏着他,嘴唇上流沫,反覆説着:

“你將來總要取消你的話！你將來總要取消你的話！”

那個希臘人在第節蘭的脚跟底下悲號：“我不能！”

“拿去拷掠，這個人！”

那些特拉斯人捉着那個老人，把他放倒在那個拷問刑具的上面，用些繩子縛着他。用他們的鉗子來打碎他那没肉的脛骨。但是他，當他①們縛他的時候，很卑屈的把兩隻手放下；以後他閉着眼睛，停着不動，好像死了。

他却還活着呢，並且，當第節蘭傾身向着他，再問他一回的時候：“你將要打消你的話麽？”他那淡黄的嘴唇微微的動，並且發出來剛能聽見的一種微聲：

“我……不……能！……”

第節蘭教停住那拷打，並且在那過廳裏走。歸結，一個新鮮的意思來了；向着那些特拉斯人轉過身來説：

“把他的舌頭拔掉！”

第十六章

因爲要演 Aureolus（金錢）那齣戲，那些戲場和戲場的圍坐，裝備起來可以開闔，成了兩個不同的戲場。但是，在該撒那園子裏面的戲幕以後，人家把平常的布置忽略過去，因爲這一次是要允許一切的看戲人可以看見一個奴隸釘在十字架上的死，他在這齣戲裏面是被一個熊吞食了。在戲園子裏面，那個熊的角色由一

①編者注：“他”，原誤作“個”，據初版改。

個縫在皮裏面的戲子扮演;但是這一次那個扮演應該是"活的"。這是第節蘭的一個新鮮的發明。

在黃昏的時候,全馬戲場都填滿充溢了。那些隨從騎士穿着純色衣服前來,第節蘭在他們的前面領着。與其説他們爲戲幕自身,不如説他們因爲在前次碰着的事情以後,要給該撒一個忠誠的表示並且要談論全城所説的基隆,所以前來。

歸結所等的時候到了。馬戲場的奴僕拿來一個木十字架,不很高,要教那個熊在它的後脚上面站起來的時候,可以觳着受罪人的胸脯;以後有兩個人把基隆引到,或者更可以説把他拉到那細砂場的上面,因爲他的小腿被敲碎了,不能走。他被釘在那棵樹上有這樣的快:那些隨從騎士不能隨便看他。人家立起那個十字架以後,一切的眼睛才轉過來全向着他。但是很少的人對於這個赤裸的老人能認出來他是原來的基隆。

第節蘭使人拷掠他以後,他的面孔上骨没有一珠血了。在那純白的鬍子上面,有一道紅色表明出來他的舌頭被拔掉了。穿過去透明的皮,人家幾乎可以分辨出來他的骨頭。他的面容是很苦痛的。但是同一個睡着的人的面容一樣溫和,並且一樣的安静。那和平好像同懺悔一塊兒降到這個就死的靈魂裏面。

没一個人笑,因爲在這老人個身裏有這樣和平的東西,他顯出這樣的衰弱,這樣的没武器,這樣的贏瘦,卑屈的這樣可憐:每一個人自己問自己爲甚麼人家把一個要死的人拷掠並且釘在十字架上。

歸結那個熊很沈重的來到細砂場的上面,把它那很低的頭左右的揺動,它的眼光向下,它好像細想並且找些東西。瞧見那個十字架和那個赤條條的身體，它就走近，立起來，嗅氣。但是一會兒以後，它又墜在它的蹄子上面，蹲到那個十字架底下。並且哼唧起來，好像野獸的心可憐這個人類的殘餘一樣。

那些奴隸來喊叫着激動它；那些人民好像啞叭一樣。

在那個時候，基隆慢慢的抬起頭來，並且用他的眼光在那些觀戲人的頂上巡視。他的眼睛在那戲場圍坐後面階級上很高的地方停住了。那樣他的胸脯喘息的更利害，並且對於那些發怔的群衆他的面孔放出一種微笑，他的額頭發出一種光明的圓輝，他的眼睛抬起來向着天，並且有兩點眼泪從他那沈重的眼皮底下，慢慢的順着他的面孔流下。

他死了。

在那帷幕附近忽然有一個響亮的聲音大叫：

"和平給那些殉教人！"

在那戲場圍坐的上面，有一種逼人的肅靜沈下來。

第十七章

當奈龍的時代，在那些馬戲場和戲場圍坐裏面，夜間的扮演，成了大家很高興的事情。雖説那些人民已經飽看了血污，但是游戲快完，並且最後的基督教徒要在夜幕裏面死的新聞，使在那些臺級上面匯集了無數的人。那些隨從騎士，就是最末一個人也來了，猜着該撒決定了要把維尼肖的苦痛現到這齣戲裏面。第節蘭給那個少年保民官的未婚婦要留那一類的罪受，他簡直不説；但是這種靜默很鼓動公衆的好奇心。

　　<u>該撒</u>比平素來的早。<u>第節蘭</u>和<u>瓦底努</u>以外，他還帶着一個百夫長<u>加宿斯</u>，因爲他有駭人的肩胛和無窮的氣力。禁衛軍也加多了，並不是由一個百夫長，是一個<u>徐布侶·佛拉維</u>統帶着，他那對於<u>該撒</u>個人的盲目忠順是很有名的。大家明白<u>該撒</u>在相當的時候，對於<u>維尼胥</u>失望過甚所能作的一下子，要加點防備，那好奇心更加增長了。

　　一切的眼光向着那個不幸的未婚夫所據的坐位，很貪黷和固執的轉過來。至於他，他很蒼白，額上流出些汗珠。還有一點希望在他那心坎裏面跳：<u>黎基</u>或者不在這些被定罪的人裏面，他一切的恐懼或者全是假的⋯⋯

　　他沈溺在這個希望裏面，破除了疑惑，把他的全副精神注在這一獨句話上面：我有信仰。他並且等着一個靈迹。

　　歸結<u>羅馬</u>城知事在那沙上面扔一個紅手巾。對着皇帝攔板前面的門，在他的門臼上面軋軋的響着。那個<u>黎基</u>人<u>虞瑞斯</u>從暗黑的窟窿裏面跳出來，到發光的沙上面。那個大漢眩暈了，開闔着他的眼皮。他進到中間，眼光四面巡視，要看人家怎麼樣來對待他。那些隨從騎士和大半的觀戲人知道這個人曾經把<u>克夔東</u>打絕了氣，一種微聲一級一級的高起來。比平常人高得多的劍師在<u>羅馬</u>也不算希罕，但是那些<u>基里特</u>人的眼睛從來還沒看見這樣偉大的人。

　　至於他，他在那競鬥場中間停住不動，赤條條的好像個花崗石的柱子。在他那野蠻的面孔上面，帶着一種等待和憂悶的神氣。他看見那細砂場空着，很詫異的，用他那藍色和像小孩子的眼睛，看那些觀戲人，看<u>該撒</u>，嗣後看見了地窖的檻子，他等着些劊子手從那裏出來。

在他進這細砂場的時候，他的心還跳躍一次，希望着或者能死到一個十字架的上面。但是也沒看見十字架，也沒看見十字架的坑，他想着他不配得那樣的恩惠，要從別的一個法子歸結，大約要在那些野獸的長牙底下了。他沒有兵器，決定了忠於那位羔羊，忍耐着死。因爲他要向着救世主再揚起來他的祈禱，他就跪下，合起雙手，並且那個時候從那帷幕的開處可以看見天頂上閃爍的星光，他就對着那星光，抬起眼睛來。

這種態度使大家不喜歡。大家討厭看見些羊死。如果那個大漢不肯自己保衞自己，那一幕戲就不如願了。這裏到那裏有些吹哨的聲音，還有些聲音給它們合起叫那些執鞭人。但是慢慢的又肅靜起來，因爲沒一個人曉得怎麼樣對付這個大漢，也不曉得在定局的時候，他是不是要拒絕爭鬥。

等待的時候並不很長。那些銅器像破裂的銳音忽然爆裂了，那對着皇帝的攔板的檻子開了，並且在那個競鬥場裏面，在那些格鬥猛獸人的喊聲中間，跳躍出來一個奇怪的日耳曼的山牛，在它的頭上有個赤條條的女子。

維尼胥大叫："黎基！黎基！"

他用兩手捉着他那兩鬢的頭髮，拳縮起來，好像一個人覺着一枝矛尖刺在他的臟腑裏面。並且用一種啞喉和非人類的聲音急喘：

"我有信仰！我有信仰！……基督，一個靈迹罷！"

同時俾東用他自己的外衣蓋着他，他却不覺得。他相信是死或者是苦痛把他的眼光變黑暗了……他覺着一種可怖的虛空。

在他心裏面,甚麼意思也没有了,只有他的嘴唇好像發狂,反復的説:

"我有信仰！我有信仰！我有信仰!"

那戲場圍坐忽然變成啞子。那些隨從騎士好像一個單獨的人從他們的坐位上面站起來。在那細砂場上面,有一件從來没聽見過的事情。那個黎基人看見他的王后縛在那個野蠻的牡牛的角上,他剛纔還很卑屈的預備着死,現在好像有一把烈火把他鬧暈了,他就跳起來,脊骨灣着,突然向着那個發狂的野獸斜着跑去。從一切人的胸脯裏面,噴出來一個短促和惶惑的呼聲,接着就是一種静肅。

那個黎基人一跳就抵着那個獸,捉着它的兩角。

俾東喊叫:"你看!"並且把外衣從維尼胥的頭上拉下來。

他起來,把他那像白堊質的面孔仰到後面,用那像玻璃和迷惑的眼睛來看細砂場。

那些胸脯没有一個呼吸了,在那劇場圍坐裏面,人家可以聽見蠅子的飛聲。

自從羅馬城成了羅馬城以來,從來没有看見這樣的事情。

那個人捉着那獸的角。他的脚陷在沙裏,直到脛骨的上面;他的脊骨曲折着好像一個上絃的弓;他的頭在他的肩臂中間看不見了;他的胳膊上的筋肉凸起來,就像内皮在那疙瘩的下面要軋軋的響。但是他簡直止住那個牡牛了。並且那個人和那個獸釘着絶對的不動到這步田地:那些觀劇人覺得在他們的面前有一個德塞或赫舉勒奇功的繪圖。但是從這樣表面的不動消費了兩個可驚的撑拒的張力。那山牛的四條腿陷到沙裏面,它那暗黑和被毛的身體，一大堆緊攣起來，好像一個很大的球。那一個先疲乏，那一個就先倒下去，——那些沈溺爭鬥的觀戲人，在這個時候，覺得這些比他們自己的運命，比全羅馬的機遇，比羅馬對世界的統治，更爲緊要。這個黎基人現在成了一個"半神"。該撒自己也站起來。他同第節蘭，知道這個人的氣力，故意做成這一幕，並且嘲弄着說："那麼使他這個克婁東的戰勝人，推倒我們將來給他所選的牡牛。"

在那戲場圍坐裏面，有些人抬起胳膊，放不下來。有些人額上流汗，好像他們自己同那獸爭鬥一樣。在那半圓劇場圍坐裏面，所聽着的只有那些燈的銳音和從火把滴出來那些油點的微聲。話到嘴唇旁邊就沒有了；那些人的心跳動的要把胸脯破裂。一切的觀戲人覺得那個爭鬥延長了好幾世紀。

那個人和獸很酷烈的用力釘着，好像鎖在地面上一樣。

忽然有一個微弱和悲慘的牛鳴從那細砂場上發出來。

一切人的喉嚨全喊叫了一聲，又成了一種絕對的肅靜。大家覺着在那裏作夢：在那個野蠻人的鐵臂下面，那個奇怪的頭漸漸回轉了。

那個黎基人的面孔，後頂，胳膊變成紅顏色；他那弓形的脊骨更灣曲了。大家看見他攢聚他所剩下的超越人類的氣力，這種氣力不久也要乾涸了。

那個山牛的叫聲越來越狹小，越來越啞喉，越來越苦痛，同那個野蠻人銳利的出氣聲音混到一塊。那獸的頭越來越轉了，忽然一個很大和垂涎的舌頭從它的嘴裏面掉出來。

還有一會兒，離競鬥場近的觀戲人們的耳朵聽着折骨花喇花喇的微聲；以後那個獸好像一堆倒下，肩節扭折，死了。

轉瞬之間，那個偉大的人解開它的角，把那個處女抱到他的胳膊裏面；以後他起首緊急的呼吸。他的面孔是蒼白色，他的頭髮由汗黏着了，他的肩臂和胳膊全成汗流。有一會兒，他停住不動，好像痴呆了；以後他抬起眼睛，看那些觀戲的人。

戲場圍坐裏面全瘋了。

那個廣大建築物的墻，在那成萬的胸脯發出的喊聲底下，全震動了。那在上層的觀戲人離了他們的坐位，向着細砂場下來並，且在那些路上，在那些凳子中間擁集着，要更清楚一點看這位赫畢勒。

有些聲音從各方面高揚起來，懇求赦宥他。這些狂熱和堅決的聲音，不久就聯合起來成了一種大的喊聲。

那個大漢成了這些專愛物質氣力的群眾所親愛的人，他變成了羅馬城裏第一個人。

虞瑞斯明白那些人民給他請求生命和自由。但是他所耽心的，並不是這個。他向他的周圍四下望了一會兒，以後就走近皇帝的攔板，把那個少女的身體，在他伸着的胳膊上面搖擺，並且抬起那哀求的眼睛，像要說："我所求赦宥的是她！你們應該救的是她！我作這些是爲她的！"

這個斷氣的少女，在那個黎基人的偉大身軀跟前，好像一個很小的女孩子，那些群眾、隨從騎士和元老，看見這些，心中異常的感動。有些覺得這是一個父親求赦他的女孩子，那憐憫的心就像火焰一般爆發了。大家看彀了血，看彀了死人，看彀了苦痛……有些尖銳的號哭聲音要求赦他們兩個。維尼胥忽然從他的坐位上面跳起來,越過周圍的隔子,向着黎基跑去,用他的外衣把他那未婚婦的赤體蓋起來。

以後他把他的被衫從胸脯前面撕開,把他在阿美尼所受的傷痕露出來,並且向那些人民伸着胳膊。

在那個時候,那種癲狂逾越了從來在戲場圍坐裏面所能有的範圍。那些賤民來踱脚,嗥叫。求赦的聲音變成威嚇的了。成千的觀戲人攢着拳頭向着該撒。在一切人的眼睛裏面,全現出來些憤怒的電光。

奈龍在那裏遷延時候。

他對於維尼胥没一點怨恨,黎基的死對於他也没有出格的重要。但是他那自愛的心不許他服從群衆的意志;同時因爲生性怯懦,他又不能簡斷的拒絕他們。

他來用眼在那些隨從騎士裏面找尋,希望儘少可以瞧見一個拇指向地,作死罪的記號。但是俾東伸出來他那仰起來的手心,帶着挑釁的神氣,對着眼睛直看他。元老塞維努也是那樣,迺瓦也是那樣,突侶·塞奈松也是那樣,那年高和有名的長官歐都侶·加布拉也是那樣,歐底都也是那樣,畢松和衛都和克里畢努和米努都·德畝和綳都·德來西努也是那樣——並且頂嚴重和那些人民所崇拜的德拉薩也是那樣。該撒看見這些,那塊碧玉離開他的眼睛,帶着蔑視和憤恨的神氣,但是第節蘭無論用甚麼代價總要戰勝俾東,歪過去並且説:

"你不要讓步,神聖;我們有那些禁衛軍呢。"

奈龍轉過去,那邊在他那護衛的前面站着那位嚴酷的徐布侶·佛拉維,——他一直到現在,身體和靈魂全盡忠於他。——

他看見一種想不到的事情。那位老保民官的眼泪洗了他那嚴厲的面孔,抬着手作赦宥的記號。

那個時候,大家充滿了憤怒。因爲他們不住的踱脚,一個塵土的渦旋蓋着了那戲場的圍坐。在那些呼聲裏面,可以聽出來些怒罵:"黄銅鬍子! 弑母人! 放火人!"奈龍害起怕來。他好像唱戲的人和歌師,需要人民的抬舉;其次他對於元老院和貴族的競鬥,需要人民幫助他;歸結從羅馬大火以後,他盡力用一切的法子來籠絡那些平民,指揮他們的憤怒使他們去反對那些基督教徒。他現在明白如果撑持的再久了,就要發生危險:在那馬戲場裏面生出來的叛亂可以充滿了全城,要有不能計算的結果。

那麽他的眼光向着徐布侣·佛拉維,向着百夫長塞維努,——他是那位元老的親串,——向着那些兵,到處止看見皺着的眉頭,激動的面容,和向着他發射的眼光。他作了赦宥的記號。

一種雷動的掌聲從那半圓戲場的上面到下面爆發了。那些人民對於被定罪人的生命放心了;從這個時候起,他們屬於那些人民的保護,並且没有一個人,就是該撒也不敢因爲憤恨去追求他們了。

第十八章

四個畢底尼人很小心的抬着黎基向俾東家裏走去,維尼脅同虞瑞斯在那轎子的一邊,静默着走,因爲在白天那種大感動以後,他們没有氣力説話。維尼脅還是半痴呆的。他自己反復想着,黎基是安全了。無論那監獄,無論在細砂場上的死都再不能恐嚇她了,他們的不幸到了頭,他把她引到他家裏永遠不離開她。他覺得這不很像一個實在情形,却像是一種新鮮生命的曉光。他時時歪到那個開着的轎子上面。要趁着月光,看這個彷彿假眠和親愛的面孔,並且他反復的想:

"這是她!　基督救了她!"

他們在那些新建築的房子中間前進,步趨很快。那些房子的白色在月光底下放出光輝。那坐城是很荒凉。這裏,那裏,只有些成群的人戴着長春藤,唱着,並且在那些回廊前面趁着笛音跳舞,歡娛那個延長到游戲終結的歇工時期,和這個光輝的月夜。

那個時候他們到了家裏:那些僕從,預先由一個奴隸告訴,成群出來迎接他們。在昂霄的時候,達斯的保羅已經使他們大半的人改了教。維尼胥的不幸,他們完全知道。看見那些犧牲能從奈龍的殘暴行爲裏面拉出來,他們的歡喜是無限的。以後德歐克萊醫生宣布黎基絕沒有利害的傷;監獄的熱病把她鬧虛弱了,但是不久氣力就復元了,當那個時候,他們更加歡喜了。

就是那一夜間,她復了知覺,在一間華麗的卧室裏面醒了。這間卧室由縠蘭特的燈照着,由馬鞭草薰香,她不能明白她在甚麼地方,也不曉得她遇見些甚麼事情。她記得那些劊子手把她縛到一個縛着的野獸角上。她看見維尼胥的面孔在她上面歪着,在那溫和的光綫裏面,她想着她不在這個世界了。因爲她不覺得有一點痛苦,她向着維尼胥微笑,並且要問一問,但是她的嘴唇只能發出來一個剛能懂得的微聲,維尼胥在那句話裏面只聽出來他的名字。

他跪到她的附近,把他的手輕輕的放到這個篤愛的額頭上面。

"基督救了你並且把你還給我!"

黎基的嘴唇又動,發出一種無從分辨的微聲;她的眼皮又合住了,並且她很沈酣的睡着了。德歐克萊就等這個,以爲這是很好的徵兆。維尼胥總在床前跪着祈禱。他的靈魂化成一種無限的愛情。他失掉了意識。德歐克萊好幾次進到那卧室裏面。哀尼斯幾次,掀起門簾,現出來她那金色的頭。歸結他們在那些園子裏面所養的鶴開始清唳,報告天明了。至於維尼胥,他還跪在基督的跟前,甚麽全沒有看着,也全沒有聽着,——他的心變成一個單獨的火焰供獻給他。

第十九章

幾天以後,俾東從巴拉丹帶來些驚報。人家發現出來該撒的一個已解放的奴隸是基督教徒,並且人家在他家裏找着聖徒達斯的保羅、彼得的信和雅各、茹德、若望的信。第節蘭擬想那位聖徒也同那許多千别的基督教徒一樣的死了。現在大家纔曉得那新宗教的兩個首領還在活着,並且就在羅馬! 因爲這個,他們決定無論用甚麽代價總要捉着他們,那樣他們①就可以把那可咒罵的教儀最後的踪迹全消滅掉,因爲這樣目的,他們就調遣些全支隊搜索唐德衞一切的房子。

維尼胥決定立時去預先告訴那位聖徒。就是那一晚晌他同

---

①編者注:"們",原誤作"個",據初版改。

虞瑞斯去到米蓮家裏,見着彼得由一小群的信徒周圍着。保羅的伴侶底某德和黎努斯也在那位聖徒一邊。

維尼胥對他説:"貴人,黎明的時候,你教人引着你到亞板小山罷。我們要在那裏遇着你,把你引到昂霄去,在那裏有停着的船,我們就上船到那布去,以後再往西昔里島。

別的人催着那位聖徒答應。

那位貴人的漁夫,在他孤獨的時候,已經常常向天伸着胳膊説:"貴人!我應該怎麼樣作呢?"

從三十四年以來,從那位主人死了以後,他簡直不曉得休息。

他手裏面拿着巡禮人的長杖,遍走世界,宣傳"福音"。他的氣力,因爲那些旅行和辛苦也消耗了;並且歸結當他在這個世界首都的城,建築起來那位主人的工程的時候,那個怒神一陣炎熱的喘氣把這個工程燒了。現在應該重新奮鬥起來。並且這是甚麼樣的奮鬥!一方面,奈龍,元老院,人民,用鐵環束縛全世界的軍隊,無從計數的城邑,無從計數的境域,——人類的眼睛從來没看見過的一種威力;至於那一方面,他呢,他的腰因爲年紀和勤力,已經灣到那步田地,他那動搖的手不過剛能拿起旅行人的手杖。

他有時候想着,能同羅馬的該撒比試的並不是他,這樣的工程只有基督一個人能成就它。……

他們周圍着他,越來越近,用一種哀求的聲音反覆的説:

"你藏起來罷,拉畢,譯者注:Rabbi 是猶太人稱他們教士的名字。並且從那個野獸的威力裏面救我們罷!"

歸結黎努斯在他前面低着他那受苦的頭顱。

他説：“貴人！那位救世主對你説：‘牧我那些羔羊。’但是現在羔羊没有了或者明天就要全被殲滅。你回到你能找着它們的地方去罷。那神話在愛凡斯，在耶路撒冷，在安都和在别的些城市還活着的。爲甚麽留在羅馬呢？如果你死了，你使那個野獸的勝利更强固了。對於若望，那位貴人並没有指明他那生命的終期。保羅是羅馬的公民，他們不能不審判就殺他。但是如果地獄的威力墮到你的身上，那些心已經活動的人就要説：‘那麽誰還能在奈龍的上面呢？’你就是那塊石頭，上帝的教堂要在那上面建造。你放我們死罷。但是不要允許那邪教的主倡人戰勝了上帝的代理人，並且在上帝殲滅了那個使無罪人流血的人以前不要回來。”

別的人重複着説：“你看我們的眼泪罷。”

眼泪也洗了彼得的面孔。他起來，把手在那些跪着的信徒上面伸起來，並且説：

“希望貴人的名字受人榮譽，並且照着他的意志去作。”

第二十章

第二天的黎明時候，有兩個暗影子在阿卞路上，向着剛巴尼的平原前進。

一個是納塞爾，那一個是彼得。那位聖徒放棄了羅馬，放棄了他那些殉教的孩子。

在東方，那天帶着一種不可觸接的微綠色，漸漸在地平綫上面很矮的地方，帶起黄邊，越來越明顯。

路上很荒凉。向城裏送菜的鄉下人還没有套他們的車。兩個巡禮人旅行鞋的木底在那鋪石上面很微弱的響。——那條路一直鋪到山裏面。

太陽從一個山峰底下浮出來，並且有一個奇怪的情景來刺激那位聖徒的眼睛。他覺得那個微黃的球，不升到天上，反倒在山頂上滾，並且順着那條路的側面。

彼得停着説：

"你看見向我們前進的那個光明麼？"

納塞爾回答："我甚麼全没看見。"

但是彼得用手蔽着他那眼睛的上部去看，一會兒以後：

"有一個人在太陽光綫裏面向着我們來。"

雖説這樣，耳朵却聽不見步履的聲音。周圍是絶對的寂静。納塞爾止看見那些樹在遠處打顫，好像被一個看不見的手搖動似的，並且在那個平原上面，那個光明愈來愈散布的寬闊。

他很驚異轉身向着那位聖徒。

他用一種憂悶的聲音大叫："拉畢！那麼你怎麼了？"

那個長杖從彼得手裏面滑掉在路上面！他的眼睛直看着他的前面；他的嘴半開，並且他的面孔反射出來些恍惚、愉悦、迷幻……

他趕緊跪下，伸着手。並且從他嘴裏發出來：

"基督！基督！……"

他伏在地上，頭對着他，好像他給不可見的脚接吻。寂静的時候很長。嗣後那個老人的聲音高起來，並且大哭着：

"Quo Vadis, domine?…"（你往何處去，主人？……）

至於答辭，納塞爾却没聽着。但是一種憂悶和温和的聲音到

了那位聖徒的耳朵裏面,他説:

"因爲你放棄了我的人民,我上羅馬去……教他們再釘我到十字架上一次。"

那位聖徒停着,偃卧在路上面,面孔在塵土裏面,没一個動作,没一句話。納塞爾已經覺着他失了知覺或者斷了氣。但是歸結他起來了,又把巡禮人的手杖拿到他那打顫的手裏面,並且不説話,轉回身來向着那七個小山走去。

那個少年在那個時候,好像一個反音重説:

"Quo Vadis, domine?…"

那位聖徒很温和的説:"往羅馬去?"

他向着羅馬回去。

保羅、若望、黎努斯和一切的教徒接着他,都帶着驚駭和憂盧的神氣。在他啟行以後,那些禁衛軍曾來圍着米蓮的房子找他。但是對於信徒一切的訊問,彼得很和平、很愉快的回答:

"那位貴人,我看見他了。"

就在那一晚响,他再到歐里牙諾墳墓裏面去,宣示上帝的言語,並且給那些想在生命的水裏面洗濯的人行洗禮。從那個時候起,他每天到那裏去,群衆來跟隨他,越來越多。好像殉教人的每一珠眼泪,總要浸灌出來些新信徒。並且在那細砂場上每一個悲號,總要在成千的胸脯裏面反響。該撒在血裏面游泳;羅馬和多神徒的全世界瘋了。但是那些厭煩罪惡和瘋狂的人,人家所踐踏在脚底下的人,生命不幸要被屠殺的人,——一切被壓制的人,一切難受的人……一切失遺產的人……全來聽這個可驚的故事;這位上帝,因爲愛人,任人家把他釘在十字架上,來贖他們的罪孽。

他們找出來他們所能愛的一位<u>上帝</u>,就找出那個世界一直到那個時候還没有能給他們的東西——從愛情出來的幸福。

第二十一章

<u>維尼脅</u>寫信給<u>俾東</u>:

"就是在這裏,我們所最親愛的,我們也還時時聽着<u>羅馬</u>所經過的事情,並且要曉得的更詳細,我們有你的那些信。……你問我,我們是不是在安全的地方,我簡單答你:人家已經忘了我們。希望這所説的就穀明白了。

"從我給你寫信所坐的圓柱中間,我看我們那和平的海灣,並且<u>虞瑞斯</u>在一個船上,正在那發光的波瀾上面扔他的魚梁。在我的旁邊,我的妻室纏一個紅羊毛的球,並且在那些園子裏面,杏樹影子底下,我聽見我那些奴隸的歌聲。這就是和平,我們的親愛,也就是從前恐懼和困苦的遺忘。

"我們曉得憂悶和眼泪,因爲我們的真理命令我們哭別人的不幸。但是就在這些眼泪裏面,也藏着一種你們別的人所不能知道的安慰。一天當<u>上帝</u>給我們的光陰全過了以後,我們將要再見着一切死過的親愛的人,和那些因爲神聖的教義還①應該死的人。

"我們在心中的平安裏邊,就是這樣,過我們的日月。我們

---

① 編者注:"還",原誤作"過",據初版改。

的僕人和我們的奴隸信仰基督,並且因爲他命令我們,我們彼此全互相親愛。常常當太陽西沈的時候,或者當那波瀾起首被月明照成銀色的時候,黎基和我,我們談起過去的時候,現在好像一個夢境。當我想起這個親愛的頭顱,當時離那受罪和殲滅,怎樣的迫近,我用我的靈魂的全體來崇奉我們的貴人。只有他一個能從那細砂場上把她救出來,並且把她永遠還給我。

"你到我們家裏來罷,在我們那地母花香的山裏面,在我們那成蔭的橄欖林子裏面,在我們那被長春藤蓋着的海岸上面。兩個真正愛你的心在這裏等着你。你很尊貴並且慈善,你應該有幸福的。你的才智將要能辨別那真理,你歸結要愛它,因爲人可以當它的仇敵,好像該撒和第節蘭一樣,但是人想對它漫無輕重,是不能彀的。黎基同我,我所親愛的俾東,我們很高興的希望不久就見着你。祝你康健,有幸福,並且趕快到這裏!"

俾東在孤畝隨從該撒的時候,接着這封信。該撒墮落着唱喜戲,當滑稽人、車夫,一天比一天甚;他沈溺的一天甚一天,他的淫洗、污穢、粗野,簡直成一種病態了。那位閑都的盟主,在他看着,不過是一種討嫌的擔子。當俾東不說話的時候,奈龍看出他的靜默是一種誹謗;當他稱贊的時候,奈龍覺着在他那些頌揚裏面,能找出來些嘲弄。那個高雅的貴族激怒他那自高的情感,並且引起他的嫉妒。

俾東的產業和華美的美術品,成了那個主人和那個大權獨攬的大臣的熱望品。

他被請同着別的隨從騎士一塊兒到孤畝去。雖然他疑惑這裏面有一種詭計,他却是起身了。他或者要躲避一種顯著的抗命,也或者想對於<u>該撒</u>和對於那些隨從騎士,再把他那和悅、絕對掛慮的面孔現出一次,並且對於<u>第節蘭</u>得最末次的勝利。

他剛離開<u>羅馬</u>,<u>第節蘭</u>告發他是<u>塞維努</u>元老的同謀。塞氏是一個沒成功的謀反的主謀人。——他那留在<u>羅馬</u>的人衆下了監獄;他的房子被圍起來。

<u>俾東</u>絕不驚慌,没現出一點憂慮。他在他那<u>孤畝</u>的華麗的別墅裏面接待那些隨從騎士,他帶着微笑給他們説:

"<u>黃銅鬍子</u>不喜歡直接的問題,我將來要問他把我的家人放到獄裏的是不是他,當那個時候,你們要看見他的面孔。"

並且他對他們説在他旅行以前,他要獻給他們一個大宴會。就在預備這個宴會的時候,他接到<u>維尼胥</u>的信。

這封信教他夢想一會兒。但是不久他的面容又静穆了。並且就是這一晚晌,他回答他:

"我對於你們的幸福很喜悅,最親愛的人,並且我贊賞你們那慷慨的心腸:我没想到兩個相愛的人居然能想起什麼人來,何況是一個遠朋友。你們不但没忘了我,——你們並且想把我拉到<u>西昔里</u>去,好把你們那每天的麵包和你們的<u>基督</u>——<u>他</u>,照你所説的,這樣慷慨的把幸福充滿你們,——獻給我一部分。

"如果是這樣,你們就崇拜<u>他</u>罷。但是我並不背你,照我説,救<u>黎基</u>這件事情,<u>虞瑞斯</u>唱一個像樣的角色,並且那些<u>羅馬</u>人民也不是無關係的。但是你既以爲這是<u>基督</u>的功能,我絕不同你爭辯。你們絕不要儉少那些供奉。<u>樸婁默德</u>,譯者注:希臘的神話説 Promethée 是一位火神,他從天上偷火來給人類。<u>茹比德</u>大怒,使人把他釘在 Hephaistos 峰上,一個秃鷲啄他的肝。他也因爲人類把自己<u>犧</u>牲了。

"但是樸婁默德，好像不過是詩人的一種擬想，至於基督，有些可信的人對我確定說他們曾親眼看見過他。我同你們一樣，覺着在一切神裏面，還是他頂信實。

"真理在這樣不可企及的地方游玩：就是那些神在歐林坡山頂上也還不能看見它。至於你們的歐林坡好像更高；你站在山顛上叫我'你上來罷，並且你將要看見你從來沒想到的情景！'也許不錯！但是我回答說：'朋友，我沒有腿了！'並且當你把這封信念到頭的時候，我想你要說我的話有理。

"那麼！不，晨光公主譯者注：這是指黎基說的。極有幸福的丈夫，你們的教義簡直不是爲我作的。如果那樣，我應該愛我那些畢底尼的轎夫，我那些埃及的浴場主人，——我也應愛黃銅鬍子和第節蘭麼？對着白膝蓋的歌拉斯，譯者注：Grace是嬌愛的女神，共有三個。我發誓說，就是我想那樣，也不能彀。在羅馬城裏面，儘少有十萬人，肩胛骨斜着，膝蓋臟着，腿肚乾着，眼是很圓的，或者頭是太大的。你命令我一樣愛他們麼？那麼我在甚麼地方找出來這個愛情，因爲它並不在我的心裏面？並且如果你們的上帝主張教我愛這一切的人，因爲他有萬能，他爲甚麼不給他們比較好看一點的外面呢，比方說，照着你在巴拉丹曾見過的紐比德的形象創造他們？

"你們那樣的幸福絕不是給我作的。並且我把決斷的理由給你在末了留着：達納都招呼我了！譯者注：Θάνατος是個希臘字，意思就是死。至於你們，生命的晨光剛才起頭。

"太陽對於我已經落了，並且黃昏已經圍繞着我了。換句話說，最親愛的人，我應該死了。

"絕沒有愁苦壓迫。就應該這樣的完結。你認識黃銅鬍子，你要很容易明白,第節蘭戰勝我了……或者更可以説他並没有勝我,這不過是我的勝利到頭了。我當時願意,我就活着。我將來高興,我就死。

"你們不要把這些太記心裏了。没一個神預許我不死,並且這並不是一件没等着的事情。你,維尼胥,你錯了,當你確定説只有你們的上帝能使人安靖的死。不是!我們那世界的人在你們以前,就曉得乾了最末的一杯,這是消滅和進到黑影裏面的時候了。並且我們那世界的人還曉得帶着静穆的面孔去作。柏拉圖確定説德行是一種音樂,哲人的生命是一種和音。並且我就要這種生活,並且我死,是有德行的。

"並且歸結,我的朋友們,——如果我們的靈魂,同畢龍所訓導的相反,死以後還有些東西存在,——我的靈魂,在它那向大洋水濱的路上,將要來到離你們房子不遠的地方,帶着一個蝴蝶的形色,或者也許,如果應該信那些埃及人的話,帶着一個鷹的形色。

"至於別的法子來,——不可能的。……

"雖説這樣,希望西昔里島對於你們變成赫伯利德的園子;譯者注:Hesperides 是 Atlas 十三個女兒的總名,她們有一個奇異的園子,裏面有金蘋果樹。那些田中、林中、泉間的女神在你們的步下種起花子;在你們那圓柱周圍的一切芟芳花裏面巢些百合色的鴿子!"

第二十二章

兩天以後,那個少年的逈瓦,他同俾東很忠誠,打發一個已經解放的奴隸來給他送該撒宫庭裏面最近的新聞。

俾東的失敗是決定了。第二天晚晌，一個百夫長應該交給他
一個禁令，不能離孤畝，並且在那裏等着人家以後使人送給他的
命令。再遲幾天，又一封信要把死刑的宣告書送給他。

俾東聽着，形色不變，並且很靜穆的。以後他說：

"你將來給你的主人帶去一個寶貴的花瓶，你走的時候就交
給你。你對他說，我用我的靈魂的全體感謝他，因爲這樣，我就能
把那個宣告書提前。"

他並且大笑起來，好像碰着一個很好的主意，並且預先高興
能實行它。

就是那一天的晚晌，他的那些奴隸分散在城裏面，請在孤畝
住的一切隨從騎士和一切的貴婦人，來在盟主那華美的別墅裏
面，參預一個大宴會。

他在他的圖書室裏面寫了一下午。嗣後他洗個澡，並且教那
些主衣給他穿衣。

他很華美並且有威容，過到飯廳裏面，把那宴會的預備看一
下子。他從那裏走到花園裏面，有些島上的成年人和少年在那裏
給那個夜宴穿玫瑰花冠。他的面孔絕不顯出來一點掛慮。他的
人們曉得那個宴會要有一種異常的華美，因爲他給他所喜歡的人
從沒見過的賞賜，並且給惹他不痛快的人很輕一部分的鞭子，他
預先，並且很慷慨的使人給那些琴師和合唱人的錢。歸結他坐到
一棵山毛櫸底下，——這棵樹的葉子，透着日光，在地上切成些黃
眼，——叫人請哀尼斯。

她出來，穿着白衣，在她的頭髮裏面帶着一小枝常綠樹的
葉，——美麗的同一個歌拉斯一樣。

他説："哀尼斯，從很長的時候，你已經不是一個奴隸了，你知道這個麼？"

她向着他抬起她那天藍色的眼睛，並且慢慢的搖頭。

"我常常是你的奴隸，貴人。"

他接着説："但是你或者不曉得，在那邊穿花冠的這些奴隸，這個別墅，那裏面一切的東西，那些田地、牛羊，這一切，從今天起屬於你了。"

哀尼斯離遠他，並且她的聲音憂悶的顫動起來：

"爲甚麼，呵！你給我説這些話？"

嗣後她又走近，並且來看他，她的眼睛恐怖的瞬動。至於他，他總是微笑。

以後他只説出一個字：

"是！"

現在寂静起來。止有一陣微風把那棵山毛欅①的葉吹的顫動。

俾東可以相信在他的面前，有一個大理石的雕像。

他説："哀尼斯，我要安靖着死去。"

她有一種悲痛的微笑：

"我明白，貴人。"

那天晚晌，請到的客成群的匯集起來。他們曉得比起俾東的宴會，奈龍的宴會是很討厭並且野蠻的。至於這一次要是最末的 Symbosion（大宴會），却没有一個人想到。

---

①編者注："欅"，原誤作"欂"，據前文改。

那個大廳用紫丁花薰香。那些<u>亞里山大</u>城的玻璃圓球滲出來一種變化的光色。在那些床跟前站着些少女，應該在賓客的脚上來散香料。那些琴師和合唱人靠着墙，等着他們那頭目的記號。

<u>俾東</u>談論起來。那些最近的新聞，跑馬，一個劍師新近因爲他的勇敢顯了聲名，<u>阿拉都</u>同那些<u>叟脊</u>的新書，全成他的談料。他把酒散澆到鋪石上面，宣言只給<u>西布爾</u>的皇后，頂年高和頂大的神，奠祭。——只有她一個是永久的、長存的並且是獨尊的。

他作個記號，那些十絃琴在制音機底下嘆息。至於那些清冷的聲音，合唱着高揚起來。以後有些<u>彀斯</u>的女跳舞人——<u>彀斯</u>就是<u>哀尼斯</u>的故鄉。——反射出來她們那玫瑰色的形體，蒙到透明的輕紗底下。以後有一個<u>埃及</u>的算卦人。手裏拿着一個水晶瓶子，在那個瓶裏面，帶着些變化的聲音，他給那些賓客講命。

當這些幕終了的時候，<u>俾東</u>在他那<u>西里</u>製的墊子上面站起來，並且很簡慢的説：

“朋友們！饒恕我在這個宴會的時候，請求你們一件事情；我願意你們每一個人很高興接受那個爲神祇並且爲我自己的福祐奠祭的杯子。”

他舉起他那個古製，——不能價計的杯子，在那頂上發射流虹一切的彩色，並且給那些賓客説：

“這就是我獻給<u>西布爾</u>皇后的一個杯子，希望從此以後，沒有一個嘴唇再觸接着它，並且沒有一隻手要頌祝別的一位神祇再來用它。”

那個杯子去碎到那散播蒼白色的<u>薩佛朗</u>的鋪石上面。

但是那些目光看着這些發怔了。

　　俾東又説:"朋友們,痛快着玩罷。老和無能是我們暮年憂悶的同伴。我給你們一個好例子和好勸告;你們可以看見有人能不等着它們,並且當它們來到以前,可以很高興的遠去。"

　　"你要作甚麼?"

　　"我要痛快的玩,喝酒,聽音樂,瞻望在我旁邊休息的神聖的形體,並且以後帶着玫瑰花冠睡着。我已經在該撒那裏告假了。你們聽着我所給他寫的當作辭別的信。"

　　他從那個大紅墊子底下取出來一封信,並且念:

　　"我曉得,神聖的皇帝,你不耐煩的等我,並且在那忠誠的心裏面,在我死以後,你要日夜的羸瘦,我知道你可以用你的恩惠蓋覆我,你可以把你那護衛軍的總督給我。並且第節蘭在你那當多米斜被毒死以後,所承繼的田地裏面,作騾子的看守人,——這樣職務彷彿是神們特別給他設的。

　　"但是,噯呀! 我應該求寬恕。

　　"你總不要覺得,我向你發誓,我厭惡你屠殺了你的母親、你的妻室和你的兄弟,我憤怒那羅馬的大火,我不平你把你那帝國裏面一切忠實的人民送到愛菜坡的法子。……

　　"那樣! 絕不是的,哥婁耨最親愛的孫子! 譯者注:Xeovos 是希臘字,時間的意思。那死是在月光底下的人類公有的遺産,並且人家不能等着你別樣去作。

　　"但是還有些很長的年,任憑你那歌聲搔破我的耳朵,看見你那多米胥式的腿,——你那樣瘦長的人,——旋轉那畢黎嗀的跳舞,聽你玩樂器,聽你道白,聽用你那樣子所念的詩,村野可憐的詩人! ……阿! 真的,這樣的遠景超出我的氣力上面去了,並且我覺得我心裏面有不能改正的需要,要去會我那些先人去了。

“羅馬可以自行塞住那些耳朵,全世界可以用嘻笑的聲音蓋覆着你。至於我,我不願意替你紅臉了。我不願意了,我不能了!

“塞爾伯的夜號,就是像你的歌聲,還使我比較的好受一點,因爲我永遠没當塞爾伯的朋友。並且没有義務替它的聲音羞耻。

譯者注:Cerbere 是地獄裏面一種惡犬。

“你可以自己保重,但是把那歌唱留到那裏罷;你可以隨便殺戮,但是放那詩詞安靖罷;你可以隨便毒害,但是不要跳舞罷;你可以隨便燒些城邑,但是把那個十絃琴丢下罷。

“這就是我送給你最末的頌祝和忠告。

丰儀的盟主”

那些賓客停住不動,好像變成石頭了。他們曉得爲奈龍計,就是喪失帝國,也要比這個好受一點。寫這封信的人要死了,他們聽了這封信,惶駭的面容變成微黄色。

但是俾東有一種誠樸和忻悦的笑聲,好像他作一種無害的游戲。他周圍看那些賓客一遍,説:

“朋友們,把那一切的駭懼趕去罷。没一個人需要自誇説聽過這封信。至於我,我很有時候在擺渡人沙龍的面前驕傲。”

説罷,他給那位醫生一個記號,把胳膊伸給他,轉瞬之間,那個敏妙的希臘人用一個金圈子把他的胳膊扣起,把腕上的脉管割開。那血噴在墊子上面,並且浸了哀尼斯。——她正在扶着俾東的頭顱。——她向他傾側過去。

她説:“貴人,你覺着我要放棄了你麽? 就是神們使我長生,就是該撒把帝國給我,——我還要跟隨你!”

　　她把她那玫瑰花色的胳膊伸給那個醫生。一會兒以後，他們兩個的血結了婚，並且這個人的血到了那個人的裏面，看不出來了。

　　至於他，他給樂師一個記號，那些十絃琴重新叮噹起來；那些歌聲又響起來。他們唱阿某滴友的曲子。譯者注：Apmovios 是一個希臘字，意思就是和音。

　　他們兩個互相扶持，美麗的和神一樣，聽着，微笑，並且漸漸的變了蒼白色。

　　歌唱畢了，俾東使人再獻些酒殽。以後他同他的鄰坐談幾千兒戲的細事和宴會上可喜的習慣。歸結他叫那個希臘人，並且使他再給他纏着脉管，說他覺得磕睡了，並且要在達納都使他長眠以前。還要對着藝坡耨隨便放任①。譯者注：Vrovos 也是一個希臘字，意思就是睡。他假眠了。

　　那些歌人哼了別的一首阿那克龍的歌，至於那些胡琴，在制音機下面叮噹，爲的是不要截斷談話。俾東越來越蒼白了。當那最末的和音終止的時候，他轉過去向着那些請到的客：

　　“朋友們，你們要同意同我們這樣死。……”

　　他不能說完。由一種最後的動作，他的胳膊向着哀尼斯伸去，並且他的頭顱歪下去。

　　但是那些賓客，在這兩個像奇異雕像的白形體前面，覺着喪失了羅馬人的無上的領有物——它的美麗和他的詩歌。

————————

①編者注："任"，原誤作"在"，據初版改。

尾　聲

　　<u>宛得</u>和<u>高盧</u>軍隊的叛逆，起初並不像有非常的重要。<u>該撒</u>自己，因為這個叛逆使他又可以藉辭掠奪，對於<u>宛得</u>很不在意，並且對於這件事表示滿意的態度。

　　但是當他聽說<u>宛得</u>宣布他是可憐的美術家的時候，他就趕快起身回<u>羅馬</u>去。

　　那個時候，戰雲在西方堆集起來，越來越濃，越來越暗，那種量度是十足了，那種滑稽要到頭了。

　　當他聽說<u>加爾巴</u>起兵和<u>日斯巴尼亞</u>響應的時候，<u>奈龍</u>有過當的憤怒，似乎瘋了。他打碎那些杯子，掀倒宴會的桌子，並且出些命令，無論<u>赫侶</u>，無論<u>第節蘭</u>，也全不敢去實行。把住在<u>羅馬</u>的<u>高盧</u>人搦死，把那城再燒一次，放開那些野獸，把都城遷到<u>亞里山大</u>城，他覺得這些是一件偉大、驚人和容易的工程。但是他那全能的日子過去了，就是他那罪惡的同謀人已經把他當作一個精神錯亂的人。

宛得的死和那些叛逆軍隊的離心，天平好像還有一次，要歪到他那一邊去。已經有了些重新的宴會、重新的凱旋和重新的定罪宣告出來。但是一個夜裏，從那禁衛軍營裏面，在一匹發汗的白馬身上，到了一個送信的，帶着新聞，説就在那個城裏面，軍士也拉起叛旗並且宣布加爾巴作皇帝了。

該撒正在睡着。他猛然醒了，就叫他們前那些護衛的人。但是宮殿空了。在僻静的地方，有些奴隸趕緊把落在他們手内的東西全行奪去。他看着他們逃走了。他一個人在那全宫中亂跑，在那夜裏布滿了駭懼和絶望的喊聲。

歸結他那已經解放的奴隸法翁、斯畢盧和哀巴佛底特來救他。他們要强迫他逃，説不能耽誤一點時候了，至於他還在自己騙自己。如果穿起喪服，到元老院裏演説，那些家長是不是能抵抗他的雄辯和他的眼泪？如果他用那全體的藝術，演唱人的全副能幹，他不是一定能令他們相信麼？人家不是儘少要把埃及的外領給他麼？

他們受了諂諛的馴養，不敢顯明否定他。但是他們預先告訴他説，他到佛隆以前，要被那些人民撕成塊子，並且威嚇他説，如果他不立時上馬，他們要把他留下了。

法翁把他在諾莽旦門外面的別墅獻給他住。

他們用外套裹着頭，向羅馬城邊上跑去。那夜色變蒼白了。在那些街上，有一種異常的騷動證明那個時候的惶懼。他們順着營垣，聽見喝采的聲音好像雷鳴一般，來歡迎加爾巴。奈龍歸結明白那鐘點是快到了。他駭懼並慚悔起來。

他們碰見諾莽旦門開着。更遠，他們超過那位聖徒曾在那裏宣傳和行洗禮的歐里牙諾。在黎明的時候,他們到了法翁的別墅。

一到那裏,那些已經解放奴隸不再瞞他,説這是死的時候了。他使人家掘個坑,並且躺到地上,好教他們作適當的準備。但是看見受鏇的地,他又害怕起來。他那充滿的臉變成微黃色,並且在他的額上,汗滴好像些露珠一樣。他在那裏遷延推托。用一種斷續的聲音,——他竭力使它悲慘——他宣言這還不是時候。嗣後他又背誦起來。歸結他請人把他的身體焚燒。他發了怔,反覆的説:“喪失了甚麼樣的美術家!”

忽然,法翁的一個信差來報告元老院已經判定了,並且他那弑母的罪要照習慣受罰。

奈龍的嘴唇白了,發問:“這習慣是甚麼樣呢?”

哀巴佛底特暴怒的講:“他們要把叉子放到你的頸脖上面,用鞭子把你一直打死,並且把你尸首扔到底布河裏面。”

該撒掀開他的外套。

他眼望着天説:“那樣這是時候了!”

並且他反復的説:

“喪失了甚麼樣的美術家。”

在這個時候,大家聽着一種犇馳的聲音:有一個百夫長同那些兵士。無疑的是來找黃銅鬍子的頭顱。……

那些已經解放的奴隸喊叫:“那麼你去罷!”

奈龍把刀倚到他的頸脖上面,但是用他一隻怯懦的手來按。人家看出來他永遠不敢把刀刃按進去。哀巴佛底特忽然强制着他的手,那個刀進去一直到鐔間。他的眼睛失了形態,可怕,奇大,充滿了駭懼。

那個百夫長喊叫:"我給你帶來生命!"

他涸喘説:"太晚了!"

並且他加着説:

"阿! 忠誠。……"

轉瞬之間,那個頭顱,被死蒙着了。從他那沈重的後頸,血作微黑色的沸騰,噴到那園子的花上。

他的脚掘那塊地,——並且他斷呼吸了。

第二天,那個忠誠的阿克第用些寶貴的織物蓋着他的遺骸,並且在一個散香料的火葬場上面把它焚燒。

奈龍就這樣的過去,好像過去了些陸風、颶風、火戰争、傳染病……並且從此以後,在范地康的高處、彼得的大教堂統御了那羅馬城和世界。

離古加班門不遠,現在建着一個很小的禮拜堂,刻着這樣一個半剥蝕的銘文:Quo Vadis, domine? (你往何處去,主人?)

馬 蘭 公 主

比國梅德林 著

徐炳昶 喬曾劬 合譯

目　録

登場人物

惹馬,荷蘭一部分的國王。

馬色呂,荷蘭他一部分的國王。

惹馬親王,惹馬王的兒子。

小亞郎,安那王后的兒子。

昂居,惹馬親王的朋友。

斯德法諾、瓦諾斯,馬色呂的武官。

一個内臣。

一個醫生。

一個瘋子。

三個窮人。

兩個老鄉下人,一個厨夫。

幾個貴人,幾個武官,一個牧牛人,一個坐行的人,幾個巡禮
人,幾個鄉下人,幾個僕人,幾個討飯的,幾個流氓,幾個小
孩子,等等。

安那,茹德蘭的王后。

葛德里弗,馬色吕王的女人。

馬蘭公主,馬色吕和葛德里弗的女兒。

虞格列娜公主,安那王后的女兒。

馬蘭的乳母。

七個女尼。

一個老婦人。

幾個親王婦人的侍婢,幾個婢女,幾個鄉下女人,等等。

一個大黑狗叫作樸吕東。

第一齣在哈林根;別的齣在伊斯孟宮和它的周圍。

第一齣

第一幕　宮中的花園

（斯德法諾和瓦諾斯進來。）

瓦諾斯：現在幾點鐘了？

斯德法諾：跟着月亮説，應該有半夜了。

瓦諾斯：我想天要下雨。

斯德法諾：是的；在西方有些大片的雲彩。——在那宴會未完以前，人家不來替換我們的。

瓦諾斯：在黎明以前，那宴會是不能完的。

斯德法諾：哦！哦！瓦諾斯！

（在宮殿的上面，一個彗星現出來。）

瓦諾斯：甚麼？

斯德法諾：還是別的夜裏那個彗星！

瓦諾斯：它大極了！

斯德法諾：它好像澆血在宮殿上面！

（這個時候，如雨的流星像是落在宮殿上面。）

瓦諾斯：那些星落在宮殿上面！您看！您看！您看！

斯德法諾：我永遠沒有看見過像這樣的星雨！人家可以説這是天哭這些定婚式！

瓦諾斯：人家説這一切是大禍的預兆！

斯德法諾：是的；也許是些戰爭或者是些國王死亡的預兆。人家曾見過這些預兆，在老王馬塞呂死的時候。

瓦諾斯：人家説這些有長髮的星是預報那些公主的死亡的。

斯德法諾：人家説……人家説好些事情……

瓦諾斯：馬蘭公主要害怕那將來的事情！

斯德法諾：處她的地位，沒有那些星的預報，我也是要害怕的……

瓦諾斯：是的！我覺得那個老惹馬有點奇怪……

斯德法諾：老惹馬麼？你聽着，我所知道的，我不敢全説；但是我有一個叔父是惹馬的内臣；那麼！如果我有一個女兒，我是不把她嫁給惹馬親王的。

瓦諾斯：我不知道……惹馬親王……

斯德法諾：哦！這不是因爲惹馬親王，但是他的父親！……

瓦諾斯：人家説他有那個頭腦……

斯德法諾：自從這個奇怪的安那王后從茹德蘭來到了——在那個地方人家把他們的老王，她的丈夫關起來已後，奪了她的寶位，——自從她來到了伊斯孟，人家説……人家説……歸結老惹馬有七十多歲了，我想在他那樣的歲數，他愛她稍微過度了……

瓦諾斯：哦！哦！

斯德法諾：你看人家這樣説……——並且我不敢把我知道的全説出來，——但是你不要忘記今天我所説的。

瓦諾斯：那麼，可憐的小公主！

斯德法諾：哦！我不喜歡這些訂婚式！您看已經下雨了！

瓦諾斯：並且那邊或者是一場暴風雨，——很壞的夜間！（一個僕人帶着燈籠走過。）那宴會到了甚麼田地了？

僕人：你們看那些窗户。

瓦諾斯：哦！它們的光還没有熄呢。

僕人：並且今天夜裏總是不熄的。我從來没有見過像這樣的宴會！老惹馬王是絶對的醉了，他和我們的馬色吕王接吻，他……

瓦諾斯：還有那些訂婚人呢？

僕人：哦！那些訂婚人没有喝許多。——您别説了，很好的夜間！我要到厨房裏去，人家在那裏也不喝清水，很好的夜間！

瓦諾斯：天變黑了，並且月亮紅的奇怪。

斯德法諾：您看那場猛雨！並且當别人喝酒的時候，我們要……

（這時候在花園深處放光的宫殿的窗户爆裂了；叫喊，亂嚷，喧噪。）

瓦諾斯：哦！

斯德法諾：有甚麼事了？

瓦諾斯：人打碎那些玻璃。

斯德法諾：一場火災！

瓦諾斯：人在大廳裏面打起架來！

（馬蘭公主，披着頭髮並且哭着，在花園深處跑過。）

斯德法諾：公主！

瓦諾斯：她往何處跑呢？

斯德法諾：她哭！

瓦諾斯：人在大廳裏打架！

斯德法諾：我們去看看！……

（叫喊，喧噪，花園裏塞滿了武官、奴僕，等等，宮殿的門猛烈的開了，並且惹馬王在臺階上顯出來，被侍從和矛隊圍繞着。彗星在宮殿的上面。星雨繼續着。）

惹馬王：卑賤的馬色呂！你今天作了一件妖怪的事！我們走，我的那些馬！我的那些馬！我走！我走！我把你的馬蘭連她的青臉和她的白眉毛，給您留下！並且我把你和你的老葛德里弗留下！但是你等一等！你將要跪着走過你的那些泥地！並且這就是我將來慶賀的你們的訂婚式，同着我所有的矛隊和荷蘭一切的烏鴉赴你的不祥的宴會！我們走！再見！再見！呵！呵！呵！

（他同他的那些侍從走出。）

第二幕　宮殿的一部分

（展幕，看見葛德里弗王后、馬蘭公主和乳母；她們歌唱着纏她們的綫。）

那些女尼病了，

輪到她們病了；

那些女尼病了，

在塔裏面病了……

葛德里弗：……您瞧，不要哭了，馬蘭擦乾了你的眼淚並且下去到花園裏罷。天是正午了。

乳母：這是從今天早晨我對她所說的，馬丹。毀了眼睛有甚麼用處呢？她在今天早晨開了她的窗戶，她看那向着樹林的一條路哭了；那麼我對她説：你是不是已經看了向着塔的那條路，馬蘭？……

葛德里弗：不要説那些了！

乳母：不，不，應該説那些；立刻人家就要説那些。所以我問她：是不是你已經看過向着那個塔的路，在那個塔裏面，當時人家曾關過那個可憐的安那公爵夫人，因爲她戀愛着一個她所不能戀愛的親王？……

葛德里弗：不要説那些了！

乳母：正相反的，應該説那些，人家立刻就要説那些。所以我問她……——你看國王！

（馬色呂進來。）

馬色呂：怎麼樣呢，馬蘭？

馬蘭：陛下？

馬色呂：你當時戀愛惹馬親王麼？

馬蘭：是的，陛下。

馬色呂：可憐的孩子！……但是你還戀愛他麼？

馬蘭：是的，陛下。

馬色呂：你還戀愛他麼？

馬蘭：是的。

馬色吕：你已後還戀愛他麼？

葛德里弗：貴人，不要嚇着她！

馬色吕：但是我並不嚇她！——你看，我當真正的父親來到
這裏，並且我只想着你的幸福，馬蘭。我們現在來冷眼考察這件
事。你知道經過的事情：老惹馬王無理由的侮辱我；或者更可以
説，他的那些理由我猜的太明白了！……他卑劣的侮辱你的母
親，他還更下等的辱駡你，並且如果他不是我請的客，如果他在那
裏不是在上帝的手下，他要永遠出不了我的宫殿！——歸結説，
我們今天忘去了罷。——但是，你所恨的是不是我們？——是不
是你的母親，或者是我？你瞧，回答呀，馬蘭？

馬蘭：不，陛下。

馬色吕：那麼，爲甚麽哭呢？至於惹馬親王，最好是忘了他；
並且是，怎麽樣你能嚴重的愛他呢？你們是剛好瞥見的；並且在
你的這樣年紀，心好像是蠟作成的；人想叫它怎麽樣就怎麽樣。
惹馬的名字以前還是寫在雲彩裏面的，一陣暴風雨來了，全擦去
了，並且從今天晚上起你就不再想他了。並且是，你覺着在惹馬
的宫中你能很有幸福麼？我不説那個親王，因爲他是一個小孩
子；但是他的父親，你很知道人家怕説着他……你很知道在荷蘭
没有一個更黑暗的宫庭；你知道他的宫中或者有些奇怪的秘密。
但是你不知道人家所説的這個外國王后，同她的女孩子來到伊斯
孟宫中的王后，並且我不要告訴你人家所説她的一切的話；因爲
我不願意傾倒些毒藥在你的心中，——但是你要一個人進入一個
陰謀的和嫌疑的可怕的樹林裏面！——你瞧，你回答呀，馬蘭；你
不怕這一切麼？並且這是不是有一點，無論怎麽樣你總要嫁給惹

馬親王麼?

馬蘭:不,陛下。

馬色吕:就照你説的,但是那麽,你要誠實的回答我。老惹馬王不應該戰勝的。我們因爲你,要有一場大戰,我知道惹馬的戰艦圍繞着伊斯孟並且在月圓以前就要張帆;至於别一方面,那個布果公爵,他從長久的時候就愛你的……(轉身向着王后。)我不知道你的母親是不是?……

葛德里弗:是的,貴人。

馬色吕:那麽?

葛德里弗:應該預備那些,漸漸的……

馬色吕:讓她説!——那麽,馬蘭?……

馬蘭:陛下?

馬色吕:你不明白麽?

馬蘭:甚麽,陛下?

馬色吕:你預許我忘記惹馬麽?

馬蘭:陛下……

馬色吕:你説?——你還愛惹馬麽?

馬蘭:是的,陛下。

馬色吕:"是的,陛下!"阿! 魔鬼和颶風。她無恥的直認這些,並且她敢於没有羞愧的來喊給我聽! 她看見惹馬只有一次,在一個單獨的下午,而她現在那裏比地獄還熱!

葛德里弗:貴人!……

馬色吕:您不要説話!"是的,陛下!"並且她没有十五歲! 阿!應該把這些年歲立時消滅了! 你看這十五年我的生活僅僅的在她的身上！你看這十五年我在她的周圍總是閉住我的氣！你看這十五年我們不敢呼吸恐怕攪亂她的視綫！你看這十五年我把我的宮庭作成尼庵似的，並且等到我來看她的心裏那一天⋯⋯

葛德里弗：貴人！

乳母：她是不是不能同別的一個女人一樣的戀愛？您要把她放在玻璃杯子底下麽？這就是一個理由，這樣的在一個小孩子後面狂喊麽？她甚麽壞事也沒有作！

馬色呂：呵！她甚麽壞事也沒有作！——並且第一件，您不要說話；我不給您說話，並且這大約是由於您這樣居間人的教唆⋯⋯

葛德里弗：貴人！

乳母：居間人！我，一個居間人！

馬色呂：您要放我說話麽，歸結！您去罷！你們兩個都去罷！哦！我很知道你們互相商議好，並且陰謀的紀元現在開始了，但是你們等一等！——你們去罷！呵！眼淚！（葛德里弗和乳母出去。）你瞧，馬蘭，你先關着那些門，現在我們單獨在這裏，我要忘掉。人家給你出些壞主意，我知道那些女人在她們的中間出些奇怪的打算；並不是我恨惹馬親王；但是人應該是有理性的麽？你預許我是有理性的麽？

馬蘭：是的，陛下。

馬色呂：呵！你瞧！那麽，你將來再不想這個婚姻麽？

馬蘭：是的。

馬色呂：是的？——這就是說你要忘了惹馬麽？

馬蘭：不。

馬色呂：你還沒有丟下惹馬麽？

馬蘭:沒有。

馬色吕:並且如果我强您那樣呢?並且如果我把您關起來呢?並且如果我永遠使您的惹馬隔絶開少女的面呢?——您說?——(她哭。)呵!就是這樣!——您去罷;並且我們將來看罷!您去罷!

(他們分開出去。)

第三幕　一個樹林子

(惹馬親王同昂居進來。)

惹馬親王:我原來病了;並且這一切死人的氣味!並且這一切死人的氣味!並且現在,這就好像這個夜間和這個林子在我的眼上傾倒一點水……

昂居:止剩下那些樹了!

惹馬:您看見那個老馬色吕王死了麽?

昂居:沒有,但是我看見别的事情;昨天晚晌,當您不在的時候,他們把宫殿燃着,那個老葛德里弗王后同那些僕人穿過那些火焰跑。他們跳在那些濠溝裏面,我覺得他們全被毁在那裏了。

惹馬:至於那個馬蘭公主呢?她當時在那裏麽?

昂居:我沒有看見她。

惹馬:但是别的人看見她了麽?

昂居:沒有一個人看見她,人家不知道她在何處。

惹馬:她死了麽?

昂居:人家説她是死了。

惹馬:我的父親是很凶的!

昂居:您當時已經戀愛她麼?

惹馬:誰呀?

昂居:馬蘭公主。

惹馬:我止見過她一次……但是她有一種樣子來低着眼睛;——並且來把手交成十字;——這樣——並且有些奇怪的白眉毛! ——並且她那目光! ……人家好像忽然到了清凉的水的大河裏面……我不很記得了她;但是我願意再看見這種奇怪的目光……

昂居:在這個峰上的是那一個塔?

惹馬:人家可以説是一個老風磨;它没有窗户。

昂居:這邊有一種刻字。

惹馬:一種刻字麼?

昂居:是的,——是臘丁文的。

惹馬:你能念麼?

昂居:是的,但是這很老了。——你看:

　　　Olim inclusa(從前關閉着)

　　　Anna ducissa(安那公爵夫人)

　　　Anno…, etc. (……年,等等)

在其餘一切的上面,苔蘚太多了。

惹馬:我們坐在這裏罷。

昂居:"Anna ducissa",這是你那未婚婦的母親的名字。

惹馬:虞格列娜的麼? ——是的。

昂居:你看一個"是的"比雪更要慢並且更要冷些。

惹馬:我的<u>上帝</u>,像火焰一般的"是的"那個時候離我毅遠了……

昂居:<u>虞格列娜</u>却是美麗的。

惹馬:我怕她!

昂居:哦!

惹馬:在她那綠眼睛的深處有一個像女厨的小靈魂。

昂居:哦! 哦! 但是那麼,你爲什麼允許呢?

惹馬:不允許有什麼好處? 我是病的要死,要在我們所能生活的那兩萬夜中的一夜裏死,並且我要休息! 休息! 休息! 並且她或者別的一個,她將來在月光之下撑着我的鼻子向我説"我的小<u>惹馬</u>"罷! ——您看出來我的父親,從<u>安那</u>王后到了<u>伊斯孟</u>以後,他那些突然的暴怒麼? ——我不知道經過<u>些</u>甚麼事;但是那裏有<u>些</u>事情,並且我開始有些奇怪的疑惑;我怕那個王后!

昂居:她却是愛你好像一個兒子。

惹馬:好像一個兒子? ——我甚麼全不知道,並且我有些奇怪的意思,她比她的女兒更美麗,而這就是一件大毛病。她好像一個<u>鼴鼠</u>作<u>些</u>我不曉得的什麼工;她激動了我那可憐的老父去反對<u>馬色吕</u>,並且她把這個戰事解了鎖;——在那底下有些事情!

昂居:有,她要使您給<u>虞格列娜</u>結婚,這並不是像地獄一般的。

惹馬:還有別的事情。

昂居:呵! 我很知道! 一天結罷婚,她差遣你到<u>茹德蘭</u>去在那<u>些</u>冰塊上面打仗,爭她那篡奪的小寶位,並且或者把她那可憐的丈夫放出來。他等她的時候,心中應該是很不安的;因爲這樣美麗的一個王后,單身在世界上亂跑,很應該鬧出些故事來……

惹馬:還有別的事情。

昂居:什麼?

惹馬:你將來有一天知道;我們去罷。

昂居:向着那個城去麼?

惹馬:向着那個城去麼? ——那個城已經没有了;止有些死人在倒坍的墙間!

第四幕　　一個圓頂的屋子在一個塔裏面

(展幕,看見馬蘭公主和乳母。)

乳母:您看我來拆這個塔裏的石頭有三天了,並且在我的可憐的手指尖上我没有指甲了。您可以自負把我弄死。但是您看那個時候,你應該抗命的! 你應該逃出宫去的! 你應該會合惹馬的! 並且您看我們現在在這個塔裏面;您看我們在天地的中間,在林中的樹顛上面! 我不曾通知您麼,我不曾告訴您那個麼? 我很知道你的父親! ——但是是不是在戰事之後人家要來解放我們?

馬蘭:我的父親那樣説過。

乳母:但是這個戰事要永遠不完的! 我們在這個塔裏有多少日子了? 有多少日子我也不曾看見太陽和月亮! 並且到處我放下我的手去,我總摸着些菌類和蝙蝠;並且今天早上,我看見我們没有水了!

馬蘭:今天早上麼?

乳母:是的,今天早上,您爲甚麼笑呢? 没有甚麼可笑的! 如果今天我們不能把這塊石頭弄開,我們祇剩下作我們的祈禱了。我的上帝! 我的上帝! 那麼我作了甚麼就被放在這個墳墓裏面,在些鼠、蜘蛛和菌類的中間! 我並不曾反叛,我! 我並不曾像您那樣的厚臉! 在那個時候,表面上去服從着,並且丟下這個像淚柳的惹馬,是不是就這樣的艱難;他並不曾動一動他的小指頭來解放我們?

馬蘭:乳母!

乳母:是的,乳母! 因爲您,我不久就要作地下的蟲的乳母了。並且說如果沒有您,我在這個時候,安然的在廚房裏面,或者在花園裏面曬太陽,等着午飯的鐘聲! 我的上帝! 我的上帝! 那麼我作了甚麼就……哦! 馬蘭! 馬蘭! 馬蘭!

馬蘭:甚麼?

乳母:那塊石頭! ……

馬蘭:那塊? ……

乳母:是的,——它動了!

馬蘭:那塊石頭動了麼?

乳母:它動了! 它是離開了! 在泥灰的中間有太陽光了! 您來看! 我的袍子上面也有了! 在我的手上也有了! 在您的臉上也有了! 在那些牆上也有了! 您把燈熄了罷! 到處全有了! 我去推那塊石頭!

馬蘭:它還在那裏麼?

乳母:是的! ——但是這全没有甚麼! 就在那裏,在那個角上;您把您的紡錘給我罷! ——哦! 它不願意落下去! ……

馬蘭:你從那些縫裏看見些東西麼?

乳母:是的！是的！——不！我祇看見太陽！

馬蘭:這是太陽麼？

乳母:是的！是的！這是太陽！但是那麼您看！在我的袍子上面這好像銀和些珍珠作的！並且在我的手上這熱的好像乳汁！

馬蘭:但是那麼你也讓我看一看！

乳母:您看見些東西麼？

馬蘭:我眼眩了！

乳母:我們看不見樹木是很奇怪的。讓我看看。

馬蘭:我的鏡子在何處呢？

乳母:我看的清楚些。

馬蘭:你看見那個麼？

乳母:不。我們無疑的是在樹林的頂上。但是有風。我去試着推動那塊石頭。哦！（她們當着那猛射的太陽光綫前面向後退却，並且在廳後面有一時的静默。）我看不見了！

馬蘭:你去看！你去看！我害怕！

乳母:閉着你的眼睛！我覺得我變成瞎子了！

馬蘭:我自己去看。

乳母:那麼？

馬蘭:哦！這是一個大竈！並且我有些紅色旋磨在眼睛裏！

乳母:但是①您不曾看見甚麼！

馬蘭:還不曾；有了！有了！天是很藍的。並且那個樹林！哦！所有的樹林！

---

①編者注："是"，原誤作"見"。

乳母：讓我看！

馬蘭：等一等！我起頭看見了！

乳母：您看見那個城麼？

馬蘭：沒有。

乳母：並且那宮殿呢？

馬蘭：沒有。

乳母：這因爲它在那一面。

馬蘭：但却是……我看見那個海了。

乳母：您看見了那個海麼？

馬蘭：是的，是的，這是那個海！它是綠色的！

乳母：但是那麼，您應該看見了那個城。讓我看。

馬蘭：我看見那個燈塔！

乳母：您看見那個燈塔麼？

馬蘭：是的。我覺得那是燈塔……

乳母：但是那麼，您應該看見那個城了罷？

馬蘭：我不曾看見那個城。

乳母：您沒有看見那個鐘樓麼？

馬蘭：沒有。

乳母：這是奇怪的！

馬蘭：我看見一隻船在海上面！同些白色的帆布！……

乳母：它在何處呢？

馬蘭：哦！海風吹動我的頭髮！——但是順着那些大路沒有房子了！

乳母：甚麼？——不要向着外邊那樣的説，我全不曾聽着。

馬蘭:順着那些大路沒有房子了!

乳母:順着那些大路沒有房子了麽?

馬蘭:在那鄉村裏面沒有鐘樓了!

乳母:在那鄉村裏面沒有鐘樓了麽?

馬蘭:在那些草地裏面沒有磨石了!我什麽也不認識了!

乳母:讓我看,——沒有一個鄉下人在田地裏。哦!那個大石橋是被毀了。——但是他們在吊橋上作甚麽呢?——您看那裏一個田舍燒着了!——並且那一個也燒着了!——但是那一個也燒着了!——但是那一個也燒着了!——但是!⋯⋯哦!馬蘭!馬蘭!

馬蘭:甚麽?

乳母:全燒着了!全燒着了!全燒着了!

馬蘭:全?⋯⋯

乳母:全燒着了,馬蘭!全燒着了!哦!我現在看見了!⋯⋯甚麽全沒有了!

馬蘭:這不是真的,讓我看!

乳母:任你看見多遠,全燒着了!全城只成了一堆黑色的磚頭。我祇看見那些濠溝裝滿了宮殿的石頭!在田地的中間沒有一個人和一個牲畜!祇有些烏鴉在草地裏面!祇剩下些樹木!

馬蘭:但是那麽!⋯⋯

乳母:阿!⋯⋯

第二齣

第一幕　一個樹林

（馬蘭公主和那個乳母進來。）

馬蘭：哦！這裏怎麼樣的黑暗！

乳母：黑暗！黑暗！一個樹林是不是和宴會的一個大廳一樣的照着？——我看見過些比這裏更黑暗的；並且在那裏有些狼和些野猪。我並且不知道在這裏有那些没有；但是，托上帝的福，至少有一點月光和星光在樹林的中間。

馬蘭：你認識那條路麼，乳母？

乳母：那條路？我的誠實，不，我不認識那條路。您覺得我認識一切的路麼？您原來想去到伊斯孟；我，我跟隨着您；並且您看我們在這個地方，您引我在這個樹林裏走有十二小時了。我們在這裏除了被那些熊和那些野猪吞食，就要餓死了；並且一切這些都是爲的要去到伊斯孟，在那裏您要受惹馬親王的好接待，當他將來看見您走到的時候，皮在骨頭上面，蒼白色好像蠟作的一個女孩，並且窮的好像一個甚麼全没有的人。

馬蘭：有些男人！

乳母：不要害怕！你站在我的後邊罷。

（三個窮人進來。）

那些窮人：晚安！

乳母：晚安！我們現在何處呢？

第一窮人：在樹林裏面。

第二窮人：你們在這裏作甚麼？

乳母：我們是失路的。

第二窮人：你們是單獨的麼？

乳母：是的——不對，我們同兩個男人在這裏。

第二窮人：他們在何處呢？

乳母：他們尋路去了。

第二窮人：他們走遠了麼？

乳母：不，他們就要回來。

第二窮人：這個小的是甚麼人？是您的女孩麼？

乳母：是的，這是我的女孩。

第二窮人：她全不説話，她是一個啞子麼？

乳母：不，她不是這個地方的人。

第二窮人：您的女兒不是這個地方的人麼？

乳母：是的，是的，但是她病了。

第二窮人：她瘦，她有多少年紀？

乳母：她有十五歲。

第二窮人：哦！哦！那麼她起頭……這兩個男人在何處呢？

乳母：他們應該在附近。

第二窮人：我全沒有聽見。

乳母：這是因爲他們不作聲。

第二窮人：你們願意同我們一塊兒來麼？

第三窮人：在樹林裏面不要説些不好的話。

馬蘭：問問他們伊斯孟的那條路。

乳母：那一條是往伊斯孟的路？

第一窮人：伊斯孟的麼？

乳母：是的。

第一窮人：從那裏！

馬蘭：問問他們這裏所經過的事情。

乳母：這裏經過些甚麼事情？

第一窮人：所經過的事情麼？

乳母：是的；有過一場戰事麼？

第一窮人：是的；有過一場戰事。

馬蘭：問問他們，那個國王同那個王后的死是真的麼？

乳母：那個國王同那個王后死了麼？

第一窮人：那個國王和那個王后？

乳母：是的，馬色吕王和葛德里弗王后。

第一窮人：是的，我覺得他們死了。

馬蘭：他們死了麼？

第二窮人：是的，我覺得他們死了；在這個地方，那一邊的人全死了。

馬蘭：但是您不知道是從甚麼時候起的麼？

第二窮人：不。

馬蘭：您不知道是怎樣的麼？

第二窮人：不。

第三窮人：窮人永遠是甚麼全不知道的。

馬蘭：你看見了惹馬親王麼？

第一窮人：是的。

第二窮人：他要結婚了。

馬蘭：惹馬親王要結婚了麼？

第二窮人：是的。

馬蘭：同誰呢？

第一窮人：我不知道。

馬蘭：但是他甚麼時候要結婚呢？

第二窮人：我不知道。

乳母：今天晚上我們在何處睡覺呢？

第二窮人：同我們一塊兒。

第一窮人：你們去到那個隱士的家裏罷。

乳母：那個隱士？

第一窮人：那邊，在四茹達的十字路上。

乳母：在四茹達的十字路上？

第三窮人：不要在黑地裏叫喊這個名字！

（他們全出去了。）

第二幕　宮中的一個大廳

（幕展，惹馬王和安那王后抱持着。）

安那：我的榮耀的戰勝者！

國王：安那……

（他和她接吻。）

安那：留神着，您的兒子！

（惹馬親王進來；他去到一個大開的窗户前面，沒有看見他們。）

惹馬親王：天下雨了；在墳地裏有一個葬事：人家掘了兩道濠溝並且那個 Diesirx（發怒的日子）進到房子裏面。人家從一切的窗户祇看見那個墓地；他來吞食那些花園；並且你看那些最遠的墳墓一直下降到那個池子。人家開那個棺材了，我要關閉着窗户。

安那：我的貴人！

惹馬：阿！——我不曾看見您。

安那：我們纔來到的。

惹馬：阿！

安那：您想的甚麼，貴人？

惹馬：沒有甚麼，馬丹。

安那：沒有甚麼？這就是在這個月的末日，貴人……

惹馬：就是這個月的末日麼，馬丹？

安那：你們的美麗的結婚式……

惹馬：是的，馬丹。

安那：但是，您走近些，貴人。

國王：是的，您走近些，惹馬。

安那：您到底爲甚麽這樣的嚴冷呢？您怕我麽？但是您差不多是我的兒子；並且我愛您和一個母親一樣；——並且或者甚於一個母親；——您把您的手給我。

惹馬：我的手麽，馬丹？

安那：是的，您的手；並且您對着我的眼睛看罷；——您在這裏看不見我愛您麽？您從來不曾和我接吻，一直到現在。

惹馬：和您接吻，馬丹？

安那：是的，和我接吻；您不曾和您的母親接過吻麽？我每天都願意和您接吻。——昨天夜裏我夢見您……

惹馬：我，馬丹？

安那：是的，您。我將來有一天要把我的夢對您説的。——您的手是冷的，並且您的兩頰是發燒熱的。您給我那一隻手。它也是冷的，並且顏色蒼白像是一隻雪作的手。我想熨暖這些手！——您病了麽？

惹馬：是的，馬丹。

安那：我們的愛情將要把您醫好。

（他們出去了。）

第三幕　村裏的一條街市

（馬蘭公主和乳母進來。）

馬蘭：（在一個橋欄杆上面歪着。）當我對着水自照的時候，我不認識自己了!

乳母:您閉着您的外套罷;人家看見您那袍子上面的金繸子了;——您看有些鄉下人!

(兩個老鄉下人進來。)

第一鄉下人:這就是那個女孩!

第二鄉下人:就是今天來到的那個麼?

第一鄉下人:是的。同一個老女人。

第二鄉下人:她是從何處來的?

第一鄉下人:不知道。

第二鄉下人:那麼,這對於我什麽好處全没有。

第一鄉下人:在全鄉村裏面,人家都説她們。

第二鄉下人:她却並不異常。

第一鄉下人:她很瘦。

第二鄉下人:她住在何處呢?

第一鄉下人:在"青獅子"。

第二鄉下人:她是不是有銀子?

第一鄉下人:人家説她有。

第二鄉下人:將來看罷。

(他們出去。——進來一個牧牛人。)

牧牛人:晨安!

馬蘭和乳母:晨安!

牧牛人:今天晚上天氣好。

乳母:是的,天氣還好。

牧牛人:這因爲幸而有月明。

乳母：是的。

牧牛人：但是白天天氣熱。

乳母：哦！是的，白天天氣熱。

牧牛人：(向着水下去。)我去洗澡！

乳母：洗澡！

牧牛人：是的，我要在這裏脱衣服。

乳母：你在我們的面前脱衣服麽？

牧牛人：是的。

乳母：(向着馬蘭説。)您來。

牧牛人：你從來没看見一個赤條條的人麽？

(跑進來一個老女人，哭着，去"青獅子"客寓門前喊叫。)

老女人：救人哪！救人哪！我的上帝！我的上帝！那麼您開開罷！他們用些大刀子互相殘殺呢！

醉人們：(開門。)有什麼了？

老女人：我的兒子！我那可憐的兒子！他們用些大刀子互相殘殺呢！用些廚房裏面的大刀子！

窗户裏面的些聲音：有什麼了？

醉人們：一個戰鬥！他們在何處呢？

老女人：在"金星"後面，他因爲今天來到鄉村那個女孩同那個樵夫打起來，他們兩個已經全流血了！

醉人們：他們兩個已經全流血了麼？

老女人：有血在那些墻上！

醉人們：我們去看一看！他們在何處呢？

老女人：在"金星"後面，人家在這裏可以看見他們。

醉人們:人家在這裏可以看見他們?——用些厨房的大刀子?他們想必流血到怎麼步田地!——小心,親王!(他們全進到"青獅子"飯店裏面,拖着那個喊叫和爭辯的老女人。——惹馬親王和昂居進去。)

馬蘭:(向着乳母説。)惹馬!

乳母:您藏起來罷!

(她們出去。)

昂居:您看見了這個小鄉下女人麼?

惹馬:瞥見……瞥見……

昂居:她很奇怪。

惹馬:我不愛她。

昂居:至於我,我覺得她是可嘆賞的;並且我要給虞格列娜公主説。她需要一個女僕。哦!您這樣的蒼白!

惹馬:我蒼白了麼?

昂居:異常的蒼白!你病了麼?

惹馬:不。因爲這秋天的日子這樣奇怪的熱;我曾覺得終天在充滿熱病的人的一個大廳裏面生活;並且現在,今天晚晌冷的好像一個地窖子!我今天一天没出宫殿,並且晚晌的這種濕氣在大街上中了我。

昂居:總要留神!在鄉村裏面有很多的病人。

惹馬:是的,這是些濕泥地;您看我也在濕泥地的中間了!

昂居:是麼?

惹馬:我今天瞥見了罪孽的熱焰,我還不敢給它一個名字。

昂居:我不懂得。

惹馬：我也不曾懂得安那王后的那幾句話，但是我怕懂得！

昂居：但是經過了甚麼？

惹馬：一點事情；但是我怕將來看見我那結婚式的別一方面的事情……哦！哦！那麼您看，昂居！

（這時候人家看見那位國王和安那王后在宫中一個窗子裏面抱着接吻。）

昂居：小心！不要看了，他們要看見我們。

惹馬：不，我們是在黑影子裏面，他們的房子是明照着的。但是那麼您看在宫殿上面，天氣變得那樣紅！

昂居：明天要有一場暴風雨。

惹馬：她却不愛他……

昂居：我們去罷！

惹馬：我不敢看這個天了；並且上帝知道今天在我們的上面他所顯出來的顏色！您不知道今天下午在這個我覺得是有毒的宫中我所瞥見的事情，並且在那宫裏，安那王后的手把我弄的流汗，比這個九月的太陽照在墙上更厲害！

昂居：但是經過些甚麼呢？

惹馬：我們不要再説那些了！——她在何處呢，這個小鄉下女人？

（在"青獅"飯店裏面有些喊聲。）

昂居：這是甚麼？

惹馬：我不知道，一整下午，在那個村裏面，有一種奇怪的騷動。我們去罷，您將要有一天懂得我所説的。

（他們出去。）

一個醉人：（開了飯店的窗户。）他走了！

一切的醉人：（在門限上面。）他走了麼？——現在我們可以去看！——他們想必流血到怎麼步田地！他們也許是死了！

（他們全出去。）

第四幕　宮中的一部分

（幕展，看見安那王后、虞格列娜公主、馬蘭公主，——穿的好像一個女僕，——和一個女僕。）

安那：拿一件別的外套來。——我覺得那一件綠色的要好些。

虞格列娜：我不要那個；——一件孔雀綠色絨的外套，在一件水綠色的袍子上面！

安那：我不知道。

虞格列娜："我不知道！我不知道！"當着關係別人的時候，您總是不知道的！

安那：您瞧，你不要生氣了！我曾覺得給你説這些話是不錯的；你去到約會的時候，臉上要很紅了。

虞格列娜：我去到約會的時候，臉上要很紅了！阿！這是要從那些窗户裏跳出去的！您祇知道想着使我難受！

安那：虞格列娜！虞格列娜！您瞧，您瞧。——拿一件別的外套來。

女僕：這一件麼，馬丹？

虞格列娜：是的。——哦！是的！

　　安那：是的；——你轉過身去；——是的，是的，這件比較着好的了不的。

　　虞格列娜：至於我的頭髮呢？——這樣？

　　安那：應該稍微梳光一點在額上面。

　　虞格列娜：我的鏡子在何處呢？

　　安那：她的鏡子在何處呢？（向<u>馬蘭</u>説。）您甚麼都不作麼，您？拿她的鏡子來！——她在這裏八天了，並且她將來永遠甚麼全不知道！您是不是從月球上來的？——去罷！來到呀！您在何處呢？

　　馬蘭：在這裏，馬丹。

　　虞格列娜：但是不要這樣斜拿着這個鏡子！我在鏡裏面看見花園裏面所有的淚柳，它們好像在您的臉上哭泣。<small>譯者註：淚柳原文作 Saule Pleureur，就是垂柳。</small>

　　安那：是的，這樣！——但是任隨那些掛在背上。——在那個樹林裏邊天不幸要太黑了……

　　虞格列娜：天要黑了麼？

　　安那：他將要看不見你，——有些大塊的雲彩在月亮上面。

　　虞格列娜：但是他爲甚麼要我到花園裏面！如果這是七月裏，或者是白天；但是晚晌，在深秋裏！天是凉了！下雨！有些風！我要帶些寶石麼？

　　安那：很清楚的。——但是我們要……

　　（她在她的耳邊説話。）

　　虞格列娜：是的。

　　安那：（向<u>馬蘭</u>並向那個女僕説。）你們去罷，並且在人家叫你們以前不要回來。

（馬蘭公主和那個女僕出去。）

第五幕　宮中的一段游廊

（馬蘭公主進來。──她去敲游廊盡處的一個門。）

安那：(在裏面。)誰在那裏？

馬蘭：我！

安那：誰，您？

馬蘭：公主馬……新女僕。

安那：(半開那個門。)您來這裏作甚麼？

馬蘭：我是從……

安那：不要進來！那麼？

馬蘭：我是從惹馬親王那一方面來的……

安那：是的，是的，她就來了！ 她就來了！ 一會功夫！ 還没有
八點鐘，──讓我們！

馬蘭：一個武官向我說他不曾在家。

安那：誰不在家？

馬蘭：惹馬親王。

安那：惹馬親王不在家麼？

馬蘭：他離開宮殿了！

安那：他到何處去了？

虞格列娜：(從裏面。)有甚麼事呢？

安那：那個親王離開宮殿了！

虞格列娜：(從半開的門裏。)甚麼？

安那：那個親王離開宮殿了！

馬蘭：是的。

虞格列娜：這不是可能的！

安那：他到何處去了？

馬蘭：我不知道？我想他向着那個樹林去了；並且他使人説他不能到約會。

安那：誰給您説這些？

馬蘭：一個武官。

安那：那個武官？

馬蘭：我不知道他的名字。

安那：他在何處呢，這個武官？

馬蘭：他同那個親王走了。

安那：爲甚麼他不自己來呢？

馬蘭：我曾説你們要獨自在這裏。

安那：誰曾派您説這些呢？那麼經過些甚麼事呢？您去罷！

(門又關了。馬蘭出去。)

第六幕　　在一個花園裏面一個小樹林

惹馬：她曾給我説在噴水池附近等待她，歸結我要對着夜色來看她……我要看黑夜是不是要能反光。——她是不是可以有一點静默在心裏面？——我從來不曾看見這個深秋的樹林比今晚更奇怪的。我從來不曾看見這個樹林比今晚更黑暗的。那麼我們要用甚麼光互相看見呢？我分辨不出來我的兩手！——但是圍繞着我這一切的微光是甚麼呢？那麼花園裏面所有的梟鳥來到這裏了！你們去！你們去！到墳墓去！那些死人的旁邊去！（他用土塊拋擊它們。）在結婚的夜裏人家是不是延請了你們？您瞧我現在有了掘墓人的手了。——哦！我將來不要常來到這裏！——小心！她來了！——這是不是風？——哦！那些樹葉怎麼樣的圍繞着我落下！——但是在那裏有一棵樹是絕對的落光了！並且那些雲彩是怎麼樣的在月亮上面騷動！——但是這是些淚柳的葉子這樣落在我的手上！——我從來不曾看見這個樹林比今晚更奇怪的！——我從來不曾看見比今晚更多的預兆。——她在那裏！

（馬蘭公主進來。）

馬蘭：您在何處呢，貴人？

惹馬：在這裏。

馬蘭：那麼在何處呢？——我看不見。

惹馬：在這裏，噴水池的附近。——我們要用水光互相瞥見。今天晚上這裏是奇怪的。

馬蘭：是的；——我害怕！阿！我尋着您了！

惹馬：您爲甚麼戰栗呢？

馬蘭：我並不戰栗。

惹馬：我看不見您。——來到這裏罷；這裏較明些，並且稍微揚頭向着天。——今晚您也是奇怪的！——人家可以說今晚我的眼睛開了。——人家可以說今晚我的心半開了……——但是我覺得您真是美麗！——但是您是奇怪的美麗，虞格列娜！——

我好像從來没有瞧您到這步田地！——今晚圍繞着您有些東西……我們到外邊去，到有光的地方去！來罷！

　　馬蘭：還不要去。

　　惹馬：<u>虞格列娜</u>！ <u>虞格列娜</u>！

　　（他和她接吻；在這個時候，噴水被風擾動，斜着過來，並且要落在他們的身上。）

　　馬蘭：我害怕。

　　惹馬：我們更去遠些……

　　馬蘭：有一個人在這裏哭泣……

　　惹馬：但是您不曾聽見這是風麼？

　　馬蘭：但是在那些樹上的一切眼睛是甚麼呢？

　　惹馬：那麼在何處呢？ 哦！ 這是那些梟鳥又回來了！ 我要趕去它們。（他用土塊拋擊它們。）你們去！ 你們去！

　　馬蘭：有一個不願意去！

　　惹馬：它在何處呢？

　　馬蘭：在那棵淚柳上面。

　　惹馬：你們去！

　　（他用土塊拋擊它。）

　　馬蘭：哦！ 你把土塊拋在我的身上了！

　　惹馬：哦！ 我的可憐的<u>虞格列娜</u>！

　　馬蘭：我害怕！

　　惹馬：您害怕在我的跟前麼？

　　馬蘭：在那些樹裏面有些火焰。

　　惹馬：甚麼全不是；——這是些電光，今天天氣是很熱的。

馬蘭:我害怕！哦！誰圍繞着我們搖動那土呢？

惹馬:甚麼全不是，這是一個鼹鼠，一個可憐的鼹鼠正在作工。

馬蘭:我害怕！……

惹馬:但是我們是在花園裏……

馬蘭:有些墻圍繞着這個花園麽？

惹馬:有的，有些墻和些濠溝圍繞着這個花園。

馬蘭:並且沒有一個人能進來麽？

惹馬:沒有;——但是很有些不認識的東西，無論甚麼法子也進來的。

（一時的靜默。）

馬蘭:我是憂悶的！

惹馬:您是憂悶的麽？您想到甚麼了，虞格列娜？

馬蘭:我想到馬蘭公主。

惹馬:您説？

馬蘭:我想到馬蘭公主。

惹馬:你認識馬蘭公主麽？

馬蘭:我是馬蘭公主。

惹馬:甚麼？

馬蘭:我是馬蘭公主。

惹馬:您不是虞格列娜麽？

馬蘭:我是馬蘭公主。

惹馬:您是馬蘭公主！但是她死了。

馬蘭:我是馬蘭公主。

（在這個時候，月光從樹中間過來，並且照着<u>馬蘭</u>公主。）

惹馬:哦！<u>馬蘭</u>！——但是您從何處來呢？並且您怎麼樣來到這裏呢？並且您怎麼樣來到這裏呢？

馬蘭:我不知道。

惹馬:我的<u>上帝</u>！我的<u>上帝</u>！今天我是從何處逃出來的呢！並且今晚您掀起了甚麼石頭呢！我的<u>上帝</u>！我的<u>上帝</u>！今晚我是從甚麼墳墓裏面出來的呢！——<u>馬蘭</u>！<u>馬蘭</u>！我們要作甚麼呢？——<u>馬蘭</u>！……我一直到心中覺得我是在天上！……

馬蘭:哦！我也是一樣的！

（在這個時候，噴水作奇怪的嗚咽並且停着。）

兩人:（轉身過去。）哦！

惹馬:不要哭；不要害怕。這是那噴水作的嗚咽……

馬蘭:是些甚麼到這裏來？是些甚麼要到這裏來？我要走！我要走！我要走！

惹馬:您不要哭！

馬蘭:我要走！

惹馬:它停着了；我們到外邊去罷。

（他們出去。）

第三齣

第一幕　宮殿的一部分

（幕展，看見國王。——惹馬親王進來。）

惹馬：我的父親麼？

國王：惹馬麼？

惹馬：我要同您談談，我的父親。

國王：您要同我說甚麼呢？

惹馬：您病了麼，我的父親？

國王：是的；我病了，並且您看我變老了！我的頭髮差不多全落了；您看我的兩手怎麼樣的戰栗並且我覺得我有那地獄的一切火焰在頭腦裏面！

惹馬：我的父親！我的可憐的父親！您應該遠離；或者往外邊去……我不知道……

國王:我不能遠離！——您爲甚麼來呢？我等着一個人。

惹馬:我有了話向您説。

國王:要説甚麼？

惹馬:要説馬蘭公主。

國王:要説甚麼？我差不多聽不見了。

惹馬:要説馬蘭公主，馬蘭公主回來了。

國王:馬蘭公主回來了麼？

惹馬:是的。

國王:但是她死了！

惹馬:她回來了。

國王:但是我曾看見她死了！

惹馬:她回來了。

國王:她在何處呢？

惹馬:在這裏。

國王:在這裏，在宮裏麼？

惹馬:是的。

國王:使她出來！我要見她！

惹馬:還不行。——我的父親，我再也不能娶虞格列娜了。

國王:你再不能娶虞格列娜麼？

惹馬:我從來祇愛馬蘭公主。

國王:這不是可能的，惹馬！……惹馬！……但是她要走了！……

惹馬:誰呢？

國王:安那！

惹馬:應當漸漸的使她預備着。

國王:我?——使她預備着?——您聽……我覺得她上了樓梯,惹馬,您等一等!……

(他出去。)

惹馬:我的父親! 我的可憐的父親!——在月杪以前,她要把他弄死了!

(國王回來。)

國王:今天您還不要去通告她!

(他出去。)

惹馬:我覺得她在那個小禮拜堂裏面。——她要來到這裏。——從有些日子起,她跟隨着我好像我的影子。(安那王后進來。)晚安,馬丹。

安那:阿! 這是您,惹馬。——我本不期望着……

惹馬:我有話向您說,馬丹。

安那:您從來是甚麼都不向我說的……我們是獨在這裏麼?

惹馬:是的,馬丹。

安那:那末到這裏來。您坐在這裏。

惹馬:這不過是一句話,馬丹。——你聽見人說那個馬蘭公主麼?

安那:那個馬蘭公主?

惹馬:是的,馬丹。

安那:是的,惹馬;但是她死了。

惹馬:人家說她也許是活着的。

安那:但是這是那個國王自己把她殺了。

惹馬：人家説她也許是活着的。

安那：隨她怎麽樣好去。

惹馬：您也許將要看見她。

安那：在那個別的世界麽？

惹馬：阿！……

（他出去。）

安那：您往何處去呢，貴人？並且您爲甚麽逃跑呢？——但是您爲甚麽逃跑呢？

（她出去。）

第二幕　在宮殿裏一間裝飾的大廳

（幕展，看見國王、安那王后、惹馬、虞格列娜、昂居、幾個侍女、幾個貴族，等等。——人家跳舞起來。音樂。）

安那：你來，這裏，我的貴人；今天晚上我覺得您變了容色。

惹馬：我的訂婚婦不是在我的跟前麽？

安那：讓我稍微用手放在您的心上。哦！它已經鼓起翅子來，好像它要飛向我不知道的甚麽天上去！

惹馬：這是您的手拉着它，馬丹。

安那：我不明白……我不明白。以後您再把這個講給我聽。（向國王。）你憂悶，貴人；你想着甚麽呢？

國王：我？——我不憂悶，但是我很老的了。

安那：您瞧，一個宴會的晚上不要説這些！寧可誇獎您的兒子；他這樣的穿着黑色和紫色絲製的短衣，不是可歡賞的麽？並且我不是爲我的女兒選擇一個美麗的丈夫麼？

惹馬:馬丹,我要找着昂居。他將要抛一點水在火上面,當您祇傾上些油的時候。

安那:但是您不要再使我們被他那些精妙言論的雨淋透了……

惹馬:它們將要在大太陽下面落下。

昂居:惹馬! 惹馬!

惹馬:哦! 我知道您所要説的;但是您所想的現在不是問題。

昂居:我再不認得您了;——但是昨晚您到底經過些甚麼呢?

惹馬:昨晚麼? ——哦,經過了些奇怪的事情! ——但是我現在更願意不説那些。一夜您去到那個花園的樹林裏;在噴水的旁邊;您將要注意這祇是在些有定的時候,並且當人看見它們的時候,那些東西變成安静的好像些老實的孩子,不像是可驚異和奇怪的;但是當人轉過背來向着它們,它們就要給您作些鬼臉,給你搗亂。

昂居:我不明白。

惹馬:我也不明白;但是我更願意在些男人的中間;就是他們全都反對着我也不要緊。

昂居:甚麼?

惹馬:您不要遠離了。

昂居:爲甚麼呢?

惹馬:我還不知道。

安那:你快完了麼,我的貴人? 人家不能這樣的抛棄他的訂婚婦!

惹馬:我趕來了,馬丹。

惹馬:（向虞格列娜。）昂居剛纔向我叙説一個奇怪的遇合，虞格列娜。

虞格列娜:果然麽?

惹馬:是的。——這關係着一個少女;一個可憐的少女,她曾失却她原有的一切財産……

虞格列娜:哦!

惹馬:並且無論如何她要嫁給他。一切的晚上,她在花園裏等候他;她順着月光來跟隨他;他再没有一刻的休息了。

虞格列娜:他要作甚麽呢?

惹馬:他甚麽都不知道。我告訴他叫人懸起那些吊橋,並且在每個門上安放一個帶武器的人,使她再不能進來,他不願意。

虞格列娜:爲甚麽呢?

惹馬:我不知道。——哦! 我的親愛的虞格列娜!

昂居:（向惹馬。）您不是當進結婚的冰洞的時候,打冷戰麽?

惹馬:我們要把那個作成火焰的洞!

國王:（很高聲的。)我在這裏簡直看不見跳舞。

安那:但是您離那些跳舞人三步遠,我的貴人。

國王:我覺得是很遠的。

昂居:（向着惹馬。）您曾注意從有些時起,您的父親有了蒼白色和困乏麽?

惹馬:是的,是的……

昂居:他變老的奇怪。

國王:（很高聲的。)我覺得那死來敲擊我的門了!

（他們全戰栗起來。——静默。——音樂陡然停止並且人家聽見有人在一個門上敲擊。)

安那:有人敲擊那個小門!

惹馬:進來!

(門半開了,並且人家在半開裏面看見馬蘭公主穿着訂婚婦的白色長衣。)

安那:那進來的是誰?

惹馬:馬蘭公主!

安那:誰?

惹馬:馬蘭公主!

國王:關着那個門。

一切的人:關着那個門!

惹馬:爲甚麼關着那個門呢?

(國王倒下。)

昂居:救助罷! 國王不好了!

惹馬:我的父親! ——幫助我呀! ……

一個貴人:開開那些窗户!

昂居:你們站開! 你們站開!

惹馬:叫一個醫生來! 我們抬他到他的床上! 幫助我呀!

昂居:在宮殿的上面有一場奇怪的暴風雨。

(他們全出去。)

第三幕　在宮殿的前面

(國王和安那王后進來。)

國王：但是人家也許能够把那個小女孩遠開。

安那：並且第二天再見她？——或者是不是應該等待一個苦惱的海？是不是應該等待惹馬和她到一塊兒？——是不是應該……

國王：我的上帝！我的上帝！您要我作些甚麽呢？

安那：您願意作甚麽就作甚麽；在這個女孩和我的中間，您可以選擇的。

國王：人家從來不知道他所想的……

安那：我知道他不愛她。他原來覺着她死了。您曾看見在他的腮上，流過一行眼淚麽？

國王：眼淚不是常常在腮上流的。

安那：他就不能投在虞格列娜的兩臂裏面了。

國王：您等候幾天。——他就可以熱愛她了。

安那：我們等候着。——他將要注意不到那些。

國王：我没有別的兒子……

安那：但是就因爲這個樣總應當使他有幸福。——留神！他同他那蠟作的女丐到了；他曾引她在泥地周圍散步，並且晚上的空氣已經使她變的比一個溺死四星期的女人還要青些。（惹馬親王和馬蘭公主進來。）晚安，惹馬！——晚安，馬蘭！你們作了一個美麗的散步麽？

惹馬：是的，馬丹。

安那：最好的却是晚間不出去。馬蘭應該謹慎。我覺得她已經有一點蒼白色了。泥地的空氣是很有毒的。

馬蘭：人家對我説過那個，馬丹。

安那：哦！這是一種真正的毒藥。

惹馬：我們元不是整天的出去；並且那月光來牽引了我們；我們順着那個運河，看了那些風磨。

安那：在起頭的時候，應該謹慎；我曾生過病，我也生過。

國王：一切的人來到這裏全生病的。

惹馬：在鄉村裏，有許多的病人。

國王：並且在墳地裏，有許多的死人。

安那：您瞧！不要驚嚇這個女孩子。

（瘋人進來。）

惹馬：馬蘭，那個瘋人！

馬蘭：哦！

安那：您還不曾看見過他麼，馬蘭？不要害怕，不要害怕；他不爲害。一切的晚上他這樣的亂走。

惹馬：一切的夜間，他去在那些果園裏面，掘些濠溝。

馬蘭：爲甚麼？

惹馬：不知道。

馬蘭：他指着的是我麼？

惹馬：是的，不要注意他。

馬蘭：他作十字的記號！

瘋人：哦！哦！哦！

馬蘭：我害怕！

惹馬：他有害怕的神氣。

瘋人：哦！哦！哦！

惹馬：他走了。

（瘋人出去。）

安那:結婚禮在何時呢,馬蘭?

惹馬:在本月末日以前,如果我的父親對於這件事情同意。

國王:是的,是的……

安那:您知道我留在這裏直到你們的結婚禮;並且虞格列娜也是那樣;哦! 可憐的虞格列娜! 惹馬,惹馬,您就拋棄了她!

惹馬:馬丹! ……

安那:哦! 您不要悔恨,頂好是今天對您把這些話說了;她原來服從她的父親更過於她自己的心;她却是愛你;但是那怎麼樣說? 她同着他的表兄,俄雪親王,一塊兒受養育,並且過她的童年,並且這些是不能忘的;她曾經從她那小小的心裏用一切的眼淚哭着離別他,那個時候,我拖她來到這裏。

馬蘭:有些黑色的東西到了。

國王:你說的是誰呢?

惹馬:甚麼?

馬蘭:有些黑色的東西到了。

惹馬:那末在何處呢?

馬蘭:在那邊;在霧裏面,墳地的那一邊。

惹馬:阿! 這是那七個女尼。

馬蘭:七個女尼!

安那:她們來給你們的結婚禮紡線。

(乳母和七個女尼進來。)

乳母:晚安! 晚安,馬蘭!

七個女尼:晚安。

一切的人:晚安,我的姊妹們!

馬蘭:哦！她所帶的是甚麼呢？

惹馬:誰？

馬蘭:第三個，那個老年的。

乳母:這是給您帶的布，馬蘭。

（七個女尼出去。——人家聽見一個鈴響。）

惹馬:人家搖了晚禱的鈴；來罷，馬蘭。

馬蘭:我有點冷。

惹馬:你是蒼白色了，我們回去罷。

馬蘭:哦！有這樣的些烏鴉圍繞着我們！

（鴉叫。）

惹馬:來罷！

馬蘭:但是在那些泥地上面這一切的烟是甚麼呢？

（在那些泥地上面有些磷火。）

乳母:人家說這是些靈魂。

惹馬:這是些磷火。——來罷。

馬蘭:哦！有一個很長的向那個墳地去了！

惹馬:來罷！來罷！

國王:我也回去——安那，您來麼？

安那:我跟隨着您。（國王、惹馬和馬蘭出去。）我覺得馬蘭有點病容。應當照拂她。

乳母:她有一點蒼白色，馬丹。但是她沒有病。她比您所想的強壯。

安那:如果她害了病，我並不奇怪……

（她同乳母出去。）

第四幕　醫生家中的一間房子

（醫生進來。）

醫生：她曾向我要些毒藥；在宮殿的上面有一種神秘的事情，並且我覺得它的牆要坍倒在我們的頭上；並且這是在那所房子裏面的小孩們的不幸！在我們的周圍，已經有些奇怪的傳聞；並且我覺得在這個世界的那一邊，人家起首有點耽心。到外遇了。在這個空兒，他們進在禍患裏面一直到嘴唇了；並且那個老王在這個月杪以前，要死在那個王后的床上……從幾個星期以來，他的毛髮奇怪的變白了，並且他的精神和他的身體同時起首搖動了。我不應該留在那些要來的暴風雨的中間，這是走去的時候了，並且我不願意同她瞎鑽進在這個地獄裏面！我應該給她些差不多無害的毒藥，迷惑着她；並且當人家關閉一個墳墓以前我將要開了那些眼睛。在這個空兒，我説我的兩手……我不願意因爲試着支持一個倒塌的塔來死！

（他出去。）

第五幕　宮殿中的一個庭院

（國王進來。）

國王：我的上帝！我的上帝！我願意到外邊！我願意能够一直睡到月杪；並且我死也高興了！她領着我好像一隻可憐的長毛獵犬；她要拖我在一個罪孽樹林的中間，並且地獄的火焰在我那路的盡頭了！我的上帝！如果我能順着我的原步走回來！但是原來没有法子離開那個女孩麼？今天早上我看見她病，就哭起來！如果她能離開這個有毒的宮殿！……我願意去到無論甚麼地方！無論甚麼地方！我願意看見，那些塔倒塌在那個池子裏面！我覺得我所吃的全受了毒；並且我覺得今晚，天也有了毒！——但是這毒藥，我的上帝，在這個可憐的白色小身體裏面！……哦！哦！哦！（安那王后進來。）他們到了麼？

安那：是的，他們來了。

國王：我走。

安那：甚麼？

國王：我走；我再不能看見這個了。

安那：這是甚麼？您要留下。坐在那裏罷。不要帶着奇怪的神氣！

國王：我帶着奇怪的神氣麼？

安那：是的。他們將要看出來。您要帶着更高興的神氣。

國王：哦！哦！高興！

安那：您瞧，不要響；他們在那裏。

國王：我的上帝！我的上帝！她是怎麼樣的蒼白！

（惹馬親王、馬蘭和小亞郎進來。）

安那：那麼，馬蘭，您怎麼樣好？

馬蘭：好一點；好一點。

安那：您有了較好的氣色；您坐在這裏，馬蘭。我叫人拿些墊子了；今晚空氣是很清的。

國王：有些星光。

安那：我没有看見那些。

國王：我覺得看見那些星在那裏。

安那：您的思想在何處呢？

國王：我不知道。

安那：您這樣舒服麽，馬蘭？

馬蘭：是的，是的。

安那：您困倦了麽？

馬蘭：有一點，馬丹。

安那：我要把這個墊子放在您的肘下。

馬蘭：多謝，馬丹。

惹馬：她這樣的忍耐！哦！我的可憐的馬蘭！

安那：您瞧，您瞧；這没有甚麽。應當有勇氣；這是由於那些泥地的空氣。虞格列娜她也病了。

惹馬：虞格列娜病了麽？

安那：她同馬蘭一樣病了；她離不開她的房間了。

國王：馬蘭離開宮殿要好一點。

安那：甚麽？

國王：我剛纔説馬蘭去到外邊或者要好一點……

惹馬：我也那樣説。

安那：她要向何處去呢？

國王：我不知道。

安那：不對，不對，她留在這裏好些；她對於那些泥地的空氣就要習慣了；我的上帝，我當時也病過；在何處人家照拂她比這裏更好呢？她留在這裏不是更好些麽？

國王：哦！哦！

安那：甚麼？

國王：是的！是的！

安那：呵！——您瞧，亞郎到底你有了甚麼。這樣的看我們？你來和我接吻；去玩皮球罷。

小亞郎：是不是馬——阿蘭病——病了？

安那：是的，有一點。

小亞郎：很，很，很病——病了麼？

安那：不，不。

小亞郎：她要再不同——同我玩了麼？

安那：玩的，玩的，她還要同你玩的；這不對麼，馬蘭？

小亞郎：哦！那個磨——磨石，它停——停住了！

安那：甚麼？

小亞郎：那——阿裏，那個黑色的磨——磨石！

安那：那麼，這是因爲那個磨工去睡覺了。

小亞郎：他病——病了麼？

安那：我簡直不知道；去，不要作聲；去玩去。

小亞郎：爲甚麼馬——阿蘭閉着眼睛呢？

安那：她困倦了。

小亞郎：您睜——睜開眼睛，馬——阿蘭！

安那：去，現在放我們安静罷；去玩去……

小亞郎：您睜——睜開眼睛，馬——阿蘭！

安那：去玩；去玩，呵！您穿了您的黑絨外套麼，馬蘭？

馬蘭：是的，馬丹。

惹馬:它沈暗一點。

安那:它是可嘆賞的!(向國王。)您看見了麼,貴人?

國王:我?

安那:是的,您。

國王:甚麼?

安那:您在何處呢? 我説那件黑絨外套。

國王:那裏有一棵側柏給我些記號!

安那:您睡着了麼? 您是不是作夢?

國王:我?

安那:剛纔我説那件黑絨外套。

國王:呵! ——是的,它是很美麗的……

安那:呵! 呵! 呵! 他原來睡着了! ——但是現在您自己覺得怎麽樣,馬蘭?

馬蘭:好點,好點。

國王:不,不,這是太可怕的!

惹馬:有甚麼了?

安那:甚麼是太可怕的?

國王:沒有甚麼! 沒有甚麼!

安那:但是小心着您所説的! 您把一切的人全嚇着了!

國王:我? 我把一切的人全嚇着了麼?

安那:但是您不要時常重説人家所説的! 今晚您有甚麼了? 您病了麼?

惹馬:您有了渴睡麼,我的父親?

國王:不,不,我沒有渴睡!

安那:您想誰呢?

國王:馬蘭?

馬蘭:陛下?

國王:我還沒有和您接吻麼?

馬蘭:沒有,陛下。

國王:今晚我能和您接吻麼?

馬蘭:是的,陛下。

國王:(和她接吻。)哦,馬蘭! 馬蘭!

馬蘭:陛下? ——您有甚麼了?

國王:我的些頭髮變白了,您看!

馬蘭:今天您愛我一點麼?

國王:哦! 是的,馬蘭! ……把你的小手給我! ——哦! 哦! 它還是熱的和一個小火焰一樣……

馬蘭:有甚麼了? ——但是有甚麼了?

安那:您瞧! 您瞧! 您使她哭了……

國王:我要願意死了!

安那:晚間不要再説像這樣的事情!

惹馬:我們走罷。

(在這時候,人家奇怪的敲門。)

安那:人家敲門。

惹馬:誰在這時候敲門呢?

安那:沒有人答應。

(人家敲門。)

國王:這能是誰呢?

惹馬：您敲重一點；人家聽不見您！

安那：人家不開門了！

惹馬：人家不開門了。明天您再來罷！

（人家敲門。）

國王：哦！哦！哦！

（人家敲門。）

安那：但是他用甚麼敲門呢？

惹馬：我不知道。

安那：您去看。

惹馬：我去看。

（他開門。）

安那：是誰呢？

惹馬：我不知道。我看不清楚。

安那：您進來！

馬蘭：我冷！

惹馬：沒有一個人！

一切的人：沒有一個人麼？

惹馬：天黑；我沒有看見一個人。

安那：那麼這是風；這應該是風！

惹馬：是的，我覺得是那棵側柏。

國王：哦！

安那：我們回去是不是更要好些？

惹馬：是的。

（他們全出去。）

第四齣

第一幕　花園的一部分

(<u>惹馬</u>親王進來。)

惹馬：她好像一隻狗總跟隨着我。她原來在那個塔上的一個窗戶前面；她曾看見我在花園的橋上過，並且你看她到了這條路的那頭！……我走了。

(他出去。——<u>安那</u>王后進來。)

安那：他逃避我並且我覺得他有些疑惑。我不願意等再長的時候了。這毒藥要一直引到末日的裁判！我再不能信任一個人了；並且我覺得那個國王變瘋了。我應該在一切的時候使他在我的眼下。他周圍着<u>馬蘭</u>的屋子亂走，並且我相信他要告訴她。——我把這個屋子的鑰飾取來了。這是歸結她的時候了！——呵！你看那個乳母。她常常在那個女孩那裏，今天應該把她離開。晨安,乳母。

（乳母進來。）

乳母:晨安,晨安,馬丹。

安那:天氣很好,是不是,乳母?

乳母:是的,馬丹;或者有點熱;在這節令有點太熱了。

安那:這是太陽的些最末的日子;應該利用它。

乳母:自從馬蘭病了以後我沒有時候來到花園裏了。

安那:她是不是好些?

乳母:是的,或者稍好一點;但是常常衰弱,衰弱! 並且蒼白色,蒼白色!

安那:我今天早晨見了那位醫生;他對我說頂要緊的,她需要休息。

乳母:他也對我那樣説。

安那:他並且勸着留她獨自一個,並且除了她叫,不要進在她的屋子裏面。

乳母:他簡直没有告訴我這些。

安那:他忘了那些;人家不敢給您説那些,恐怕使您難受。

乳母:他錯了,他錯了。

安那:可不是的;他錯了。

乳母:我正給她采了幾枝葡萄。

安那:已經有葡萄了麽?

乳母:是的,是的,我順着墻找着那些。她那樣的愛那些葡萄。

安那:這些葡萄是很美麗的。

乳母：我原來想在彌撒以後把這些給她，但是我要等着她病好了。

安那：不需要等很長的時候。

（人家聽見敲鐘。）

乳母：人家敲彌撒的鐘了！我要忘了今天是禮拜。

安那：我也要去。

（她們出去。）

第二幕　宮中的一個厨房

（幕展，看見些婢女、厨夫、僕人、等等。——那七個女尼在那個大廳的深處紡她們的錘竿，用半音唱着些臘丁文的神歌。）

一個僕人：我從花園的來；我從來沒有看見過這樣的天色；它黑的同那個池子一樣。

一個婢女：六點鐘了，並且我看不見了。應該點着那些燈。

另外一個婢女：人家甚麼全聽不着。

第三個婢女：我害怕。

一個厨夫：不應該害怕。

一個老婢女：但是你們看那天色！我有七十多歲了，並且我從來沒有看見過像這樣的天色！

一個僕人：這是真的。

一個女尼：有沒有聖水？

一個婢女：有，有。

另外一個女尼：那在何處呢？

一個厨夫：你們等着打雷。

（一個婢女進來。）

婢女：王后問小亞郎的晚飯預備好沒有？

厨夫：還沒有；沒有七點鐘呢。他常常七點鐘吃晚飯。

婢女：他今天晚上要早一點吃。

厨夫：爲甚麼呢？

婢女：我甚麼全不知道。

厨夫：您看這又是一個故事。也應該預先告訴我説……

（第二個婢女進來。）

第二個婢女：小亞郎的晚飯在何處呢？

厨夫："小亞郎的晚飯在何處呢？"但是我不能作個十字的記號就預備出來這頓晚飯。

第二個婢女：有一個鷄蛋和一點肉湯就够了。吃罷我應該立時使他睡下。

一個婢女：他病了麽？

第二個婢女：沒有，他沒有病。

別的一個婢女：但是他經過了甚麼事？

第二個婢女：我甚麼全不知道。——（給厨夫説。）他不要鷄蛋太硬了。

（第三個婢女進來。）

第三個婢女：今天夜裏不要等那位王后。

那些婢女：甚麼？

第三個婢女：今天夜裏不要等那位王后。她要自個脱衣服。

那些婢女：去，更好！

第三個婢女：應該點起一切的燈在她的屋子裏面。

一個婢女：點起一切的燈？

第三個婢女：是的。

一個婢女：但是因爲甚麼呢？

第三個婢女：我甚麼全不知道，她那樣說。

別的一個婢女：但是今天晚晌她有甚麼了？

一個僕人：她有一個約會。

另外一個僕人：同國王。

另外一個僕人：或者同惹馬親王。

（第四個婢女進來。）

第四個婢女：應該把水拿上王后的屋子裏面。

一個婢女：水？　但是有水。

第四個婢女：有的不够。

一個僕人：她是不是要洗澡？

一個厨夫：是不是你給她洗？

一個婢女：是的。

厨夫：哦！　啦，啦！

一個僕人：那麼她是赤身的麼？

一個婢女：當然的。

僕人：好天爺！

（一個閃電。）

全體：一個閃電！

（他們作十字的記號。）

一個女尼：但是那麼你們不要說話！　你們要引動那個雷！　你

們要把那個雷引到我們全體的身上！我，我不留在這裏！

　　另外那些女尼：我也不！——我也不！——我也不！——我也不！——我也不！——我也不！

　　（她們作十字的記號，很快的出去。）

第三幕　馬蘭公主的屋子

　　（幕展，看見馬蘭公主睡在床上。——一個大黑狗在一個角起打顫。）

　　馬蘭：這裏樸呂東！這裏樸呂東！他們留我一個！在這樣的一個夜間，他們留我一個！惹馬也不來看我。我的乳母也不來看我；並且當我叫的時候，没有一個人答應我。——你在何處呢，我的可憐的黑狗？你也要放棄我麽？——你在何處呢，我的可憐的樸呂東？——在黑暗裏面我看不見你；你同我的屋子一樣的黑。——我所看見在那角起的是不是你？——但是這是你的眼睛在那角起發光！——但是，對着上帝的愛情，閉着你的眼睛罷！這裏樸呂東！這裏樸呂東！（這個時候暴風雨起首了。）——我所曾看見在那角起打顫的是不是你？——但是我從來没有看見過這樣打顫！它使一切的器具全顫起來！——你是不是看見了甚麽東西？——你答應我罷，我的可憐的樸呂東！在屋裏面有一個人麽？來到這裏，樸呂東，來，這裏！——但是來在我跟前，在我的床裏面！——但是你在這個角起打顫的要死！（她起來並且向那個狗走去，那個狗向後退並且藏在一個器具底下。）——你在何處呢，我的可憐的樸呂東！——哦！你的眼睛現在發了

火,——但是今天夜裏你爲甚麼怕我呢?（她又睡下。）——如果
我原來能睡着一會兒……——我的上帝!我的上帝!我怎麼樣
的病!並且我不曉得我有甚麼;——並且没有一個人知道我有甚
麼。（這個時候風吹動那些床帳。）呵!人家觸我的床帳!這是
誰觸我的床帳呢?有一個人在我的屋子裏面!——應該有一個
人在我的屋子裏面!——哦!你看那月明進在我的屋子裏面,但
是在那毯子上面的這些影子是甚麼呢?——我覺得那十字架在
牆上擺動!這是誰觸那個十字架呢?我的上帝!我的上帝!我
不能在這裏了!（她起來並且向着門走,來試着開它。）——他們
把我關在屋子裏面!——對着上帝的愛情,您給我開開罷!在我
的屋子裏邊有些東西!——如果人家留我在這裏我要死了!乳
母!乳母!你在何處呢?惹馬!惹馬!惹馬!您在何處呢?
（她向着床回來。）——我再不敢出了我的床。——我要轉到那
面去。——我將來看不見牆上所有的東西。（這個時候有些白
衣服放在跪凳上面慢慢的被風吹動。）——呵!有一個人在那跪
凳上面!——（她轉向那一面。）——呵!那個影子還在牆
上!——我要試着來閉着眼睛。（這個時候人家聽見那些器具
軋軋的響並且那風悲號。）哦!哦!哦!現在有甚麼了?——有
聲音在我的屋子裏面!（她起來。）——我要看看在那個跪凳上
面有甚麼了!——我原來怕我的結婚的衫子!但是在毯子上的
這個影子是甚麼呢?（她使那個毯子滑過去。）它現在到牆上了!
我要喝一點水!（她喝,並且把那個玻璃杯子放在一個傢具上
面。）——哦!它們怎麼樣叫唤,我的屋子裏那些蘆草!並且當
我走的時候,在我的屋子裏面全説起話來!我覺得這是那棵側柏

的影子；在我的窗户前面有一棵側柏。（她向着那個窗户走去。）——哦！他們所給我的愁慘的屋子！（打雷。）在電光底下，我只看見些十字架；並且我怕那些死人從那個窗户進來。但是在那個墳墓裏面有甚麼樣的暴風雨！並且在那些淚柳裏面有甚麼樣的風！（她睡在床上面。）我現在甚麼全聽不見了；並且那月明從我的屋子出去了。我甚麼全聽不見了，現在。我却高興聽見聲音。（她聽。）在那游廊裏面有些步聲。奇怪的步聲，奇怪的步聲……人家周圍着我的屋子低聲説話；並且我聽見有些手在我的門上面！（這個時候那個狗吠起來。）樸呂東！樸呂東！有一個人要進來！——樸呂東！樸呂東！樸呂東！不要這樣吠！我的上帝！我的上帝！我覺得我的心要死了！

第四幕　　宮中的一個游廊

（國王同安那王后在那個游廊的一頭進來。——國王拿一個亮子，暴風雨接續着。）

安那：我覺得今天夜裏暴風雨將來可怕的；在那個院子裏面，剛才有一陣可駭的風，一棵老淚柳倒在那個池子裏面。

國王：我們不要作那個。

安那：怎麼？

國王：没有法子別樣作麼？

安那：您來。

國王：那七個女尼！

（人家聽見那七個女尼唱着那些祈禱來了。）

一個女尼:(在遠處。)Propitius esto!（你有恩惠罷!）

別的那些女尼:Paree Nobis, Domine!（對於我們有一點,主人!）

一個女尼:Propitius esto!（你有恩惠罷!）

別的:Exandi nos, Domine!（你聽我們罷,主人!）

一個女尼:Ab omni Malo!（從一切的灾害!）

別的:Libera nos,Domine!（解放我們罷,主人!）

一個女尼:Ab omni peccato!（從一切的罪孽!）

別的:Libera nos,Domine!（解放我們罷,主人!）

（她們並列的進去,頭一個拿着一盞燈,第七個拿着一本祈禱的書。）

一個女尼:Ab ira tua!（從你的憤怒!）

別的:Libera nos,Domine!（解放我們罷,主人!）

一個女尼:A subitanea et improvisa Morte!（從驟然和出乎意外的死!）

別的:Libera nos,Domine!（解放我們罷,主人!）

一個女尼:Ab i sidus diaboli!（從魔鬼的詭計!）

別的:Libera nos,Domine!（解放我們罷,主人!）

一個女尼:(在國王和王后前面過去。)A spiritu fornicationis!（從邪淫的思想!）

別的:Libera nos,Domine!（解放我們罷,主人!）

一個女尼:Ab ira,et odio,et omni mala voluntate!（從憤怒、仇恨和一切的惡意志!）

別的:Libera nos,Domine!（解放我們罷,主人!）

（她們出去並且人家還聽見她們在遠處唱。）

一個女尼：A fulgure et tempest te！（從電光和暴風雨！）

別的：Lebera nos，Domine！（解放我們罷，主人！）

一個女尼：（很遠。）A morte perpetual！（從永久的死！）

別的：Libera nos，Domine！（解放我們罷，主人！）

安那：她們走去了。——您來罷。

國王：哦！我們今天不要作那個！

安那：為甚麼？

國王：雷打的這樣可怕！

安那：人家將來聽不見喊叫。您來罷。

國王：我們還稍等一下子。

安那：您不要説話；那個門就在這裏……

國王：那個門在這裏麼？……

安那：鑰飾在何處呢？

國王：我們去到那個游廊的盡頭；或者有一個人。

安那：鑰飾在何處呢？

國王：我們等到明天罷。

安那：但是這怎麼樣是可能的？我們去！鑰飾！鑰飾！

國王：我覺得我把它忘了。

安那：這不是可能的。我把它給您了。

國王：我找不着它。

安那：但是我把它放在您的外套裏邊了……

國王：它不在那裏了。我去找它……

安那：那麼何處呢？

國王:外邊。

安那:不,不,您留在這裏罷! 您要再不回來了。

國王:回來,回來,我將要回來。

安那:我將要自己去。您留在這裏罷。它在何處呢?

國王:我不知道。在我睡覺的房間裏面……

安那:但是您要走去麼?

國王:哦! 不,我要停住! ……我要停在這裏!

安那:但是您應該有鑰飾。我把它放在您的外套裏邊了。您找罷。我們沒有時候耽誤了。

國王:我找不着它。

安那:你瞧……——但是它在這裏。你瞧,你應該有理性,惹馬,並且你不要裝小孩了今天晚晌……你是不是不愛我了?

(她要同他接吻。)

國王:(推開她。)不,不,現在不。

安那:您開開罷!

國王:哦! 哦! 我對於地獄的門也要害怕的輕一點! 只有一個小閨女在那後邊;她不能……

安那:您開開罷!

國王:她不能拿一朵花在她的手裏面,她打顫當她拿一朵可憐的小花在她的手裏面;至於我……

安那:去;您不要演戲了,這不是時候。——我們沒有時候耽誤!

國王:我找不着那個鎖的眼。

安那:把那個亮子給我;它打顫好像那個游廊要倒坍下來。

國王:我找不着那個鎖的眼。

安那：您打顫麼？

國王：不是；——是的，有一點，但是我看不見了！

安那：把鑰飾給我。（半開了那個門。）進來！

（那個黑狗爬着出去。）

國王：有個東西出去了！

安那：是的。

國王：但是這是甚麼從那個屋子出去呢？

安那：我不知道，——進來！進來！進來！

（他們進在屋子裏面。）

第五幕　馬蘭公主的屋子

（幕展。看見馬蘭公主在她的床上不動，驚駭着並且正在聽；國王和安那王后進來。——暴風雨更甚起來。）

國王：我要知道從屋子出去的東西！……

安那：前進罷，前進罷！

國王：我要去知道從屋子出去的東西……

安那：您不要説話。她在那裏。

國王：她死了！——我們去罷！

安那：她害怕。

國王：我們去罷！我聽見她的心跳直到這裏！

安那：前進罷；——你是不是變成瘋子了？

國王：她看我們，哦！哦！

安那：但是這是一個小閨女！——晚安，馬蘭。——你是不是沒有聽見我,馬蘭? 我來給你說晚安。——你病了麼,馬蘭你是不是沒有聽見我? 馬蘭! 馬蘭!

(馬蘭作個聽見的記號。)

國王:呵!

安那:你是可怕的! ——馬蘭! 馬蘭! 你是不是失了聲音?

馬蘭:晚……安! ……

安那:呵! 你還活着的;——你有一切你所需要的東西麼? ——但是我要脫了我的外套。(她把她的外套放在一件傢俱上面並且走近那個床。)——我要看看。——哦! 這個枕頭太硬了。——我要給你收拾頭髮。——但是你爲甚麼這樣看我,馬蘭? 馬蘭? ——我來給你親近一點。——你甚麼地方不舒服了? ——你打顫好像你要死去。——但是你使全床都打起顫來了! ——但是我不過來給你親近一點。——你不要這樣看我! 在你這樣歲數應該被親近;我要當你的可憐的媽媽。——我要給你收拾頭髮。——你看,抬起一點頭;我要給你用這個把頭髮束着。——抬起一點頭。——這樣。

(她把一個圈套套在她頸脖周圍。)

馬蘭:(跳在床前。)呵! 這是甚麼東西您給我放在頸脖周圍呢?

安那:沒有甚麼! 沒有甚麼! 甚麼全沒有! 你不要喊叫!

馬蘭:呵! 呵!

安那:您止住她罷! 您止住她罷!

國王:甚麼? 甚麼?

安那:她要喊叫! 她要喊叫!

國王:我不能!

馬蘭:您要我! ……哦! 您要我! ……

安那:(捉着馬蘭。)不! 不!

馬蘭:媽媽! 媽媽! 乳母! 乳母! 惹馬! 惹馬! 惹馬!

安那:(給國王説。)您在何處呢?

國王:這裏,這裏!

馬蘭:(跪着跟隨着安那。)您等等! 您等一會兒罷! 安那!
馬丹! 國王! 國王! 國王! 惹馬! ——不要今天! ——不! 不!
不要現在! ……

安那:您要跪着跟着我把世界繞個圈麼?

(她拉那個圈套。)

馬蘭:(倒在屋子中間。)——媽媽! ……哦! 哦! 哦!

(國王要去坐下。)

安那:她不動了。這已經完了,——您在何處呢? 幫助我罷!
她還沒死。您坐下了!

國王:是的! 是的! 是的!

安那:您捉着她的脚;她踶跳呢。她要再起來……

國王:那些脚? 那些脚? 它在何處呢?

安那:那裏! 那裏! 那裏! 啦!

國王:我不能! 我不能!

安那:但是您不要使她無益的受苦!

(這個時候冰雹忽然碰着那些窗户花花的響。)

國王:呵!

安那:您作甚麽了?

國王：在那些窗户上！——人家敲那些窗户！

安那：人家敲那些窗户？

國王：是的！是的！用些指頭！哦！成百萬的指頭！

（又一陣猛雨。）

安那：這是冰雹！

國王：冰雹？

安那：是的，我看見它了。——她的眼睛成了擾亂的了。

國王：我要走！我要走！我要走！

安那：甚麼？甚麼？等一等！等一等！她死了。

（這個時候一個窗户被風吹着猛然開了，並且放在欄杆上面的一個瓶子盛着一枝百合花，花喇一聲掉在屋子裏面。）

國王：哦！哦！現在！……——現在有了甚麼？

安那：甚麼全不是，這是百合花，百合花掉了。

國王：人家開了那個窗户。

安那：這是風。

（雷聲和電光。）

國王：這是不是風？

安那：是的，是的，您很可以聽見。——您拿開罷，您把那朵百合花拿開罷；——它也要掉下來。

國王：那裏？那裏？

安那：那裏！那裏！在窗户上。它要掉下來，它要掉下來！人家要聽見它！

國王：（取了那朵百合花。）應該把它放在何處呢？

安那：任您放在何處；在地下！在地下！

國王：我不知道何處……

安那：但是您不要手裏拿着這朵百合花在那裏停住！它打顫好像它在一個暴風雨的中間！它要掉下來！

國王：應該把它放在何處呢？

安那：任您放在何處；在地下；——不管何處……

國王：這裏麼？

安那：是的，是的。

（這個時候馬蘭動一下子。）

國王：哦！

安那：甚麼？甚麼？

國王：（仿效那個動作。）她有！……

安那：她死了；她死了。您來！

國王：我？

安那：是的。她的鼻子上有血。——把您的手巾給我。

國王：我的……我的手巾？

安那：是的。

國王：不，不！不要用我的！不要用我的！

（這個時候那個瘋子在那開着的窗戶前面現出來並且忽然冷笑。）

安那：有一個人！有一個人在窗戶前面！

國王：哦！哦！哦！

安那：這是那個瘋子！他看見了亮子。——他要説它。——把它吹滅！

（國王跑在窗戶前面並且打那瘋子一劍。）

瘋子:(倒下。)哦！哦！哦！

安那:他死了麼？

國王:他倒了。他倒在那個濠裏面。他淹没！您聽！您聽！……

(人家聽見些波動的聲音。)

安那:在附近没有一個人麼？

國王:他淹没;他淹没。您聽！

安那:在附近没有一個人麼？

(雷聲和電光。)

國王:有些電光！有些電光！

安那:甚麼？

國王:下雨！下雨！下冰雹！下冰雹！打雷！打雷！

安那:您在那裏作甚麼,在那個窗户前面？

國王:下雨,雨下在我身上！他們把水傾在我的頭上！我想到那細草地上！我想到那空氣裏面！他們把水傾在我的頭上！現在應該把一切大洪水的水拿來給我行洗禮！天的全體用冰雹壓在我的頭上面！天的全體用些電光壓在我的頭上面！

安那:您變成瘋子了！您要使雷打您！

國王:下冰雹！冰雹下在我頭上！有些雹粒子好像些烏鴉的蛋！

安那:但是您變成瘋子了！他們要用石塊投您。——您已經出血了。——關着那個窗户。

國王:我渴了。

安那:喝。在這個玻璃杯子裏面有水。

國王:那裏？

安那：那裏；它還有一半。

國王：她在這個杯子裏面喝了麼？

安那：是的；或者。

國王：没有别的杯子麼？

（他把剩下的水傾出來並且洗那個杯子。）

安那：不，——您作甚麼呢？

國王：她死了。（這個時候人聽見些奇怪的抓撓和一種爪子抓門的聲音。）呵！

安那：人家抓門！

國王：他們抓！他們抓！

安那：不要説話。

國王：但是這不是一隻手！

安那：我不知道這是甚麼。

國王：我們要小心！哦！哦！哦！

安那：您有甚麼了？

國王：甚麼？甚麼？

安那：您是可怕的！您要倒下。喝，喝一點罷。

國王：是的！是的！

安那：人家在那個游廊裏面走。

國王：他要進來！

安那：誰？

國王：那……那……個！……

（他作抓的手勢。）

安那：不要説話。——人家唱……

聲音：(在那個游廊裏面。) De praofundis clamavi ad te, Domine; Domine, exaudi vocem meam! (我曾從深淵裏面向着您叫，主人；主人，您聽我們的聲音罷！)

安那：這是那七個女尼往厨房的去。

聲音：(在那個游廊裏面。) Fiant aures tuae in-tendentes, in vocem deprecationis meae! (希望您的耳朵向着我們祈禱的聲音！)

(國王任那個玻璃杯子和那個水瓶掉下。)

安那：您作甚麼了？

國王：這不是我的錯……

安那：她們要聽見聲音。她們要進……

聲音：(在那個游廊裏面遠了。) Si iniquitates observaoeris, Domine; Domine, quis sns tinebit? (如果您看那些不公平的事，主人；主人，誰能站住呢？)

安那：她們過去了；她們往厨房裏去。

國王：我要去！我要去！我要同她們去！給我開開門！

(他向那個門走去。)

安那：(拉着他。)您作甚麼呢？您往那裏去呢？您變成瘋子了麼？

國王：我要同她們去！她們已經在那細草地上了……她們在那個池子邊上……有風；下雨；有水；有空氣！——您能不能儘少任我死在空氣裏面！但是這裏在一個小屋子裏面！在一個可憐的小屋子裏面！我要開開那些窗户……

安那：但是打雷！您變成瘋子了麼？我不如獨個來。

國王：是的！是的！

安那：您對這事要洗手了，是不是？但是現在……

國王：我沒有殺她！我沒有觸着那裏！這是您殺了她！這是您！這是您！這是您！

安那：好，好；不要説話。——我們以後看。但是您不要這樣喊叫。

國王：您不要説這是我，或者我也把您殺掉！這是您！這是您！

安那：您不要喊叫像一個鬼迷心的人！人家要聽見您一直到那個游廊的盡頭。

國王：人家聽見我了麼？

（人家敲門。）

安那：人家敲門！您不要動！

（人家敲門。）

國王：要經過些甚些事情？現在要經過些甚麼事情？

（人家敲門。）

安那：把亮子熄了罷。

國王：哦！

安那：我給您説把亮子熄了。

國王：不。

安那：我自己來熄它。

（她把亮子熄了。人家敲門。）

乳母：（在那個游廊裏面。）馬蘭！馬蘭！

安那：（在那個屋子裏面。）這是那個乳母……

國王：哦！哦！那個乳母！那個好，那個好乳母！我要見那個乳母！我們開開罷！我們開開罷！

安那：但是那麼您不要説話；對着上帝，您不要説話罷！

乳母：（在游廊裏面。）馬蘭！馬蘭！您是不是睡着了？

國王：（在屋子裏面。）是的；是的；是的；哦！

安那：您不要説話罷！

乳母：（在游廊裏面。）馬蘭……我的可憐的……馬蘭……您不答應我了麼？您不願意答應我了麼？——我覺得她睡的很酣的。

國王：（在屋子裏面。）哦！哦！很酣的！

（人家敲門。）

安那：您不要説話罷！

乳母：（在游廊裏面。）馬蘭！——我的可憐的小馬蘭！我給您拿來些美麗的白葡萄和一點肉湯；他們説您不能吃；但是我很知道您很衰弱，我知道您餓了。——馬蘭，馬蘭！給我開開罷！

國王：（在屋子裏面。）哦！哦！哦！

安那：您不要哭！她要走……

乳母：（在游廊裏面。）你看惹馬同小亞郎來到。他要看見我給她帶的果子。我要把這些藏在我的外衣底下。

國王：（在屋子裏面。）惹馬來到！

安那：是的。

國王：和小亞郎。

安那：我很知道；您不要説話罷。

惹馬：（在游廊裏面。）誰在那裏？

乳母：是我，貴人。

惹馬：呵！是您，乳母。在這個游廊裏面這樣黑。我剛纔認不得您了。您在這裏作甚麼呢？

乳母：我原來要上廚房去；並且我看見那個狗在門前……

惹馬：呵！這是樸呂東！——這裏樸呂東！

安那：（在屋子裏面。）剛纔是那個狗！

國王：甚麼？

安那：剛纔是那個狗抓……

乳母：（在游廊裏面。）它原來在馬蘭的屋子裏面。我不知它怎麼樣出來了……

惹馬：她是不是不在她的屋子裏面？

乳母：我不知道；她沒有答應我。

惹馬：她睡着了。

乳母：它不願意離開那個門。

惹馬：任它去，那些狗有些奇怪的意思。但是甚麼樣的暴風雨，乳母！但是甚麼的暴風雨！……

乳母：小亞郎還没有睡麼？

惹馬：他找他的母親；他找不着他的母親。

小亞郎：小母親是丟——丟掉了！

惹馬：在他睡着以前他一定要看見她。您不知道她在何處麼？

乳母：不知道。

小亞郎：小母親是丟——丟掉了！

惹馬：（在游廊裏面。）人家找不着她。

小亞郎：小母親是丟——丟掉了！丟——丟掉了！丟——丟

掉了！哦！哦！哦！

　國王：(在屋子裏面。)哦！

　安那：他大哭！

　乳母：(在游廊裏面。)你瞧，你不要哭；這不是你的皮球。我在花園裏面找着她了。

　小亞郎：呵！呵！呵！

　(人家聽見些碰門的微聲。)

　國王：(在屋子裏面。)您聽！您聽！

　安那：這是小亞郎碰着門玩皮球！

　國王：他們要進來。——我們關着它！

　安那：它是關着的！

　國王：(去到門前。)那些門閂！那些門閂！

　安那：慢慢的，慢慢的！

　惹馬：(在游廊裏面。)但是那個狗爲甚麼這樣在那門底下嗅？

　乳母：它要進去；它常常靠近馬蘭。

　惹馬：您覺得她明天可以出來麼？

　乳母：是的，是的，她的病好了。——那麼，亞郎，你在那裏作甚麼？——你不玩了麼？你聽門縫子麼？哦！小没出息聽門縫子！

　小亞郎：在那個門後邊有一個小孩——孩子麼？

　安那：(在屋子裏面。)他説甚麼？

　惹馬：(在游廊裏面。)永遠不應該聽門縫子。當人家聽門縫的時候要經過些不幸的事。

小亞郎:在那個門後邊有一個小孩——孩子。

安那:(在屋子裏面。)她聽見您了!……

國王:是的!是的!我覺得是的!

安那:但是您不要靠着門睡!您去罷!

國王:那裏?那裏?

安那:這裏!這裏!

小亞郎:(在游廊裏面。)在那門後邊有一個小孩——孩子。

惹馬:來;你瞌睡了。

乳母:來;這是一個可惡的小孩子。

小亞郎:我要看見那個小孩——孩子!……

乳母:是的,你明天就見他啦。來,我們去找小母親,不要哭了,來!

小亞郎:我要看見那個小孩——孩子!哦!哦!我要給小母親說!哦!哦!

乳母:至於我,我將給小母親說你把<u>馬蘭</u>驚醒了。來,<u>馬蘭</u>是病着呢。

小亞郎:<u>馬</u>——<u>阿蘭</u>沒有病——病了。

乳母:來,你要把<u>馬蘭</u>驚醒。

小亞郎:(走遠。)不,不,我不要<u>馬</u>——<u>阿蘭</u>驚醒!我不要把<u>馬</u>——<u>阿蘭</u>驚醒!

安那:(在屋子裏面。)他們走了麼?

國王:是的!是的!我們走罷。我去開那個門!那個鑰飾!那個鑰飾!那個鑰飾在何處呢?

安那:這裏。——您稍等一下子。——我們要把她抬在她的床上面。

　　國王：誰？

　　安那：她。

　　國王：我不觸她了！

　　安那：但是人家要看出來有人把她勒死了！您幫助我罷！

　　國王：我不觸她了！您來！您來！您來！

　　安那：您幫助我把那個圈套去下來罷！

　　國王：您來！您來！

　　安那：我不能把那個圈套去掉！一個刀子！一個刀子！

　　國王：哦！周圍着她頸脖的是甚麼？是甚麼周圍着她的頸脖發光呢？您同我來！您同我來！

　　安那：但是這甚麼全不是！這是一個紅寶石的頸圈！您的刀子！……

　　國王：我不觸她了！我不觸她了，我告訴您說！但是那位好上帝就是跪在我的面前！……我將要把他推倒！我將要把他推倒！我不觸她了！哦！有！……這裏有！……

　　安那：甚麼？甚麼？

　　國王：這裏有！哦！哦！哦！

　　（他摩着把門開開並且跳去。）

　　安那：他在何處呢？……他跳了……他看見甚麼了我甚麼全看不見……他跑的碰着游廊的那些墙……他在游廊那一頭跌倒。——我也不一個人留在這裏。

　　（她出去。）

第五齣

第一幕　公墳的一部分在宮殿前面

（幕展，看見一大群人。接續着暴風雨。）

一個老婦人：那個雷掉在風磨上面了！

另外一個婦人：我看見它掉了！

一個鄉下人：是的！是的！一個藍球！一個藍球！

另外一個鄉下人：那個風磨燃着了！它的翅膀燃着了！

一個小孩子：它旋轉！它還在旋轉！

全體：哦！

一個老人：你曾看見過像這樣的一夜麼？

一個鄉下人：你們看那個宮殿！那個宮殿！

另外一個：它是不是也點着了？——是的。

第三鄉下人：不是，不是！這是些綠色的光焰。在一切的房脊上有綠色的光焰！

一個婦人：我覺得世界要完了！

另外一個婦人：我們不要停在公墳裏面！

一個鄉下人：我們等等！我們稍等一等！他們把最下一層的一切窗户全點明了！

一個窮人：有一個筵會！

另外一個鄉下人：他們要吃！

一個老人：在最下一層有一個窗户没有點明！

一個宫中的僕人：這是馬蘭公主的屋子。

一個鄉下人：那一個麼？

僕人：是的；她病了。

一個流氓：（進來。）在那個海口裏邊有一隻大戰艦。

全體：一隻大戰艦麼？

流氓：一隻大黑艦；人家看不見水手。

一個老人：這是末日的裁判。

（這個時候月明在宫殿頂上現出來。）

全體：月明！月明！月明！

一個鄉下人：它是黑色的；它是黑色的……它有甚麼了？

僕人：一個月蝕！一個月蝕！

（可怕的電光和雷聲。）

全體：那個雷掉在那座宫殿上面了。

一個鄉下人：一切的塔全搖動了。

一個女人：那個小教堂的大十字架搖動了……它搖動！它搖動！

有些人:它掉! 它掉! 同那小塔的房頂!

一個鄉下人:它掉在那濠裏面了。

一個老人:將要有些大灾禍。

另外一個老人:人家要説地獄周圍着那座宮殿。

一個婦人:我對你説這是末日的裁判。

另外一個婦人:我們不要停在公墳裏邊。

第三個婦人:那些死人要出來!

一個巡禮的人:我覺得這是那些死人的裁判!

一個婦人:你們不要在那些墳頭上走!

另外一個婦人:(給些小孩子説。)你們不要在那些十字架上走。

一個鄉下人:(跑來。)那個橋的一孔倒坍下來了!

全體:橋? 那座橋?

鄉下人:宮殿的那座石橋。人家以後不能進在宮殿裏面了。

一個老人:我並不想進去。

另外一個老人:我並不想在那裏! ……

一個老婦人:我也不想!

僕人:你們看那些天鵝! 你們看那些天鵝!

全體:何處? 它們在何處呢?

僕人:在那個濠裏面;在馬蘭公主的窗户底下!

有些人:它們有甚麼了? 但是它們有甚麼了?

別的人:它們飛了! 它們飛了! 它們全體飛了!

一個鄉下人:那個窗户開了!

僕人:這是馬蘭公主的窗户!

另外一個鄉下人：没有一個人！

（一種静默。）

有些婦人：它開了！

別的婦人：我們走罷！我們走罷！

（她們驚駭的逃脱了。）

那些男人：有甚麼了？有甚麼了？

一切的婦人：人家不知道！

（她們逃脱。）

有些男人：但是經過甚麼了？

別的些男人：甚麼全没有！甚麼全没有！

（他們逃脱。）

全體：但是你們逃甚麼呢？甚麼全没有！甚麼全没有！

（他們逃脱。）

一個坐行的人：一個窗户開了……一個窗户開了……他們害怕……甚麼全没有！

（他在手上匐行驚駭的逃去。）

第二幕　宮殿的小教堂前面的一個大廳

（幕展，看見一群的貴人、侍從、貴婦人等等，在那裏等着。接續着暴風雨。）

一個貴人：（在窗户前面。）人家曾看見過這樣的一個夜間麼？

另外一個貴人：但是您看那些樅樹！您來看那個樅樹林子，

在這個窗戶前面！透着那些電光它睡倒到地下了！——人家要説電光的一道河！

別的一個貴人：並且那個月明！您看見那個月明麼？

第二個貴人：那個月蝕在十點鐘以前完不了。

第一個貴人：並且那些雲彩！那麽您看那些雲彩！人家要説有些群的黑象，在這宮殿頂上過有三點鐘了！

第二個貴人：它們使那個宮殿從地窖子到高樓頂上全打顫來！

惹馬：幾點鐘了？

第一個貴人：九點。

惹馬：你看我們等國王一點多鐘了！

第三個貴人：人家還不曉得他在何處麽？

惹馬：那七個女尼最後看見他在那個游廊裏面。

第二個貴人：在幾點鐘附近？

惹馬：在七點鐘附近。

第二個貴人：他没有預先通知麽？……

惹馬：他甚麽全没説。要是經過點事情我要去看。

（他出去。）

第三個貴人：但是那個安那王后，她在何處呢？

第一個貴人：她原來同他在一塊兒。

第三個貴人：哦！哦！那麽！

第二個貴人：這樣一個夜間！

第一個貴人：您小心點！這些墙聽……

（進來一個内臣。）

全體:那麼?

內臣:人家不曉得他在何處。

一個貴人:但是有一種灾禍到了!

內臣:應該等着。我把宮殿全跑遍了;我問了一切的人;人家不知道他在何處。

一個貴人:這要是進小教堂的時候了;——您聽,那七個女尼已經在那裏。

(人家聽見些遠處的歌唱。)

別的一個貴人:(在一個窗戶前面。)您來;您來;您來看那條河……

有些貴人:(跑來。)有甚麼了?

一個貴人:在那暴風雨裏面有三隻艦!

一個親王夫人的侍婢:我再不敢看那樣一條河了!

另外一個親王夫人的侍婢:您不要掀起那些簾子! 您不要掀起那些簾子!

一個貴人:一切的墻全打起顫來,好像它們有了熱病一樣!

另外一個貴人:(在另外一個窗戶前面。)這裏,這裏,您來這裏。

有些人:甚麼?

別的人:我再不看了!

貴人:(在窗戶前面。)一切的獸類全逃在公墳裏面了! 在那些側柏裏面有些雉鷄! 在那些十字架上面有些鴞鳥! 鄉間的一切牝羊睡在那些墳頭上面!

另外一個貴人:人家可以說是地獄的宴會!

一個親王夫人的侍婢：您關着那些簾子罷！您關着那些簾子罷！

一個僕人：(進來。)有一個塔掉在那個池子裏面！

一個貴人：一個塔？

僕人：小教堂的那個小塔。

內臣：甚麼全不是。它原來就壞了。

一個貴人：人家可以相信是在地獄的附郭裏面。

內臣：沒有危險！——這坐宮殿可以支持大洪水！

(這個時候，有一個貴人開開一個窗户，人家聽見一隻狗在外邊吠。——静默。)

全體：這是甚麼？

老貴人：一個狗正在吠！

一個婦人：您不要開這個窗户！

(惹馬親王進來。)

一個貴人：惹馬親王！

全體：您看見他了麼，貴人？

惹馬：我甚麼全沒看見！

有些貴人：但是那麼？……

惹馬：我甚麼全不知道。

(昂居進來。)

昂居：你們開開那些門罷！國王來了！

全體：您看見他了麼？

昂居：是的！

惹馬：他原來在何處呢？

昂居:我不知道。

惹馬:安那王后呢?

昂居:她同他在一塊兒。

惹馬:您曾同他説話麽?

昂居:是的。

惹馬:他説了甚麼?

昂居:他没有答應。

惹馬:您是蒼白色的!

昂居:我曾詫異!

惹馬:詫異甚麼?

昂居:您就要看見!

一個貴人:你們開開那些門! 我聽見他了!

安那:(在那個門後面。)您請進去,陛下……

國王:(在那個門後面。)我病了……我喜歡不如不進那個小
教堂裏面……

安那:(在門前。)您請進! 您請進!

(國王和安那王后進來。)

國王:我病了……你們不要留神……

惹馬:您病了麼,我的父親?

國王:是的,是的。

惹馬:您有甚麼了,我的父親?

國王:我不知道。

安那:這是因爲這個可驚駭的夜間。

國王:是的,一個可驚駭的夜間!

安那：我們去祈禱罷。

國王：但是你們爲甚麼全不説話呢？

惹馬：我的父親，那裏在您的頭髮上面有了甚麼？

國王：在我的頭髮上面麼？

惹馬：在您的頭髮上面有血！

國王：在我的頭髮上面麼？——哦！這是我的！（人家笑。）但是你們爲甚麼笑？沒有甚麼可笑的！

安那：在那個游廊裏面他跌倒一下子。

（人家敲一個小門。）

一個貴人：人家在那個小門前敲……

國王：呵！這裏人家在一切的門前敲！我再不願意人家敲門了！

安那：您願意去看看麼，貴人？

一個貴人：（開門。）這是那個乳母，馬丹。

國王：誰？

一個貴人：那個乳母，陛下。

安那：（起來。）您等一等，這是給我……

惹馬：但是叫她進來！叫她進來！

（乳母進來。）

乳母：我覺得在馬蘭屋子裏面漏雨了。

國王：甚麼？

安那：您聽見雨碰着那些玻璃了。

乳母：我不能開。

安那：不！不！她應該休息！

乳母：我不能進去麼？……

安那：不！不！不！

國王：不！不！不！

乳母：人家要説國王跌在雪裏面了。

國王：甚麼？

安那：但是您在這裏作甚麼呢？您出去！您出去！

（乳母出去。）

惹馬：她説的有理；我覺得您的頭髮是全白的。是不是亮子
照的了？

安那：是的。亮子太多了。

國王：但是你們爲甚麼全看我？——你們是不是從來沒有看
見過我？

安那：您瞧；我們進小教堂裏面去罷；祈禱要完了，那麼您
來罷。

國王：不，不，我喜歡今天晚晌不如不祈禱……

惹馬：不祈禱麼，我的父親？

國王：祈禱，祈禱，但是不在那個小教堂裏面……我覺得不
好，很不好！

安那：您坐一會兒罷，貴人。

惹馬：您有甚麼了，我的父親？

安那：任他，任他，不要問他；他是被那個暴風雨駭怕了；任他
稍定定心的時候，我們説別的事情。

國王：我很願意在您的地位！

惹馬：但是人家不要説我們也病了麼？——我們好像些大罪

人等着……

　　國王:您要作甚麼呢?

　　惹馬:您願意再説一遍麽,我的父親?

　　國王:您要作甚麼呢? 應該實實在在説……

　　安那:您没有明白。——您原來不在意。

　　(這個時候乳母所留的半開的門,有一陣風把它吹的亂碰,使那些亮子打起顫來。)

　　國王:(起來。)呵!

　　安那:您坐下! 您坐下! 這是一個小門亂碰……您坐下甚麼全没有!

　　惹馬:我的父親,那麼今天晚晌您有甚麼了?

　　安那:(對一個貴人説。)您願去把那個門關着麼?

　　國王:哦! 把那個門關好! 但是您爲甚麼用脚尖走呢?

　　惹馬:在廳裏面是否有一個死人?

　　國王:甚麼? 甚麼?

　　惹馬:人家可以説他周圍着一個墓碑走!

　　國王:但是您爲甚麼説些可怕的事情呢,今天晚晌? ……

　　惹馬:但是,我的父親……

　　安那:我没説別的事情罷。没有比那高興的題目麼?

　　一個親王夫人的侍婢:我們説一點那個馬蘭公主罷……

　　國王:(起來。)是不是? 是不是? ……

　　安那:您坐下! 您坐下!

　　國王:但是您不要説那……

　　安那:但是我們爲甚麼不可以説那個馬蘭公主呢? ——我覺

得那些亮子燃燒的不好,今天晚上。

惹馬:風把許多吹滅了。

國王:把那些燈燃着! 是的,把那一切全點着! (人家把那些燈重點起來。)現在太明了! 你們是不是看見我?

惹馬:但是,我的父親? ……

國王:但是你們爲甚麼全看我?

安那:把那些亮子息了罷,他的眼睛太弱。

(一個貴人起來並且要出去。)

國王:您往何處去呢?

貴人:陛下,我……

國王:應該停着! 應該停在這裏! 我不要一個人出這個大廳! 應該停下周圍着我!

安那:您坐下,您坐下。您使一切的人全愁悶起來。

國王:有一個人觸那些毯子麼?

惹馬:沒有,我的父親。

國王:有一個……

惹馬:這是風。

國王:人家因爲甚麼展開這個毯子?

惹馬:但是它總在那裏;這是“無罪人的殺戮”。

國王:我再不要看見它! 我再不要看見它! 把它拿開!

(人家把那個毯子滑過去並且有另外一個現出來,在那上面畫着“末日的裁判”。)

國王:他們故意那樣辦!

惹馬:怎麼?

　　國王：但是你們自家承認麼！你們故意那樣作。並且我很知道你們要作甚麼呢！……

　　一個親王夫人的侍婢：國王説甚麼？

　　安那：你們不要注意他；他被這個可恨的夜間駭怕了。

　　惹馬：我的父親；我的可憐的父親……您有甚麼了？

　　一個親王夫人的侍婢：陛下，您要一杯水麼？

　　國王：是的，是的，——哦，不要！不要！——歸結我所作的一切！我所作的一切！

　　惹馬：我的父親！……陛下！……

　　一個親王夫人的侍婢：國王不留神。

　　惹馬：我的父親！……

　　安那：陛下！——您的兒子叫您。

　　惹馬：我的父親，——您爲甚麼總是轉頭？

　　國王：您等一下子！您等一下子！……

　　惹馬：但是您爲甚麼轉頭？

　　國王：我覺得有點東西在脖頸裏面。

　　安那：但是歸結，您不要甚麼全害怕！

　　惹馬：没有一個人在您後面！……

　　安那：您再不要説了……您再不要説了，我們進小教堂裏去罷，您聽見那些女尼麼？

　　（堵着氣和很遠的歌唱；安那王后向小教堂的門走去，國王隨着她，以後又回來坐下。）

　　國王：不！不！您還不要開它！

　　安那：您怕進去麼？——但是那裏不比這裏危險多，爲甚麼那個雷不墜在別的地方,偏墜在那個小教堂上面呢? 我們進去。

國王:我們還等一會兒。我們一塊兒停在這裏罷。——您相信<u>上</u>帝對於一切全饒恕麼? 一直到現在我總是愛您。——我從來沒有害過您——一直到現在——一直到現在,是不是呢?

安那:您瞧,您瞧,這並不是問題。——好像暴風雨作些很大的蹂躪。

昂居:人家說那些天鵝飛了。

惹馬:有一個死了。

國王:(忽然駭動。)歸結,歸結,如果您知道那個就說出來! 您叫我難受的够了! 把它一下子説出來! 但是您不要來到這裏……

安那:您坐下! 那麼您坐下!

惹馬:我的父親! 我的父親! 那麼經過些甚麼事呢?

國王:我們進去!

(電光和雷聲;——那七個女尼中的一個開那個小教堂的門並且來在大廳裏面看;人家聽見那些別的唱聖母的祈禱:“Rosa Mystica, ora pro nobis. —Turris davidica.”〔神秘的玫瑰花,爲我們祈禱罷。——大衛的宮殿。〕等等。在那個時候從玻璃上和從聖體盒子的燭光來了一種很紅的光明,忽然滿照着國王和<u>安那</u>國后。)

國王:這是誰預備了這些?

全體:甚麼? 甚麼? 有甚麼了?

國王:這裏有一個人全知道! 這裏有一個人預備了這一切! 但是我需要知道……

安那:(拉他。)您來! 您來!

國王:有一個人看見了那個! 但是這怯懦很可惡的! 有一個人全知道! 有一個人看見那個並且他不敢説! ……

安那:但是這是那個聖體盒子! ……——我們,去罷!

國王:是的! 是的! 是的!

安那:您來! 您來!

(他們很快從對着小教堂門的一個門走出。)

有些人:他們往何處去呢?

別的些人:有甚麼了?

一個貴人:全榿樹的林子燃着了!

昂居:那些灾害今天夜裏出來游逛了。

(他們全出去。)

第三幕　宮中的一個游廊

(幕展,看見那個大黑狗在那個門前抓。——那個乳母帶一個亮子進來。)

乳母:它還在馬蘭的門前! ——樸呂東! 樸呂東! 你在那裏作甚麼呢? ——但是有甚麼了你在這個門前抓呢? ——你要把我的可憐的馬蘭驚醒! 去! 去! 去! (她跺脚。)我的上帝! 它有怎麼樣驚駭的神氣! 是不是經過了一種不幸? 人家跐着你的蹄子了麼,我的可憐的樸呂東? 來,我們上厨房去。(那個狗回來還去那個門前抓。)還在這個門前! 還在這個門前! 但是在這個門後面有甚麼了? 你要到馬蘭的跟前麼? ——她睡了,我甚麼全聽不着! 來,來;你要把她驚醒。

（惹馬親王進來。）

惹馬：誰往那裏去？

乳母：是我，貴人。

惹馬：呵！是您，乳母！還在這裏？

乳母：我原來到厨房去，並且我看見這個黑狗在這個門前抓。

惹馬：還在這個門前！這裏樸呂東！這裏樸呂東！

乳母：祈禱是不是完了？

惹馬：是的……我的父親今天晚晌是奇怪的！我覺得他有了熱病；——應該照拂着他；他可以到些大灾禍。

乳母：歸結；那些灾禍不睡覺……

惹馬：它還在這個門前抓！……

乳母：這裏樸呂東！把那個蹄子給我。

惹馬：我去那個花園一會兒。

乳母：雨不下了麼？

惹馬：我覺得不下了。

乳母：它還在這個門前抓！這裏樸呂東！這裏樸呂東！抖抖毛！你瞧，抖抖毛！

（那個狗吠起。）

惹馬：不應該吠。我要把它引走。它歸結要把馬蘭驚醒。來！樸呂東！樸呂東！樸呂東！

乳母：它還回在那裏！

惹馬：它不願意離開她……

乳母：但是在這個門後面有甚麼了？

惹馬：應該叫它走去。去！去！去！

（他給那個狗一脚，它嗥叫，但是回去到那個門前抓。）

乳母：它抓，它抓，它嗅氣。

惹馬：它在那個門底下嗅着些東西。您去看看……

乳母：那個屋子是關着的；我没有鑰匙。

惹馬：誰有鑰匙？

乳母：安那王后。

惹馬：她爲甚麽有鑰匙呢？

乳母：我甚麽全不知道。

惹馬：您輕輕的敲敲。

乳母：我要把她驚醒。

惹馬：我們聽。

乳母：我甚麽全聽不着。

惹馬：您敲一小下子。

（她敲三小下子。）

乳母：我甚麽全聽不着。

惹馬：您稍重一點敲。

（在她敲末一次的時候，人家忽然聽見那個警鐘，好像它在那個屋子裏面響。）

乳母：呵！

惹馬：那些鐘！那個警鐘！……

乳母：那個窗子應該是開着的。

惹馬：是的，是的，您進去！

乳母：那個門是開着的！

惹馬：它原來是關着的麽？

乳母：它剛纔是關着的！

惹馬：您進去！

（乳母進去在那個屋子裏面。）

乳母：（從屋子出來。）開門的時候我的亮子滅了……但是我看見了些事情……

惹馬：甚麼？甚麼？

乳母：我不知道。那個窗户是開着的。——我覺得她是倒下了……

惹馬：馬蘭麼？

乳母：是的。——趕緊！趕緊！

惹馬：甚麼？

乳母：一個亮子！

惹馬：我沒有那個。

乳母：在那個游廊盡頭有盞燈。您去找它來。

惹馬：是的。

（他出去。）

乳母：（在門前。）馬蘭！你在何處呢，馬蘭？馬蘭！馬蘭！馬蘭！

（惹馬又進來。）

惹馬：我不能把它取下釘子來。您的燈在何處呢？我要去點着它。

（他出去。）

乳母：是的——馬蘭！馬蘭！馬蘭！你病了麼？我在這裏！我的上帝！我的上帝！馬蘭！馬蘭！馬蘭！

（惹馬帶着亮子又進來。）

惹馬：您進來！

（他把那個亮子給與進屋子的乳母。）

乳母：（在屋子裏面。）呵！

惹馬：（在門前。）甚麼？甚麼？有甚麼了？

乳母：（在屋子裏面。）她死了！我對您説她死了！她死了！她死了！

惹馬：（在門前。）她死了！馬蘭死了麼？

乳母：（在屋子裏面。）是的！是的！是的！是的！是的！您進來！您進來！您進來！馬蘭！馬蘭！她凍了！我覺得她凉了！

惹馬：是的！

乳母：哦！哦！哦！

（那個門又關着了。）

第四幕　馬蘭公主的屋子

（幕展，看見惹馬和乳母。——當這個全幕的時候人家總聽見警鐘在外面響。）

惹馬：甚麼？對於甚麼？對於甚麼？

乳母：她僵了！我的上帝！我的上帝！馬蘭！馬蘭！

惹馬：但是她的眼睛是開着的！……

乳母：人家把她勒死了！在頸脖上！在頸脖上！在頸脖上！您看！

惹馬：是的！是的！是的！

乳母：您叫！您叫！您喊！

惹馬：是的！是的！是的！哦！哦！——（在外面。）你們來罷！我們來罷！勒死了！勒死了！馬蘭！馬蘭！勒死了！勒死了！勒死了！哦！哦！勒死了！勒死了！勒死了！

（人家聽見他在游廊裏面跑並且打那些門和墙。）

一個僕人：（在游廊裏面。）有甚麼了？有甚麼了？

惹馬：（在游廊裏面。）勒死了！勒死了！……

乳母：（在屋子裏面。）馬蘭！馬蘭！這裏！這裏！

僕人：（進來。）這是那個瘋子！人家在那個窗子下面找着他！

乳母：那個瘋子麼？

僕人：是的！是的！他在那個濠裏面！他死了！

乳母：那個窗戶是開着的！

僕人：哦！可憐的小公主！

（昂居、有些貴人、貴婦人、僕人、婢女和那七個女尼帶着些亮子進來。）

全體：有甚麼了？——經過甚麼事情了？

僕人：人家把小公主殺了！……

有些人：人家把小公主殺了麼？

別的些人：馬蘭麼？

僕人：是的，我覺得這是那個瘋子！

一個貴人：我早已説要經過些不幸……

乳母：馬蘭！我的可憐的小馬蘭！……您幫助我罷！

一個女尼：甚麼也沒有作的了！

別的一個女尼：她涼了！

第三個女尼：她硬了！

第四個女尼：給她閉着眼睛！

第五個女尼：它們是結着了！

第六個女尼：應該合着她的手！

第七個女尼：太晚了！

乳母：您幫助我掀起馬蘭罷！您幫助我罷！那麼你們幫助我罷！

僕人：她不比一個鳥重。

（人家聽見些大喊的聲音在那游廊裏面。）

國王：（在游廊裏面。）呵！呵！呵！呵！呵！他們看見那個了！他們看見那個了！我來了！我來了！我來了！

安那：（在游廊裏面。）您站住！您站住！您瘋了！

國王：您來！您來！同我！同我！您懊悔罷！您懊悔罷！您懊悔罷！（國王拉着安那王后進來。）她和我！我更喜歡歸結把那個説出來！我們兩個作的！

安那：他瘋了！你們幫助我罷！

國王：不，我不是瘋子！她殺了馬蘭！

安那：他瘋了！你們把他引去罷！他使我難受！將要經過些不幸！

國王：這是她！這是她！並且我！我！我！我也在那裏。……

惹馬：怎麼？怎麼？

國王：她把她勒死了！這樣！這樣！您看！您看！您看！人家原來敲窗户！呵！呵！呵！呵！呵！那裏中我看見她的紅外套在馬蘭身上！您看！您看！您看！

惹馬：這件紅外套怎麼樣在這裏呢？

安那：但是經過甚麼了？

惹馬：這件外套怎麼樣在這裏呢？

安那：但是您很看得出他瘋了！……

惹馬：您回答我罷！它怎麼樣在這裏呢？……

安那：這是不是我的？

惹馬：是的！您的！您的！您的！您的！……

安那：那麼您放了我罷！您使我難受！

惹馬：它怎麼樣在這裏呢？這裏？這裏？——您勒她？……

安那：以後呢？

惹馬：哦！那個可惡人！可惡人！可惡人！奇怪……奇怪的
可惡人！……您看！您看！您看！您看！您看！

（他用尖刀刺她許多下。）

安那：哦！哦！哦！

（她死。）

有些人：他刺了王后！

別的些人：止着他罷！

惹馬：你們要把那些烏鴉和蟲關閉起來！

全體：她死了！……

昂居：惹馬！惹馬！

惹馬：你們去罷！你看！你看！（他用他的尖刀自刺。）馬
蘭！馬蘭！馬蘭！——哦！我的父親！我的父親！……

（他倒下。）

國王：呵！呵！呵！

　　惹馬:馬蘭! 馬蘭! 您給我,您把她的小手給我! ——哦!
哦! 您開開那些窗户罷! 是的! 是的! 哦! 哦!

　　(他死。)

　　乳母:一個手巾! 一個手巾! 他要死!

　　昂居:他死了!

　　乳母:您把他掀起來! 血要堵着他的氣!

　　一個貴人:他死了。

　　國王:哦! 哦! 哦! 從那個大洪水以後我没有哭了! 但是現
在我沈在地獄裏面一直沈到眼前! ——但是您看他們的眼睛!
它們要跳在我身上像些蝦蟆!

　　昂居:他瘋了!

　　國王:不,不,我失去了勇氣! ……呵! 這可以使地獄的鋪石
哭泣! ……

　　昂居:你們把他引去罷,他不能再看這些了!

　　國王:不,不,任我罷;——我不敢一個留在這裏……那麼那個
美麗的安那王后在何處呢? ——安那! ………——安那! ………
她是全扭起來了! ………——我簡直再不愛她了! ……我的上帝!
當人死了的時候,有怎麼樣難看的樣子! ……我現在再不要給她
接吻了! ……你們放點東西在她身上……

　　乳母:並且也放在馬蘭身上……馬蘭! 馬蘭! ……哦!
哦! 哦!

　　國王:這一生我再不給一個人接吻了,從我看見這一切的時
候! ……那麼我們的可憐的小馬蘭在何處呢? (他拿着馬蘭的
手。)——呵! 它凉的好像一個地蟲! ——它好像一個天仙降在

我的膀臂裏面……但是這是風把她殺了！

　　昂居：我們把他引去罷！對着<u>上帝</u>，我們把他引去罷！

　　乳母：是的！是的！

　　一個貴人：我們等一下子！

　　國王：你們有些黑羽毛麼？應該有些黑羽毛看看那個王后還活着沒有……這原來是一個美麗的婦人，你們要曉得！——你們聽見我的牙了麼？

　　（曉色進在那個屋子裏面。）

　　全體：甚麼？

　　國王：你們聽見我的牙了麼？

　　乳母：這是那些鐘，貴人……

　　國王：但是，這是我的心，那麼！……呵！我原來對於他三個全很愛，你們知道麼！——我想喝一點……

　　乳母：（拿來一杯子水。）這就是水。

　　國王：多謝。

　　（他很貪的喝。）

　　乳母：您不要這樣喝……您正在出汗……您來，我的可憐的貴人！我要給您的額頭擦一擦。

　　國王：是的。——聽！您使我疼！我跌在那個游廊裏面了……我那時候害怕！

　　乳母：您來，您來。我們去罷。

　　國王：他們在那些鋪石上面要冷……——她叫了媽媽！並且以外，哦！哦！哦！——這很不幸，是不是？一個可憐的小女兒……但是這是風……哦！您永遠不要開那些窗戶！——應該是風……今天夜裏在風裏面有些瞎禿鷺！——但是不要任她的小手在鋪石上面拖着……你的要跐着她的手了！——哦！哦！小心！

乳母：您來，您來。應該睡在床上。是時候了。您來，您來。

國王：是的，是的，是的，這裏太熱了……您把那些亮子息了罷；我們到花園去；在那草地上面要凉快，在下雨以後！我需要一點休息……哦！你看那太陽！

（日光進在屋子裏面。）

乳母：您來，您來；我們到花園去。

國王：但是應該把小亞郎關起來！我不要他來駭我！

乳母：是的，是的，我們將來把他關起來。您來，您來。

國王：您有那個鑰飾麽？

乳母：是的，您來。

國王：是的，您幫助我罷……我走着有點艱難……我是一個可憐的小老頭……腿不行了……但是腦袋是堅實的……（扶着乳母。）我不使你難過麽？

乳母：不，不，您大膽扶着罷。

國王：不應該恨我，是不是？我是頂老的人，我死着難受……你看！你看！現在這是完了！我高興這是完了；因爲我有一切的人在心上。

乳母：您來，我的可憐的貴人。

國王：我的上帝！我的上帝！她現在在地獄的碼頭上面等着我！

乳母：您來，您來！

國王:在這裏有一個人怕那些死人的咒罵麼?

昂居:是的,陛下,我……

國王:那麼? 您把他們的眼合着並且我們去罷!

乳母:是的,是的,您來,您來。

國王:我來,我來! 哦! 哦! 現在我怎麼樣的孤獨了! ……並且你看在那個不幸裏面一直到耳朵旁邊! ——在七十七歲! 那麼您在何處呢?

乳母:這裏,這裏。

國王: 您不恨我麼? ——我們去吃早飯;將要有生菜麼? ——我想一點生菜……

乳母:是的,是的,將要有。

國王:我不知道因爲甚麼,我今天有一點愁悶。——我的上帝! 我的上帝! 那麼那些死人有怎樣不幸的神氣! ……

(他同乳母出去。)

昂居:還是這樣一個夜間,並且我們將要全白的!

(他們全出去,除了那七個女尼,他們哼那個 Miserere〔可憐〕。把那些尸首運在床上。那些鐘不響了。人家聽見黃鸝在外邊叫。一個公鷄跳在那個窗户的欄杆上面並且叫。)

譯後記

一、這本翻譯以直譯爲原則，但是直譯並不是逐字翻譯。因爲無論那一國文，它那極普通的話，字面上的意思和實在的意思不相合的很不少。如果專譯字面的意思，它的神氣要全失了。我們這本翻譯，對於這些地方非常的注意。一求不失真意；二求不失神理。但是不容易辦到的地方很多，很希望讀者指正。

二、這本翻譯，對於第二位少數的代名詞，或用你，或用您，這種分別關係很大，讀者千萬不可忽略。因爲法國人對於親愛的人說話總是用 Tu，但當他發怒的時候，也許用 Vous。例如第一齣中，馬色呂王對於馬蘭公主說話起頭用 Tu，後來發了怒就全用 Vous，這些地方如果不分辨翻譯，它的精神要失去不少。這本書對於 Tu 全譯作你，對於 Vous 就看它指的是一個人，或是許多人。如果指的是一個人，就譯作您；如果指的是許多人，就譯作你們。

三、這本書裏邊所有的神歌全用拉丁文。因爲在歐洲，無論那一國的天主教，神歌全用拉丁文。原著作人既然用拉丁文，不把它譯成法文，我們現在自然不能把拉丁文删去致失本來面目。但是如果不譯成中文，讀者一定覺着不便，這是因爲歐洲人多識拉丁文，至於我國人則識拉丁的很少的緣故。這個譯本遇見神歌，全把拉丁文留下，並譯作中文以便讀者。

ㄜㄧㄉㄧㄆㄨㄙ王(Oedipe Roi)

ㄙㄨㄆㄏㄨㄎㄌㄜㄙ(Sophocles) 原著

ㄌㄨㄧㄏㄢㄅㄜㄦ(Louis Humbert) 譯

虛生 轉譯

登場人物

ㄛㄧㄉㄧㄆㄨㄥ（Oedipe）

大教士

ㄎ儿ㄝㄡㄋ（Breon）

ㄊㄏㄝㄅㄞ（Thebes）的老人的歌隊

ㄊㄝ儿ㄝㄙㄧㄚㄙ（Tiresias）

ㄧㄡㄍㄚㄙㄊㄝ（Jocaste）

一個使者

ㄉㄚㄧㄡㄙ（Laïus）的一個僕人

第二個使者

　　劇場在ㄊㄏㄝㄅㄞ的公共廣場；在那裏可以看見王宮，ㄚㄆㄛㄌㄡ（Apollo）的廟和神們的雕像。

ㄛㄧㄉㄧㄆㄨㄙ：孩子們，古代ㄍㄚㄉㄇㄡㄙ（Cadmus）的年輕的後人ㄋㄚ，你們這樣跑來這些臺階上面是爲什麼ㄏㄧ？拿着這些帶子圍繞的樹枝是爲什麼ㄏㄧ？香烟，苦悶的歌唱，悲號瀰滿全城了。我的孩子們ㄋㄚ，我不願意從一個別人嘴裹知道你們的不幸；我，在全地上這樣有名的ㄛㄧㄉㄧㄆㄨㄙ，我親自來了。老人ㄋㄚ，你答應我ㄅㄚ，因爲你是應該替別人説話的，告訴我説，什麼緣故把你們聚起來？你們怕的什麼？你們想要什麼？我願意救助你們。如果我不被你們哀訴的態度所感動，我也未免太不情了。

大教士：ㄛㄧㄉㄧㄆㄨㄙ，我的祖國的元首呀，你看見這些各種歲數人的哀求集在你那神龕的跟前，你看那些剛會走的小孩子們，老的身體累墜的教士們，和我這個ㄐㄩㄆㄧㄊㄜㄦ（Jupiter）的大祭司；在他們旁邊的，是些少年的俊秀；剩下的人民，手裹拿着哀訴的樹枝子，跪在公共廣場的上面，ㄆㄚㄌㄚㄙ（Pallas）兩座廟的前面，或者跪在ㄧㄙㄇㄜㄋㄡㄙ（Ismemus）的預言的岸上。這個城ㄏㄧ，你自己也看見了，從狠長的時候，爲暴風雨所震動，在沈没它的帶血的波濤上面已經抬不起頭了。將來可以結實的芽子在地上焦乾了；牛羊死了；小孩子們死在他們母親的懷裹。一位帶着火的神靈，可怕的瘟疫，劫掠我們的城邑，剪除ㄍㄚㄉㄇㄡㄙ的都市的居民。悽慘的ㄆㄌㄩㄊㄥ（Pluton）富有我們的哀號和眼泪。這些小孩子們同我，坐在你的鍋竈近邊，我們並不是把你當作一位神來祈求；我們來求你，是求人類的頭一個人，是求在艱難困苦的情形並且需要使神們喜歡的時候，頂能救助我們的人。這是你，到ㄍㄚㄉㄇㄡㄙ的城新來的人，你把我們對於暴虐的

ㄙㄈㄢㄎㄙ(Sphinx)所出的貢賦免掉,這些你並沒有受我們的指教,用我們的新聞;我們大家全想,大家全說,你獨自一個,得着神的幫助,成了我們的解放人。到現在還是這樣,有威力的ㄛㄧㄉㄧㄆㄨㄙ①,我們爲哀訴的人,全來懇求你對於我們的困苦給一點藥品,或者你可以聽到一位神的聲音,或者有一個人可以給你指明;我知道有經驗的人的計畫是成功的。又,人類中最好的人,來把我們的城再興起來ㄅㄚ;來ㄅㄚ。你並且要想着這個城,對於你從前的功勞很感謝,現在還把你叫作它的解放人;但是如果你把我們從深淵裏面拉出來以後,又任我們再掉下去,我們要忘記了你起初的好處。然則你把我們的城重興起來ㄅㄚ,使它得安全ㄅㄚ。從前你救濟我們有狠好的預兆;現在你不要取消你原來所有底。如果你還應當在這個地方爲王,爲人民的王比爲沙漠的王要好一點。一個沒有兵的要塞,一個沒有水手的船,那還成什麼ㄏ丨?

ㄛㄧㄉㄧㄆㄨㄙ:可憐的孩子們,我已經知道你們的欲望;我並不是不知道這些。我知道你們大家都狠受苦的;但是在一種公同的苦痛裏面,沒有一個人有我這樣的受苦。因爲你們每一個人不過感覺他特殊的苦,至於我的心對於ㄊㄏㄝㄅㄞ的不幸,對於你們的不幸,對於我們的不幸全哀呼的。當你們哀訴的時候,我並不是睡着住的;你們總要知道我已經落了許多泪,我那耽驚的精神也想到各種的法子。我所能找到底,無論那一樣藥全沒有忽略過去。ㄇㄝㄋㄝㄙㄝㄨㄙ的兒子,ㄎ儿ㄝㄡㄋ,我的内弟,用我的

---

①編者注:"ㄙ",原誤作"ㄩ",據前文改。

命令,已經到ㄅㄝㄌㄆㄏㄡㄧ(Delphes)的廟裏去看看要用什麼祭
品或什麼願心,我才救這個城。我已經在這裏計算他走的日子,
我心中填了愁悶。他作什麼ㄌㄚ? 可以他去的時候比他應該去
的時候長了。當他將來回來的時候,如果我不照着神的命令去
辦,那我真是罪人了。

大教士: 你講的正合時;這些孩子們告訴我説ㄅㄦㄝㄡㄋ
到了。

ㄛㄧㄌㄆㄨㄙ:神聖的ㄚㄅㄡㄌㄡ,希望我們的幸運可以報
答在你面上發光的歡樂。

大教士: 無疑義的。他的心滿足了;如其不然,他也不能頭上
帶着帶果子的月桂枝回來。

ㄛㄧㄌㄆㄨㄙ:我們不久就知道了;他已經不遠可以聽見我
們了。ㄇㄝㄋㄝㄙㄝㄡㄙ的兒子,親愛的王公,我的兄弟! 你從
神那裏帶來些什麼回答?

ㄅㄦㄝㄡㄋ:回答很好,因爲我們的不幸,如果我們能治療
它,就要變成幸福。

ㄛㄧㄌㄆㄨㄙ:這些話是什麼意思ㄏㄧ? 這些不能使我安心,
也不能使我害怕。

ㄅㄦㄝㄡㄋ:如果你要當着大眾聽我説,我是預備好了,如其
不然,就進你的宮裏去。

ㄛㄧㄌㄆㄨㄙ:你當着大眾説ㄅㄚ。我對於他們的苦比我們
自己的苦更難過。

ㄅㄦㄝㄡㄋ:然則我要説神的回答了。ㄚㄆㄡㄌㄡ明白地命
令我們把我們所養成底不清潔的根源推的離這個地方遠點,並且

對於將來要成不治的苦不要忍受。

ㄛㄧㄉㄧㄆㄨㄙ：神所要求底超度是什樣！這個苦是什麼！

ㄎㄦㄝㄡㄋ：應該趕出一個罪人，或者仍用殺害贖殺害的罪，因爲血污了我們的城。

ㄛㄧㄉㄧㄆㄨ①ㄙ：ㄚㄠㄡㄌㄡ所説底殺害是什麼？

ㄎㄦㄝㄡㄋ：王公，我們有一個國王叫作ㄌㄚㄧㄡㄙ；他在你以前爲此地的國王。

ㄛㄧㄉㄧㄆㄨㄙ：人家給我説過他；我從來没有見過他。

ㄎㄦㄝㄡㄋ：他是被殺了；神托（L'oracie）明白地命令我們現在懲辦他那些凶手。

ㄛㄧㄉㄧㄆㄨㄙ：但是他們在什麼地方ㄏㄧ？怎麼樣去發現一件古時罪案的暗迹ㄏㄧ？

ㄎㄦㄝㄡㄋ：那位神説：他們在這個地方。大家所找是容易找出來的，但是我們如果忽略就要逃脱。

ㄛㄧㄉㄧㄆㄨㄙ：ㄌㄚㄧㄡㄙ是在城裏，在田裏，或是在外國被凶手害了ㄏㄧ？

ㄎㄦㄝㄡㄋ：他當時説他要離開我們去詢問神托；但是自從他起身以後，我們就没有再見着他。

ㄛㄧㄉㄧㄆㄨㄙ：難道説就没有跟隨他的一個人，同他旅行的一個人，曾爲罪案的證人，可以指導我們麼？

ㄎㄦㄝㄡㄋ：他們全死了；止有一個人，因爲害怕逃掉，他止能説他所看見底一件事情。

---

①編者注："ㄨ"，原誤作"ㄡ"，據前文改。

ㄛㄧㄉㄧㄆㄨㄙ:那一件？單獨一個情形就可以發現另外的許多件，如果它能給我們一點希望的微光。

ㄎㄦㄝㄡㄋ:他説一群强盗攻襲他，他被數目壓倒了。

ㄛㄧㄉㄧㄆㄨㄙ:怎麼樣一個强盗，如果不是這裏的一個人用銀子淹着他的心，他就有這樣的大膽？

ㄎㄦㄝㄡㄋ:這就是當時猜度的；但是在我們灾難的中間没有一個人起來報ㄌㄚㄧㄡㄙ的仇。

ㄛㄧㄉㄧㄆㄨㄙ:然則在你們的國王被殺以後，什麼樣的不幸能止禁着你們去找凶手ㄏㄧ。

ㄎㄦㄝㄡㄋ:ㄙㄈㄢㄎ①ㄙ用着它的謎語，使我們不得不忙着現時的不幸，使我們忘掉一件太暗昧的罪案。

ㄛㄧㄉㄧㄆㄨㄙ:那麼這需要我來追溯這件罪案的根源，並且把它弄清楚。ㄚㄆㄡㄌㄡ同你們狠正當地要給這個死人報仇。你將來要看見我自己正當地同你們的盡力聯絡起來，給這個地方報復，同時也就給神報復。我去追問這件罪案，並不是爲一個外國朋友，却是爲我自己的。殺ㄌㄚㄧㄡㄙ的無論是誰，他也可以用同樣大膽的手來謀害我。ㄌㄚㄧㄡㄙ的事情就是我的事情。然則你們全起來ㄅㄚ，我的孩子們；你們快點，把這些哀求的枝子拿去。希望另外一個人把ㄍㄚㄉㄇㄡㄙ的人民聚到這裏；我預備好了，什麼全可以作。神要決定我們是要得着安全的或是要毁滅的。

大教士:孩子們，我們起來ㄅㄚ；我們來到這裏所求底救助，

①編者注:"ㄎ"，原誤作"ㄍ"，據前文改。

國王允許我們了。希望給我們寄來這樣神托的ㄚㄠㄡㄌㄡ成我們的救主，并且把傳染病止住。

歌隊：ㄖㄩㄆㄧㄊㄜㄦ的好聽的神托，從ㄉㄝㄌㄈㄨㄧ的殷富的聖堂來，你對有名的ㄊㄏㄝㄅㄞ説什麼話ㄏ。我戰戰競競，我的心在你前面震懼的跳躍。能救人的神ㄋㄚ，ㄉㄝㄌㄡㄙ的神ㄋㄚ，ㄅㄝㄤㄋㄚ！我恭恭敬敬等着你給我所留底現在的或將來的命運。回答我罷，光明的希望的兒子，不死的神托ㄋㄚ。

我開始求告你，ㄖㄩㄆㄧㄊㄜㄦ的女兒，不死的ㄇㄧㄋㄝㄦㄈ（Minerve）ㄋㄚ；還有你，ㄉㄧㄚㄋ，他的姊妹，你坐在ㄊㄏㄝㄅㄞ的中間，坐在一個光輝的寶坐上，這個地方的保護人ㄋㄚ；還有你，ㄆㄏㄝㄅㄨㄙ（Phébus）。射箭的好身手ㄋㄚ；ㄚ！你們三位全來救助我們罷。如果當別的灾害侵害我們城池的時候，你們已經從它們的張牙舞爪的狂焰中間把我們的城池救出來，現在你們還來罷。大神們ㄋㄚ！因爲我們受無量的苦痛了。人民全體衰敗下去，人類的智慧不能找出來一點藥來。地上的果品不能成熟；女人不能忍受懷妊時候的劇痛。你們要看見些死人亂七八糟地跌在地獄似的岸上；比迅速的火焰或能吞噬的火還要快：ㄊㄏㄝㄅㄞ每天總要有無量的犧牲。

許多没有棺材的死尸狠可憐地埋在死神統治的地上；年輕的夫妻，白髮的老母，這裏那裏跪在神龕的脚下，哀號他們的苦痛。訴苦的神歌到處同苦痛的叫號攪在一起。然而給我們一個慈善的救助ㄅㄚ，ㄖㄩㄆㄧㄊㄜㄦ的放光的女兒ㄧㄚ。這位暴虐的ㄇㄚㄦㄙ（Mars）不帶盾，不帶兵器，狂叫地攻擊我，用他的火吞噬我，你把他趕開ㄅㄚ；把他趕的離我們的祖國遠一點，趕到ㄤㄈ

ㄧㄊ儿ㄧㄊ（Amphitrite）的廣大的懷裏面，或者趕到ㄊ儿ㄚㄙ（Thrace）海的荒凉的海邊。夜間所留底，白天再把地滌蕩了。又，有勢力的ㄖㄩㄆㄧㄊㄝ儿ㄧㄚ，你可以隨便放閃閃的電光，請你用雷霆把他壓碎ㄅㄚ。

　　希望ㄌㄧㄙㄧ（Lycie）的神張起他的金弓，放出他那些不可見的箭來防護我們！希望ㄅㄧㄚㄋ用他那曾帶着周流ㄌㄧㄙㄧ山的火把燒他！ㄇㄝㄋㄚㄌ（Menades）的伴侣，發光的ㄅㄚㄍㄩㄙ（Bacchus）ㄧㄚ，你帶着我們城池的名字，我也求你，帶着金冠的神ㄋㄚ，你來用一支放焰的火把把最殘虐的神焚燒掉ㄅㄚ。

　　ㄛㄧㄌㄧㄆㄨㄙ：我聽見了你們的祈禱；如果你們轉過來小心地聽我的話，同我一塊兒防禦這個大禍，你們將來得到你們所請求底，得到對於你們苦痛的一個救助和一個安慰。我要就像同神托無干的人同所犯底罪案無干的人説話。如果我沒有一點端緒，我一個人，我將來不能找着。我從不久的時候纏成ㄊㄏㄝㄅㄞ的公民，我對於ㄍㄚㄌㄇㄩㄙ的孩子們所下底命令就是這樣：你們裏面無論誰如果知道ㄌㄚㄅㄌㄚㄍㄩㄙ（Labdacus）的兒子，ㄌㄚㄧㄡㄙ是被那隻手殺的，我命令你把一切全告訴我説；罪人也不要害怕，不要不敢自行出首；他將來絶沒有狠利害的苦受：止有一樣責罰，就是放逐他到外國去。如果你們裏面的一個人知道凶手在外國，請你也説一説：我的賞賜和我的感謝是靠得住的。但是如果他爲他自己或他的朋友害怕，一定不肯説，他可要知道我有什麼樣的決定。也不管罪人是誰，我禁止我國中一切的居民全不許收留他，也不許同他説話，也不許承認他去祈禱，也不許承認他參與大家給神上的祭祀，也不許獻給他净水 l'eau lustrale。希望大家全把神托所宣布爲我們的不幸的污穢原因的人趕出他的屋子外邊。我就是這樣的服從神的命令，爲不在的國王報仇。我咒罵這個不認識的罪人；不管他是一個人犯罪或是還有同謀的人；我咒他困苦地把他的一個困苦的生命結了。就是他住在宮裏，住在我親近的地方，我希望這些咒罵落在他的頭上。現在你們ㄊㄏㄝㄅㄞ的人民，應該爲我自己，爲ㄚㄅㄡㄌㄡ，爲因蕪廢，因神的放棄而愁慘的地方，實行這一切的命令了。並且就是神們自己不説的時候，你們也不應該任着劫奪最好的人，劫奪你們的國王的人不受刑罰；你們也應該去找這些主謀的人。我現在是他所曾統治底國家的元首；他的妻室成了我的妻室，他的孩子們如果還活着，我要同我自己的孩子們一樣的待遇；但是不幸壓在他的頭上。因爲這一切的理由，我要給他報仇，同報我父親的仇一樣：我什麼法子全用上，來發現ㄌㄚㄅㄉㄚㄍㄩㄙ的兒子的凶手，ㄆㄡㄌㄉㄡ儿(Polydore)，ㄍㄅㄚㄇㄙ，古代的ㄚㄍㄝㄋㄡ儿(Agenor)的後裔的凶手。如果在你們裏面有人不聽我的命令，我請神們，地不給他們生糧食，女子不給他們生孩子；他們死於追趕我們的大禍，或者死的更可怕一點！至於你們，ㄍㄚㄉㄅㄩㄙ的孩子們，你們能信從我的計畫，我希望正誼和神們保護你們。

歌隊：我受你的咒詛所束縛，我要説句話，王公。我絶沒有殺國王，我也不能指出來凶手。這要神托的主人ㄈㄝㄅㄩㄙ①纔可以上尋找的路，並且使我們認識殺人的人。

ㄛㄧㄉㄆㄨㄙ：你説的不錯，但是沒有一個人能勉強神們。

①編者注：“ㄙ”，原誤作“ㄊ”，據前後文改。

　　歌隊　我有第二個意見給你。

　　ㄛㄧㄉㄧㄆㄨㄙ：如果你願意，還可以來第三個；總不要害怕說話。

　　歌隊：有勢力的ㄊㄝㄐㄦㄝㄙㄧㄝㄙ測度將來同ㄈㄝㄅㄨㄙ測度一樣的好；我們去問他，可以得到重要的回答。

　　ㄛㄧㄉㄧㄆㄨㄙ：我並沒有忽略這個方法。照着ㄎㄦㄝㄡㄋ的意見，向他已經派兩次人了。我狠奇怪他遲這樣大的時候。

　　歌隊：無疑義的，從前流傳的話是沒有重要的。

　　ㄛㄧㄉㄧㄆㄨㄙ：什麼話？對於一切的話，我全要考察一下子。

　　歌隊：他們說他被些旅行的人殺了。

　　ㄛㄧㄉㄧㄆㄨㄙ：我也聽說這個，但是大家並不認識證人。

　　歌隊：如果罪人還有怕懼，他要知道你的詛咒，他立刻就受不了。

　　ㄛㄧㄉㄧㄆㄨㄙ：犯罪還不怕的人不能怕什麼空話。

　　歌隊：然而他將來是要發現的。你看他們把受神們啟發的卜師引來了，在人類裏面，止有他一個是得到真實的。

　　ㄛㄧㄉㄧㄆㄨㄙ：ㄊㄝㄐㄦㄝㄙㄧㄝㄙ，你是知道一切，知道人類的知識和神們的秘密，知道天和地的人，你雖然眼睛看不見，你總知道什麼大禍來毀壞我們的都市。止有你能幫助它，拯救它。因爲，ㄈㄝㄅㄨㄙ回答我們說——如果我打發的人還沒有告訴你說——除了發現ㄉㄚㄡㄙ的凶手，把他殺死，或把他哄出國去，大禍就不能完結。然則你不要不肯幫助我們；你去問問鳥飛；用上你能力裏面所有底一切的卜筮方法。把ㄉㄚㄡㄙ的凶手的污穢擦净，把這個城，把你和我，把我們一切全救出來ㄅㄚ。我們一切的希望全在你身上；爲與我們相類的人盡力，是我們對於我們的技術，我們的威力所能有底最好的用法。

ㄊㄝㄦㄝㄙㄧㄚㄙ：ㄞㄧㄚ！ㄞㄧㄚ！有時候知識不爲有知識的人所用，是可痛悼的。我原來知道，現在已竟忘了；我實在就不應該來。

ㄛㄧㄉㄧㄆㄨㄙ：怎麼了？爲什麼這樣愁悶？

ㄊㄝㄦㄝㄙㄧㄚㄙ：你放我照着原路回去罷。你相信我ㄅㄚ，這樣辦，你對於你自己的利益，對於我的利益盡的力更多。

ㄛㄧㄉㄧㄆㄨㄙ：你這樣説是錯了，如果你不肯用你的技術救助長養你的地方，你對於它算是忘恩負義的。

ㄊㄝㄦㄝㄙㄧㄚㄙ：你這些話不謹慎。我不願意受這樣的責備。

歌隊：用神們的名義，請你把你所知道底，對於我們一點也不掩藏。我們跪在你的脚前；你不要看不起我們的祈禱。

ㄊㄝㄦㄝㄙㄧㄚㄙ：你們没有理由。我絕不宣布我所知道底，怕使你們知道你們的不幸。

ㄛㄧㄉㄧㄆㄨㄙ：你説什麼？你什麼全知道，你却嚴守緘默！然則你要肯叛我們，把這個城毀掉。

ㄊㄝㄦㄝㄙㄧㄚㄙ：我不願意我的不幸，也不願意你的不幸。爲什麼來白費力問我呢！你從我這裏將來什麼也不能曉得。

ㄛㄧㄉㄧㄆㄨㄙ：又，頂壞的人（因爲就是岩石也要生氣了），你將來什麼全不説！你總是作那不能動摇，不肯撓屈的樣子？

ㄊㄝㄧㄦㄝ①ㄙㄧㄚㄙ:你責備我的執拗;你沒有看見你自己,你來責備我。

ㄛㄧㄉㄧㄆㄨㄙ:什麼人對於你這樣看不起這個都市的話不生氣。

ㄊㄝㄧㄦㄝㄙㄧㄚㄙ:我雖然不說,將來一切全要發現的。

ㄛㄧㄉㄧㄆㄨㄙ:然則你告訴我說將來要有的事情。

ㄊㄝㄧㄦㄝㄙㄧㄚㄙ:我一點也不多說。在這些以後,如果你願意,你去隨便大發雷霆ㄅㄚ。

ㄛㄧㄉㄧㄆㄨㄙ:那樣在我忿怒的時候,我所想到底我一點也不藏着。然則你要知道,我看這個罪案是你出的主意,并且就是你自己沒有下手,也差不多是你自己犯的案。如果你不是看不見光綫,我要控告你是你一個人犯的案了。

ㄊㄝㄧㄦㄝㄙㄧㄚㄙ:真的ㄇㄛ? 至於我,我預先命令你要遵守你自己所下底判決,并且從今日起,也不要同這些<u>ㄊㄏㄝㄅㄞ</u>的人說話,也不要同我說話,因爲你就是污辱這個地方的不敬神明的人。

ㄛㄧㄉㄧㄆㄨㄙ:你敢這樣厚臉地說話ㄇㄛ! 你相信這樣就能逃掉我的仇恨麼?

ㄊㄝㄧㄦㄝㄙㄧㄚㄙ:我不怕那個,因爲我有有威力的真理。

ㄛㄧㄉㄧㄆㄨㄙ:誰告訴你說這個? 無疑義的,這不是你的技術這樣告訴你說。

ㄊㄝㄧㄦㄝㄙㄧㄚㄙ:這就是你自己,是你自己不管我願意不

①編者注:"ㄝ",原脫,據前後文補。

願意,逼着我這樣説。

ㄛㄧㄉㄧㄆㄨㄙ:你説什麽? 請你給我再説一遍,使我知道的更清楚一點。

ㄊㄝㄧㄦㄝㄙㄧㄚㄙ:起頭你沒有聽見麽? 或者你想試我。

ㄛㄧㄉㄧㄆㄨㄙ:我還不榖明白,你再説個第二次。

ㄊㄝㄧㄦㄝㄙㄧㄚㄙ:我説你所要找底凶手就是你自己。

ㄛㄧㄉㄧㄆㄨㄙ:你不能污辱人兩次不受懲罰。

ㄊㄝㄧㄦㄝㄙㄧㄚㄙ:我是否還要説來增加你的怒氣?

ㄛㄧㄉㄧㄆㄨㄙ:儘你願意怎麽樣就怎麽樣,你的話將來是無用的。

ㄊㄝㄧㄦㄝㄙㄧㄚㄙ:我給你宣告這個:你還不知道使你同你最親愛的人所作底恥辱結合,也不知道壓倒你的不幸的過分。

ㄛㄧㄉㄧㄆㄨㄙ:然則你想着這些辱罵將來不受懲罰ㄇㄛ?

ㄊㄝㄧㄦㄝㄙㄧㄚㄙ:是的,如果真理還有一點勢力。

ㄛㄧㄉㄧㄆㄨㄙ:它無疑義的是有,但是不是爲你,你的眼睛、耳朵、精神永久昏閉了。

ㄊㄝㄧㄦㄝㄙㄧㄚㄙ:不幸的人! 你給我的責備,不久大家全要給你了。

ㄛㄧㄉㄧㄆㄨㄙ:你所沈溺底黑暗擋着你不能爲害;你也不能害我,也不能害一個有見光綫的人。

ㄊㄝㄧㄦㄝㄙㄧㄚㄙ:你的命運絕不是被我打倒。ㄚㄣㄡㄌㄡ就榖了:將來罰你的是他。

ㄛㄧㄉㄧㄆㄨㄙ:這些發明是ㄎㄦㄝㄡㄋ的,可是你的?

ㄊㄝㄧㄦㄝㄙㄧㄚㄙ:不要把你的不幸埋怨ㄎㄦㄝㄡㄋ;這是

你一個人造的。

　　ㄛㄧㄉㄧㄆㄨㄙ：如果這個老朋友，忠實的朋友ㄎㄦㄝㄡㄋ，爲着一個我並沒有日夜企謀而自願放在我手中的國土，就秘密地陰謀着傾覆我，並且教唆這個可憐的卜師，這個詐謀的工人，這個詐騙的，止對於他的利益明白，對於他的技術卻盲目的人，然則比其他一切智識更能使人生得着幸福的資產，國土，明智ㄧㄚ，你們是狠可恨的ㄧㄚ。因爲，歸結請你告訴我説，你端的在什麼情形曾表示出來你是一位巧妙的卜師？當妖怪在這個地方使人聽見他那些欺騙的歌唱的時候，你怎麼没有找出一點法子解放你的祖國ㄏㄧ？那個謎語是應該一個新來的人或是一個先知人去解釋ㄏㄧ？可是也不管鳥們，也不管神們，全没有使你知道它的意義。這是我，是這個無知識的ㄛㄧㄉㄧㄆㄨㄙ，也不去咨詢鳥飛，用我的鋭敏的精神，纔能使妖怪閉了口。你因爲希望用ㄎㄦㄝㄡㄋ替代我並且同他平分勢力而想傾覆的人還是我。這些陰謀，我希望，將來使你和陰謀的主謀人全要出不少的代價。如果你不是一個老頭子，刑罰要使你自己知道你的瘋狂。

　　歌隊：我們覺得他的話同你的話，ㄛㄧㄉㄧㄆㄨㄙ，全是些生氣的話。像這樣説法是没有用的；我們止應該想着實行神們的神托。

　　ㄊㄝㄦㄝㄙㄧㄚㄙ：就是你是國王，ㄛㄧㄉㄧㄆㄨㄙ可是我回答你同回答一個相等的人一樣；我有這個權利。我不是你的奴隸；我是ㄚㄆㄡㄌㄡ的侍從，ㄎㄦㄝㄡㄋ的扶助對於我是没有用的。你責備我是一個瞎子，但是兩眼睜着的你，你卻没有看見你墮落在什麼不幸的深淵裏面，你住在什麼地方，你同誰住在一起。

你知道你是誰生的ㄇㄛ？你自己並不知道，却成了你自己一切的人的仇敵，已死的人的仇敵，還在地上活着的人的仇敵。你擔負着你父親和你母親的仇恨，詛咒，帶兩隻可怕的脚的女神，有一天要把你趕出這個地方：你現在看見光明，你將來要止能看見黑暗。那個河邊不反射你的喊叫？當你將來知道這位照着命運走的月老——你原來相信你在他那裏找着一個安寧的口岸——當你將來知道的時候，那個ㄙㄧㄉㄜㄦㄥ(Citheron)的洞你不回答你的哀號？你不曉得無數的不幸要使同你的孩子們成了平輩。現在你去痛罵ㄎㄦㄝㄡㄋㄧㄚ，痛恨我ㄅㄚ。在被不幸所壓碎底一切人裏面，永遠沒有一個人比你再可憐的了。

ㄛㄧㄉㄧㄆㄨㄙ：然則是否應該聽這個人這樣子的污辱。你還不走ㄇㄛ？你歸結還不離遠這些地方ㄇㄛ？

ㄊㄝㄧㄦㄝㄙㄧㄚㄙ：如果你沒有叫我，我並不來的。

ㄛㄧㄉㄧㄆㄨㄙ：我並沒有預先料到你這些狂誕的話；如其不然，我一定不去趕緊把你叫到我家了。

ㄊㄝㄧㄦㄝㄙㄧㄚㄙ：你覺得我狂誕，你的父母相信我的明智。

ㄛㄧㄉㄧㄆㄨㄙ：我的父母是那個？停下，誰生我的？

ㄊㄝㄧㄦㄝㄙㄧㄚㄙ：這個日子要給你的生和死。

ㄛㄧㄉㄧㄆㄨㄙ：晦暗的和神秘的話說的太長了。

ㄊㄝㄧㄦㄝㄙㄧㄚㄙ：你不是猜謎的本領過人麼？

ㄛㄧㄉㄧㄆㄨㄙ：任着你現在責備爲我的榮譽的事情ㄅㄚ。

ㄊㄝㄧㄦㄝㄙㄧㄚㄙ：正是這個榮譽把你毀了。

ㄛㄧㄉㄧㄆㄨㄙ：止要我能救這個城，還有什麼緊。

ㄊㄝㄧㄦㄝㄙㄧㄚㄙ：然則我要走了。小孩子，引着我。

ㄛㄅㄌㄆㄨㄥ:是的,他引着你。你在這裏惹我討厭,當你離這裏遠一點,你不能再攪我了。

ㄊㄝㄦㄝㄙㄧㄚㄙ:我走ㄅㄚ;但是在走以前,我不怕你的眼光,把我所能説底全説了,因爲要我的命,不在你的權力裏面。然則我就宣布:你從狠長的時候所找底那個人,你所恐嚇底那個人,你所要當作ㄌㄚㄧㄡㄙ的凶手辦的人,他就在這裏。大家現在把他當作外國人,但是以後大家要證明他生在ㄊㄏㄝㄅㄞ,並且將來他不能在這裏享受。他將來失了眼睛,從豪富陷到貧困裏面,放蕩在外國的一個地方,用一根杖探找他的路。他自己看出同時是他那些孩子的弟兄和父親,是他母親的兒子和丈夫,有禽獸行的人,弒父的人。現在你回在你的宮①中ㄅㄚ,細想這些話ㄅㄚ,並且如果你能使我相信這些話是假的,你也可以自由宣布我對於卜筮一點也不知道。

歌隊:誰是能解決ㄌㄝㄌㄆㄏㄡㄧ的先知的困難的?誰是用一種振古未聞的罪案污穢他的手的凶手广?他現在已經是時候逃遁的比行走如風的良馬更快了。ㄖㄩㄆㄊㄝㄦ的兒子已竟帶雷電去衝擊他了;可怕的和不能避的ㄆㄚㄦㄎ(Pargues)已經追逐他去了。

命令每人發現他的踪迹的神托由雪蔽的ㄆㄚㄦㄋㄚㄙ(Parnasse)發出。他就像一隻獷野的牡牛,跑遍樹林、洞穴、岩石,他總是獨自一個苦痛地逃避從地心發出的預言,但是這些不死的聲音總是周圍着他飛揚。

---

①編者注:“宮”,原誤作“官”。

　　明智的卜師用什麼樣可怕的思想來攪亂我的精神！我應該相信他的話或是撤過他的話ㄏ？我也止好説，止好想，過去同現在使我不得確定。我從來沒有聽説過ㄅㄚㄅㄉㄚㄍㄩㄙ的後人同ㄆㄡㄌㄧㄅ的兒子有爭鬥的事情；ㄖㄩㄆㄧㄊㄝㄦ同ㄚㄆㄡㄌㄡ富有知慧，知道人類的事情；但是，在有死的人類裏面，説一個卜師比我更明白，我們却不能説。一個人可以比另外一個人更明智，但是，在看見一個預言被事變所證實以前，我永遠不能跟着他去告發ㄛㄧㄉㄧㄆㄨㄙ。

　　當那個帶翅膀的處女去攻擊他的時候，我們曾經看見他，非常地有知慧，拯救我們的城；我的感恩的心永遠不能去告發他。

　　ㄎㄦㄝㄡㄣ：公民，我聽説ㄛㄧㄉㄧㄆㄨㄙ王對於我作一種可怕的告發，我難過壞了，就向你們跑來。如果他想着在使我們愁苦的禍患中間，我可以用我的行動或語言去害他，蒙這樣的恥辱，我就不能活着了。這裏并不是關係着一種輕微的誣告；這是一個狠嚴重的告發，因爲它是要宣言我對於這個城，對於你們，對於你們的朋友成一個叛徒。

　　歌隊：這種責備無疑義的是忿怒的話，不見得他是真相信。

　　ㄎㄦㄝㄡ[1]ㄣ：誰使他相信我勸告卜師説讒言ㄏ？

　　歌隊：他説，但是我不知道原因。

　　ㄎㄦㄝㄡㄣ：他是否沈着地并且眼光堅定地對於我説出像這樣的告發？

　　歌隊：我不知道；我没有考察我那些主人所作底。但是這不

---

①編者注："ㄡ"，原誤作"ㄨ"，據前後文改。

是他自己從宮裏出來了。

ㄛㄧㄉㄧㄆㄨㄙ:怎麼樣！你在這裏！你敢在這些地方出現！你這個想扼着我的咽喉,搶奪我的威權的人,你用什麼樣的額頭敢來到我的宮中？用神們的名義,我犯了什麼樣的怯懦,什麼樣的瘋狂,逼你作成這樣的計畫？你是否相信我看不出來你的陰謀,或者相信我看出你的陰謀以後,不去懲罰你？你想不用人民的幫助,朋友的幫助,就篡奪一個非得人民扶助和富力不能得到的王位,你這樣的企圖是否是瘋狂的？

ㄎㄦㄝㄨㄋ:你聽着:也讓我轉過來回答你剛才所説一切的話。以後你再來下判斷。

ㄛㄧㄉㄧㄆㄨㄙ①:你是一個很會説話的人,但是我並不很想聽你,因爲我把你認作一個危險的仇敵。

ㄎㄦㄝㄨㄋ:我對於這件事情對你所要説底話,你聽一小會兒ㄅㄚ。

ㄛㄧㄉㄧㄆㄨㄙ:你不要對我説你不是一個叛徒。

ㄎㄦㄝㄨㄋ:如果你想一個無理由的執拗是有名譽的,那就過分了。

ㄛㄧㄉㄧㄆㄨㄙ:如果你相信你可以攻擊一個親屬不受懲罰,你也太過分了。

ㄎㄦㄝㄨㄋ:你所説底正當,我也承認;但是請你對我説我怎麼樣害你了？

ㄛㄧㄉㄧㄆㄨㄙ:我叫來這個有名的卜師,是不是由於你的

①編者注:"ㄙ",原誤作"ㄩ",據前後文改。

勸告？

　　ㄎㄦㄝㄡㄋ:我曾勸你那樣作;我將來還要勸你那樣作。

　　ㄛㄧㄅㄧㄆㄨㄙ:從什麽時候起ㄌㄚㄧㄡㄙ……

　　ㄎㄦㄝㄡㄋ:你要說什麽ㄏ]? 我不懂。

　　ㄛㄧㄅㄧㄆㄨㄙ:從什麽時候起,他受一下子致命傷,就死了ㄏ]?

　　ㄎㄦㄝㄡㄋ:從那個時候,經過了很長的年歲了。

　　ㄛㄧㄅㄧㄆㄨㄙ:那個時候,這個卜師是否行他的技術?

　　ㄎㄦㄝㄡㄋ:他那時候同今日一樣的有學問,一樣的受恭維。

　　ㄛㄧㄅㄧㄆㄨㄙ:他那時候提起我了ㄇㄛ?

　　ㄎㄦㄝㄡㄋ:沒有,永遠沒有,儘少説對着我沒有提過。

　　ㄛㄧㄅㄧㄆㄨㄙ:但是你們對於這個凶手的事,一點沒有問他ㄇㄛ?

　　ㄎㄦㄝㄡㄋ:我們作過一次,但是我們什麽全没有曉得。

　　ㄛㄧㄅㄧㄆㄨㄙ:然則這位有學問的人爲什麽絕不説今天他所説底話?

　　ㄎㄦㄝㄡㄋ:我不知道;我絕不喜歡説我所不知道底話。

　　ㄛㄧㄅㄧㄆㄨㄙ:儘少你總知道與你有關係的話,并且如果你是明白人,你要説出那些。

　　ㄎㄦㄝㄡㄋ:這關係着什麽ㄏ]? 如果我知道,我絕没有不肯説的。

　　ㄛㄧㄅㄧㄆㄨㄙ:如果ㄊㄝㄦㄝㄙㄧㄚㄙ没有同你商量好,他永遠不會告發我是ㄌㄚㄧㄡㄙ的凶手。

　　ㄎㄦㄝㄡㄋ:他對你所説底,你知道的比我清楚;但是現在我也該轉過來問問你，才算公平。

ㄛㄧㄉㄧㄆㄨㄙ：你問我ㄅㄚ；你們從我身上找不出一個凶手來。

ㄎㄦㄝㄛㄨㄋ：那麼！你是否娶了我的姊姊？

ㄛㄧㄉㄧㄆㄨㄙ：我不能否認。

ㄎㄦㄝㄛㄨㄋ：你不是同她分你的寶位和威力ㄇㄛ？

ㄛㄧㄉㄧㄆㄨㄙ：凡她所想望底，她全從我得着。

ㄎㄦㄝㄛㄨㄋ：雖然說我據着第三個位置，你豈不是把我當作你的平等看ㄇㄛ？

ㄛㄧㄉㄧㄆㄨㄙ：你的無信義正在這裏顯出。

ㄎㄦㄝㄛㄨㄋ：絕沒有的事，如果你願意像我一樣，少反想一會兒。開頭說，你想有人不狠高幸具同樣的威力並且可以享安靜的幸福，却去更想得到一個飽含恐怖的權位ㄇㄛ？ 至於我，我想同國王一樣的行動，並不狠想國王的名義，一切明白人同我的意見相同。我現在沒有害怕地生活並且我想要什麼，從你全可以得着；但是如果我自己來治理，我要常常地反對着我的意志行動。然則王國怎麼樣能殼比一個無拘無束的勢位和權力更舒服一點？我還沒有那樣子瘋狂去想得名譽和利益以外的事情。現在大家夥兒全對着我微笑，現在每一個人全恭維我，對於你有需要的人全來找我；由於我他們得到他們所要求底一切。然則我怎麼樣能殼拋棄這些好處，想得一個虛名義ㄏ？ 一個明白人不能這樣子亂走。不能，我不能有這樣一個思想，我不能給別的一個人同謀來實行這個思想。想使你確信，我請你去ㄉㄝㄌㄨㄏㄡㄧ問問我是否忠實地帶來它的神托。如果你找着我同那位卜師同謀的時候,你用你那一獨票來定我的罪,嫌太少了,我要把我的票給你加上。但是你不要用些恍惚的疑惑,對於我的話一點也不聽,就出來告發我。輕舉妄動地把壞人同好人,好人同壞人攪到一塊兒,那是不公平的。趕掉一位忠實的朋友,我們覺得,同犧牲掉他的生命一樣,這是什麼樣可寶貴的財產。但是時間將來要把一切給你全掀開,因為止有時間可以為公正人的試驗,它有一天就殼了,就可以使大家認識罪人。

歌隊:又,國王,他對於恐怕自己迷路的人說些狠有理由的話。判斷太快的人狠可以鬧錯。

ㄛㄧㄉㄧㄆㄨㄙ:當一個仇敵狠快地秘密攻擊我的時候,我轉過來,也應該狠快地來消滅他的攻擊;因為如果我還是安心不動,他要實行他的計畫,至於我的計畫要弄亂了。

ㄎㄦㄝㄡㄋ:然則你要作什麼? 要把我放流出國ㄇㄛ?

ㄛㄧㄉㄧㄆㄨㄙ:不。我要你死,不要放流你。

ㄎㄦㄝㄡㄋ:儘少你要使我知道你為什麼這樣恨我。

ㄛㄧㄉㄧㄆㄨㄙ:你這樣說,想不讓步,想不聽我的命令ㄇㄛ?

ㄎㄦㄝㄡㄋ:我看見你這樣的沒有大的意識。

ㄛㄧㄉㄧㄆㄨㄙ:儘少我注意到我的利益。

ㄎㄦㄝㄡㄋ:我的利益也不應該被犧牲掉。

ㄛㄧㄉㄧㄆㄨㄙ:但是你是一個叛逆的人。

ㄎㄦㄝㄡㄋ:如果你走的太過了。

ㄛㄧㄉㄧㄆㄨㄙ:雖然如此,應該聽我的命令。

ㄎㄦㄝㄡㄋ:不,一定的,如果你的命令不公平。

ㄛㄧㄉㄧㄆㄨㄙ:*ㄊㄏㄝㄅㄞ! ㄊㄏㄝㄅㄞ!*

ㄎㄦㄝㄡㄋ：我，我也可以像你一樣哀求它。

歌隊：停住ㄅㄚ，王侯①們。我恰好看見ㄧㄡㄍㄚㄙㄊㄝ從宮中出來；她無疑義地要把你們的爭論止住。

ㄎㄦㄝㄡㄋ：我的姊姊，你的丈夫，ㄛㄧㄉㄧㄆㄨㄙ，用頂殘虐的待遇威嚇我，要在這兩種刑戮裏面選擇一種，或是死，或是放逐。

ㄛㄧㄉㄧㄆㄨㄙ：這是真的；因爲，女人們，我捉着他對於我個人作一種可恨的陰謀。

ㄎㄦㄝㄡㄋ：如果你所歸到我身上底事情，我曾作過一點，我願意一切的灾禍傾倒在我身上，願意我受着咒罵死。

ㄧㄡㄍㄚㄙㄊㄝ：用神們的名義，ㄛㄧㄉㄧㄆㄨㄙ，請你相信他給你説的話，尊敬他這樣求天的矢詞；你也要想想我，想想周圍你一切的人。

歌隊：請你相信理性ㄅㄚ，王侯；我哀求你。

ㄛㄧㄉㄧㄆㄨㄙ：那樣！你要我作什麼？

歌隊：你應該恭敬在無論什麼時候總是一個可敬服的人，並且他剛才的矢詞更使他成不可侵犯的人。

ㄛㄧㄉㄧㄆㄨㄙ：你知道你所請求的事情麼？

歌隊：我知道。

ㄛㄧㄉㄧㄆㄨㄙ：你給我講一講。

歌隊：請你不要用空疑惑告發，不要侵辱一個被矢詞保護着的朋友。

---

①編者注："侯"，原誤作"候"。

ㄛㄧㄉㄧㄆㄨㄙ：然則你要知道對我作這個請求，就是想叫我死或要放流我。

歌隊：我用一切神中的最大神——<u>太陽</u>作保證！如果我的思想是那樣，我就可以爲神們所恨，爲人們所棄，頂慘酷地死掉！但是像我這樣的不幸，使我糟心的，就是看見祖國可駭的情形，你的訟爭又加在我們以前不幸上面。

ㄛㄧㄉㄧㄆㄨㄙ：然則，不管我自己是否要被毀掉或者狠可耻地從這個地方趕出去，叫他們離開ㄅㄚ！這是因爲你的請求我纔讓步，並不是因爲他的請求。他將來無論在什麼地方總是使我討厭的。

ㄎㄦㄝㄡㄋ：我看見你心裏不願意地讓步；但是等你將來忿氣平息的時候，你要恨你自己。這樣的性情在它們自己裏面要遇見一種適當的責罰。

ㄛㄧㄉㄧㄆㄨㄙ：你端的能放下我ㄇㄛ？你不去ㄇㄛ？

ㄎㄦㄝㄡㄋ：我就走，你不認識我；但是對於他們，我總是一樣的。

歌隊：婦人，你爲什麼還遲着不把他引到宮裏去？

ㄧㄡㄍㄚㄙㄊㄝ：我要知道經過的事情。

歌隊：有些沒有根底的疑惑爆發了；有些不公平的責備很傷人。

ㄧㄡㄍㄚㄙㄊㄝ：他們互相責備ㄇㄛ？

歌隊：是的。

ㄧㄡㄍㄚㄙㄊㄝ：他們說些什麼？

歌隊：這彀了，我覺得這個城的灾禍很彀了；他們的爭論完了,我們也停下罷。

ㄛㄧㄉㄧㄆㄨㄙ:你看你到什麼地方;你的意趣狠好,可是你把我放棄了,並且使我難受。

歌隊:王侯,我已經說過,並且不止一次;你當我的親愛的祖國風雨飄搖的時候,從沉溺裏面把它救出來,如果我放棄你,我真喪失了知覺,一點理性全沒有了;就是現在,如果你能,還作救濟我們的人ㄅㄚ。

ㄧㄡㄍㄚㄙㄊㄜ:用神的名義,國王,請你也告訴我說,什麼原因能使你這樣忿怒。

ㄛㄧㄉㄧㄆㄨㄙ:我將來對你說,婦人(因爲我對於你比對他們全看得起),我將來告訴你說。ㄎㄦㄝㄡㄋ作什麼樣的陰謀反對我。

ㄧㄡㄍㄚㄙㄊㄜ:你說,你明白地把告發和爭辯講給我聽。

ㄛㄧㄉㄧㄆㄨㄙ:他說ㄌㄚㄧㄡㄙ的凶手就是我。

ㄧㄡㄍㄚㄙㄊㄜ:他是照着他自己所知道底說ㄏ1? 或是照着別人的報告說ㄏ1?

ㄛㄧㄉㄧㄆㄨㄙ:他對於這件事給我打發來一個可憐的卜師;至於他自己,他並沒有個人出來告發我。

ㄧㄡㄍㄚㄙㄊㄜ:把這些話暫且全放在那裏;你聽我說,並且開首就要知道沒一個人能有卜筮的技術。用狠少幾句話,我就給你一個確實的證據。有一個神托,我並不說是ㄈㄝㄅㄩㄙ他自己的,但是是他的一個祭祀的,它從前對ㄌㄚㄧㄡㄙ預言他的命是要死在由他和由我所生底一個兒子手裏。可是大家保證這是些外國的强盜把他殺在三叉路口。至於這個兒子,剛生下三天,他的父親把他的脚縛好以後,經一個外國人的手把他扔在一個荒山裏面。所以ㄈㄝㄅㄩㄙ這樣地就沒有實現他的預言;我的兒子沒有成他父親的凶手;ㄌㄚㄧㄡㄙ不像他所怕底爲他的兒子所殺。可是預言的聲音曾那樣説;然則你不要心中着急。因爲一位神所要現示底,他能容易地使人知道。

ㄛㄧㄉㄧㄆㄨㄙ:婦人,這個叙述使我的靈魂怎麼樣的慌惑,它怎麼樣擾亂我的精神!

ㄧㄡㄍㄚㄙㄊㄝ:什麼樣的憂念感動了你,使你這樣説話?

ㄛㄧㄉㄧㄆㄨㄙ:我覺得你説過ㄌㄚㄧㄡㄙ在一個三叉道口被殺。

ㄧㄡㄍㄚㄙㄊㄝ:那時候大家那樣説,這種風聲,以後沒有人説它不對。

ㄛㄧㄉㄧㄆㄨㄙ:這種禍當時在什麼地方發現ㄏㄧ?

ㄧㄡㄍㄚㄙㄊㄝ:這個地方叫作ㄈㄡㄙㄧㄉ（Phocide）;從ㄌㄝㄌㄆㄏㄡㄧ來的路和從ㄌㄡㄌㄧ（Danlie）來的路就在那個地方交起來。

ㄛㄧㄉㄧㄆㄨㄙ:這有多少時候了?

ㄧㄡㄍㄚㄙㄊㄝ:這些事變的新聞,在你來到此地即位以前狠短的時候,就在這城裏面傳布開。

ㄛㄧㄉㄧㄆㄨㄙ:又ㄖㄩㄆㄧㄊㄝㄦ,你給我留住一件什麼命運ㄏㄧ?

ㄧㄡㄍㄚㄙㄊㄝ:ㄛㄧㄉㄧㄆㄨㄙ,什麼思想使你這樣子的振動?

ㄛㄧㄉㄧㄆㄨㄙ:你還不要問我;但是你告訴我ㄌㄚㄧㄡㄙ的氣

色什麼樣,他有多大年紀。

ㄧㄡㄍㄚㄙㄊㄝ:他身材高大,頭髮開始白了;他的形貌很像你。

ㄛㄧㄉㄧㄆㄨㄙ:我是怎麼樣的不幸! 然則我自己不知道,對於我自己放了些可怕的咒罵。

ㄧㄡㄍㄚㄙㄊㄝ:你説什麼,王侯①? 我不敢抬起眼來②你。

ㄛㄧㄉㄧㄆㄨㄙ:我非常地怕那個卜師看的很清楚。你有一句話可以使我更明白。

ㄧㄡㄍㄚㄙㄊㄨ:我打起顫來了;然而你説,我要説我所知道底。

ㄛㄧㄉㄧㄆㄨㄙ:他没有護衛地旅行ㄇㄛ? 或者就像一位國王所應有底,帶了許多隨從?

ㄧㄡㄍㄚㄙㄊㄝ:通共有五個人跟隨着他,那裏面有一個使人;止有一輛大輅,ㄌㄚㄧㄡㄙ在上面坐。

ㄛㄧㄉㄧㄆㄨㄙ:ㄏㄝㄝㄉㄚㄙ! ㄏㄝㄉㄚㄙ! 一切全掀開了。但是,婦人,什麼人把這些細密曲折告訴你?

ㄧㄡㄍㄚㄙㄊㄨㄙ:他的一個僕人,止有他一個從危險裏面逃出來。

ㄛㄧㄉㄧㄆㄨㄙ:他現在是否還在這宫裏面?

ㄧㄡㄍㄚㄙㄊㄝ:不。當他回來的時候,他看見你在③王位,ㄌㄚㄧㄡㄙ已經死了,他拉着我的手,哀求我打發他到鄉下去看牲

---

①編者注:"侯",原誤作"候"。
②編者注:此處疑有脱字。
③編者注:"你在",原誤在"在你"。

畜,爲的離這個城愈遠愈好。我就那樣作。這一個稱職的僕人配受一種狠大的賞賜。

ㄛㄧㄉㄧㄆㄨㄙ:你能趕快把他叫來這裏ㄇㄛ?

ㄧㄡㄍㄚㄙㄊㄜ:無疑義地。但是你這種想頭是從那裏來的?

ㄛㄧㄉㄧㄆㄨㄙ:婦人,我很害怕大家對於我要見的問題說的太多了。

ㄧㄡㄍㄚㄙㄊㄜ:那樣,他將來會來;但是我自己,王侯,我當得知道你這些驚擾的原因。

ㄛㄧㄉㄧㄆㄨㄙ:我不把你捨在擾亂我的無定中間。我能給誰談我的不幸比對你說更好ㄏ?ㄍㄡㄦㄢㄊ的ㄆ①ㄡㄉㄧㄥ是我的父親;我的母親是ㄉㄡㄦㄧ族(Dorien)的ㄇㄝㄦㄡㄆ(Merope)。我在ㄍㄡㄦㄢㄊ作公民的第一人,當我遇見一件偶然事情的時候;這件事情使我驚駭,但不很配使我着急。在一個宴會,一個爛醉的人,受着酒的熱氣,對我說我不過是個義子。在我的苦痛裏面,很困難支持到晚晌;但是第二天,我去找着我的父親、母親去問他們,他們對於說這樣話的人給我的凌辱狠生氣。他們的回答使我喜歡一點,但是這些話總是使我心中不安。因爲它穿進我的心裏面。我不讓我的父母知道就出了門;我去到ㄉㄝㄌㄆㄏㄨㄧ。ㄈㄝㄅㄩㄙ把我打發出來,對於我來給他的問題不屑於回答,然而他預說出頂醜惡的、頂可怕人的灾禍,說我將來要成了我母親的丈夫,我要生出爲人類厭惡的人,說我要成了我自己的父親的凶手。我剛聽了這些話,我的脚步照着星宿的行度,逃到

---

①編者注:"ㄆ",原誤作"ㄊ",據前後文改。

ㄍㄡㄦㄢㄊ境界的遠處，躲避這種憂慘神托的實現。往前進着，我就走到你所説底國王被殺的地方，婦人，我要對你説實話。我走近那個三叉道口，我看見一個使人，并且在一個駕馬的大輅上面，就像你對我所描寫底那樣一個人，來遇見我。大輅的御者和那位老人自己，劇烈地從路上推我。我非常地忿怒，就去打那個把我推在路旁邊的御者。那個老人看見我從大輅旁邊過，他趁這個時候，對着我頭顱的中心用手杖的尖扎到我兩下子。但是他並没有得到同樣的價值報酬；他立時被我手中所拿底杖所打，從他的大輅上面翻下來，翻倒地上；我把他們全殺了。然則如果這個外國人同ㄌㄚㄧㄡㄙ有點關係，是否還有一個人比我更不幸，更爲神們所恨ㄏ|？没一個外國人，没一個本國人，能在他的屋子裏面接待我，也不能同我講話。他們應該把我趕開，離他們的居處遠一點。這却是我，我自己對我自己説出這樣的咒駡。死者的床被凶手的手污穢了。我是否够犯罪？我是否够不潔？我應該放流出去，並且在我放流的時候，我也不許再見我家的人，也不許進到我的祖國裏面；或者我還有同我母親作禽獸行爲的危險，有殺生我育我的父親ㄆㄡㄌ|ㄣ的危險。大家不是很有理由説是一位暴虐的神聖來激起我的不幸ㄇㄛ？不，不，神們的神聖的威嚴ㄋㄚ，千萬不要使這樣一個日子在我面前放光ㄅㄚ，使我看見我被這樣多的不幸污穢以前，就在人類中間消滅了ㄅㄚ。

　　歌隊：王侯，我們也都很痛苦的；雖然如此，一直到你得到這些事實的證據以前，保守着你的希望ㄅㄚ。

　　ㄛ|ㄉ|ㄆㄨㄙ：我惟一的希望就在那個人，我所等底那個牧人身上。

ㄧㄡㄍㄚㄙㄊㄝ:他來了以後,你的計畫是什麼广ㄧ?

ㄛㄧㄉㄧㄆㄨㄙ:我要告訴你説:如果他的話同你的話相合,我就沒有可怕的了。

ㄧㄡㄍㄚㄙㄊㄝ:我説了什麼有這樣重要广ㄧ?

ㄛㄧㄉㄧㄆㄨㄙ:你曾對我説,他保證是些强盜殺了ㄌㄚㄧㄡㄙ。如果他執着説有許多凶手,那就不是我把他殺了,因爲一個人不能看成許多人;如果他上説一個孤獨的旅行的人,罪案應該安在我身上是很明白的了。

ㄧㄡㄍㄚㄙㄊㄝ:然則你總要知道他的話是這樣的,他收回自己的話是不可能的。全城同我一樣聽見他的話。並且就是設想他原來所説底少有一點不合,儘少説,王侯,他永遠不能證着你是ㄌㄚㄧㄡㄙ的凶手,因爲照着ㄚㄆㄡㄌㄡ的神托,ㄌㄚㄧㄡㄙ應該死在我的兒子手裏。這個不幸的兒子沒有能殺他的父親,因爲他死在他父親前邊了。這樣,在這個事變裏面,也就像在將來另外一切事變裏面一樣,我一個神托也不能相信了。

ㄛㄉㄧㄆㄨㄙ:你想的很明白。可是,你打發人找那個牧人去ㄅㄚ,不要看不起這一類的小心。

ㄧㄡㄍㄚㄙㄊㄝ:我要很早地打發人去;但是我們進宮裏去ㄅㄚ。你所不高幸的事我什麼也不要作。

歌隊:我是否能有幸福保守着話言行事的這種神聖性,這些言行的最高定律是在它們所住居底天國裏面生出;止有ㄡㄌㄢㄆㄨㄙ(Olympus)是它們的父親;它們不是由人類可毀壞的種類裏面生出,并且遺忘永遠不能使它們睡着;一位不會老的有勢力的神在它們裏面呼吸。

　　驕傲生出殘虐，驕傲很瘋狂地由於絕無生發的和沈鬱的失度灌醉，它升到崎嶇的高處，止爲的是墜在永不能出的深淵裏面。我禱告神不要使全城的盡力成了無用；我永遠不能不哀求神的保護。

　　如果有一個驕傲的人，在他的行事或演説中間，侵犯了正誼或神們的廟宇，希望他由於一種殘虐的命運懺除他那有罪的倨傲！如果他去尋找不合法律的利益，如果他作出不敬神祇的事條，和當他的瘋狂時候，要觸接神聖不可侵犯的東西，在這樣情形之下，那一個人能①够使他的靈魂離遠悔恨的痕迹？如果這一類的事情是有榮譽的，祭神所作底跳舞對我還有什麼用處ㄏ？

　　我的許願將來也不要到地的可恭敬的中心，也不要到ㄚㄅㄝㄥ（Abes）的廟裏，也不到ㄡㄌㄢㄆㄧ（Olympie）了，除了説這些神托在一切人的面前全能證實。但是，ㄡ，有威力的ㄖㄩㄆㄊㄜㄝㄦㄚ，如果很有理由大家把你叫作世界的主人，你不要允許無論什麼能逃掉你的眼光和你那永久的帝國ㄅㄚ。從前給ㄌㄚㄧㄡㄙ的神托已經看作消滅，ㄚㄆㄡㄌㄡ也不受崇禮了；神們的教儀簡直完了。②

———————

①編者注：原於"能"後衍一"能"字。
②編者注：原稿連載至此，劇本并未完結。